阮晓莺 林安民 主编

新时代法学教育

(2022年卷)

首届福建法学教育论坛论文集

厦门大学出版社 | 国家一级出版社
XIAMEN UNIVERSITY PRESS | 全国百佳图书出版单位

图书在版编目（CIP）数据

新时代法学教育. 2022 年卷 ：首届福建法学教育论坛论文集 / 阮晓莺，林安民主编. -- 厦门 ：厦门大学出版社，2023.7

ISBN 978-7-5615-8992-2

Ⅰ. ①新… Ⅱ. ①阮… ②林… Ⅲ. ①法学教育-福建-文集 Ⅳ. ①D92-4

中国版本图书馆CIP数据核字(2023)第096772号

出 版 人 郑文礼
责任编辑 甘世恒
美术编辑 李夏凌
技术编辑 许克华

出版发行 厦门大学出版社
社　　址 厦门市软件园二期望海路 39 号
邮政编码 361008
总　　机 0592-2181111　0592-2181406(传真)
营销中心 0592-2184458　0592-2181365
网　　址 http://www.xmupress.com
邮　　箱 xmup@xmupress.com
印　　刷 厦门金凯龙包装科技有限公司

开本 787 mm×1 092 mm　1/16
印张 17.25
字数 356 千字
版次 2023 年 7 月第 1 版
印次 2023 年 7 月第 1 次印刷
定价 88.00 元

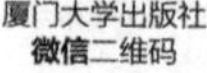

厦门大学出版社
微信二维码

厦门大学出版社
微博二维码

编委会名单

序言

PREFACE

福建法学教育始于1907年（清光绪三十三年）创办的福建官立法政学堂，已有百余年历史。改革开放以后，福建法学教育迎来了繁荣发展的时期。全省现有18所高校设有法学院（系），年招生规模达到12438人，法学专任师资规模达到554人，形成了本科、研究生（硕士、博士）以及博士后的法学人才培养格局；改革开放以来共向社会输送法学专业毕业生131038人，为福建乃至国家的法治建设作出了贡献。

2021年11月，厦门大学法学院、福州大学法学院、福建师范大学法学院、华侨大学法学院、福建江夏学院法学院、福建工程学院法学院、福建警察学院法律系、闽江学院法学院等八所高校法学院（系）共同发起设立永久性的"福建法学教育论坛"，于闽江学院举行了论坛启动仪式。闽江学院王宗华校长等校领导、闽江学院法学院柳经纬名誉院长以及八所发起高校法学院（系）负责人参加了论坛启动仪式。论坛秘书处设在闽江学院法学院。论坛宗旨为：以习近平法治思想为指导，以新时代法治人才培养为目标，交流法学教育经验，共商法学教育大计，汇聚法学教育智慧，打造法学教育智库，促进福建法学教育新发展。首届论坛由闽江学院法学院承办，论坛主题为"习近平法治思想与新时代法治人才培养"。

2022年4月，福建省法学会批准设立福建省法学会法学教育研究会。法学教育研究会依托闽江学院，秘书处设在闽江学院法学院。法学教育研究会宗旨为：以习近平法治思想为指导，团结全省法学教育工作者和法律工作者，立足福建面向全国，立足当前面向未来，开展法学教育和法治人才培养的研究与交流活动，紧密联系实际，推进福建法学教育的发展，为新时代法治人才培养和依法治省、依法治国做贡献。法学教育研究会的主要任务：(1）开展法学教育和法治人才培养交流，定期举办会议，开展省际间法学教育和法治人才培养学术交流。(2）开展法学教育和法治人才培养理论研究，以问题为导向，组织专家学者对法学教育和法治人才培养领域的重点热点和前沿问题深入调研，提出政策建议；承担法学教育和法治人才培养相关课题研究项目。(3）推进由法学教育工作者和法律工作者组成的法学教育共同体建设和法学教育智库建设。(4）探索法学教育学术期刊建设方式。(5）推动青少年法治教育。法学教育研究会由会长、副会长、常务理事、理事组成，成员来自在闽高校法学院（系）和法院、检察院等法律实践部门。研究会现有理事49人。闽江学院法学院名誉院长柳经纬教授任研究会会长，厦门大学法学院副院长朱晓勤教授、华侨大学法学院院长刘超教授、闽江学院法学院副院长（主持工作）阮晓莺教授、福建师范大学法学院院长杨垠红教授、闽南师范大学法学院院长何东平教授、江夏学院法学院院长林贵文教授、集美大学海洋文化与法律学院法律系主任罗施福教授、福建警察学院法律系副主任钟明曦教授、福州大学法学院院长黄辉教授、福建工程学院法学院院长梁开斌教授任研究会副会长，闽江学院法学院副院长林安民教授任秘书长。研究会聘请中国政法大学校长马怀德教授、教育部政策法规司原一级巡视员王家勤为顾问。

2022年7月31日，福建省法学会法学教育研究会成立大会暨首届福建法学教育论坛在闽江学院举行。福建省法学会法学教育研究会成立大会由闽江学院李新贤副校长主持，福建省法学会研究部主任吴长乐宣读福建省法学会《关于依托闽江学院法学院成立福建省法学会法学教育研究会的批复》。中国法学会党组成员、学术委员会主任、中国法学会法学教育研究会会长张文显教授，福建省委政法委分管日常工作的副书记、福建省法学会党组书记、常务副会长李杰鹏，华东政法大学党委书记郭为禄教授，闽江学院校长王宗华教授，高等教育出版社党委委员王卫权副社长出席成立大会并致辞。来自法院、检察院、律师事务所等法律实践部门的法律工作者、在闽高校法学院（系）的法学教育工作者、研究会理事共计百余人参加了本次会议。论坛共收到论文30篇。在本届法学教育论坛上，与会学者就“习近平法治思想与新时代法治人才培养”主题进行了广泛而深入的交流。

法治人才培养是国之大事。党的十八届四中全会通过的《中共中央关于全面推进依法治国若干重大问题的决定》提出要“创新法治人才培养机制”，“坚持立德树人、德育为先导向，推动中国特色社会主义法治理论进教材进课堂进头脑，培养造就熟悉和坚持中国特色社会主义法治体系的法治人才及后备力量”。法学教育担负着法治人才培养的重任，创新法治人才培养机制，推进福建法学教育的发展，培养和造就高素质的法治人才，是高校法学院（系）的使命。

我们将本次会议的成果编辑成册，希望能够给广大的同行提供一些参考借鉴，为推进福建法学教育，推进新时代法治人才培养添砖加瓦。

参加本次会议成果策划编辑的还有：柳经纬教授、林安民教授、刘巧兴博士、施奕博士、吴雅婷博士，在此一并说明并致谢。

闽江学院法学院副院长（主持工作）
福建省法学会法学教育研究会副会长 阮晓莺
2023年1月3日

CONTENTS

目录

一、专家专论 / 重建新时代法学教育体系

二、法学教育改革与探索 / 探寻法学教育创新之路

三、会议综述

附　录

一 专家专论／重建新时代法学教育体系

中国法学教育的基本经验*

张文显

首先我代表中国法学会法学教育研究会，向福建省法学会法学教育研究会的成立表示热烈祝贺，并预祝首届福建法学教育论坛取得圆满成功。

借这个机会，我想以习近平法治思想为指导，以党的十九届六中全会决议为蓝本，就建党百年来中国法学教育的基本经验，谈几点个人的看法。我想这个也是贯彻习近平法治思想、推进法学教育改革的一个方面的重要工作。

新中国成立 70 多年，改革开放 40 多年，特别是中国特色社会主义进入新时代以来 10 年，经过长期的探索、实践、反思和提炼，党和人民积累和创造了法学教育的成功经验，建立了法学教育大国、强国。

我想主要的经验可以概括为十个坚持。

第一，坚持法学教育在法制建设和全面依法治国中的基础性、先导性地位和作用。这是习近平总书记在中央全面依法治国委员会第一次会议上，对中国法学教育的科学定位，是一个非常精准的定位，也是我们坚决坚持的定位。

第二，坚持党对法学教育的全面领导，包括政治上、思想上、政策上、法律法规上、体系上。确保法学教育正确的政治方向，确保中国法学教育坚定不移地走中国特色社会主义法治道路，在法治的道路上推进法学教育改革。

第三，坚持党的教育方针和德法兼修、知行合一的教育理念，为党育人，为国育才，为全面依法治国造就一大批高素质的法治专业人才。

第四，坚持面向社会主义现代化，特别是中国社会现代化，面向人类法治文明，面向法治强国。以这三个面向为导向，助推中华法治文明的伟大复兴，建设社会主义现代化法治强国，推动构建人类命运共同体。

第五，坚持法学教育。法学教育是政治性很强的专业教育，也是专业性很强的政治教育，其政治性、法律性、专业性是融为一体的。

* 本文为中国法学会党组成员、学术委员会主任、中国法学会法学教育研究会会长张文显在 2022 年 7 月福建省法学会法学教育研究会成立大会暨首届福建法学教育论坛上的致辞，标题为编者所拟。

第六，坚持高校是法治人才培养第一梯队的定位。从全国层面来讲，我们实现本硕博一体化、多元化，以法学的本科教育为起点为基础，进行多元化、多层次的领域选择，实现法学的素质教育、基本教育、特色教育、拓展教育的有机结合，构建中国式的高等法学教育体系和人才培养体系，是法学教育的法治人才培养的中国模式，与美国模式、法国模式，英美法系、大陆法系模式并驾齐驱，甚至从并排走向领路。

第七，坚持大发展观念，实现法学的学校教育、职业教育、全民教育的有机结合，建设科学的、先进的、大众的社会主义法治。

第八，坚持法学教育与法律实务部门的力量相聚合，法学院校与法治工作部门进行互动，共同发展。

第九，坚持统筹国际国内两个大局，提升中国法治的国际竞争力，更好地以法治的方式和手段维护国家主权和安全发展利益，维护中国人民的人权、尊严和幸福。

第十，坚持将改革开放作为法学教育创新发展和法治现代化的强大动力和必由之路，在改革中前进发展。

最后我想说，我们党的二十大也必将在深入推进全面依法治国方面作出重要的部署。我想，法学教育要紧跟党中央的部署，以习近平法治思想和习近平教育理念为指导，更好、更高质量发展。

加强法学教育研究　促进高素质法治人才培养

李杰鹏*

今天我们在这里隆重举行福建省法学会法学教育研究会成立大会暨首届福建法学教育论坛，这是我省法学法律界的一大盛事。受省委副书记、政法委书记、省法学会会长罗东川同志委托，我谨代表省委政法委、省法学会，对研究会的成立和论坛的召开表示热烈祝贺！向与会的各位嘉宾、各位专家学者致以诚挚问候！向对研究会组建和论坛举办给予大力支持的闽江学院表示衷心感谢！

坚持建设德才兼备的高素质法治队伍是习近平法治思想的重要内容。习近平总书记指出，法治人才培养是全面依法治国的重要组成部分，是法治建设的重中之重，要培养大批高素质法治人才。省委高度重视法治建设和法治人才培养。2021年11月以来，省第十一次党代会提出打造法治强省的重要任务，省委、省委全面依法治省委员会先后制定下发法治福建建设规划、法治人才培养实施方案，对我省加强法治人才培养、建设高素质法治工作队伍作出了全面规划和部署，也给我省法学教育、法学研究提出了许多新课题。在中国法学会法学教育研究会的关心指导和省内各法学院校的大力支持下，省法学会依托闽江学院法学院成立法学教育研究会，对于福建适应法治建设新形势、落实法治人才培养新任务、实现打造法治强省新目标，都具有十分重要的意义。

借此机会，我提三点建议，供大家参考。

一是强化政治引领，确保法学教育研究的正确方向。法学教育对法治建设具有基础性、战略性、先导性作用，必须坚持以习近平新时代中国特色社会主义思想为指导，坚定不移走中国特色社会主义法治道路。要充分发挥福建作为习近平法治思想的重要孕育地和实践地的独特优势，深化对习近平法治思想的学习研究、宣传贯彻，以习近平法治思想统揽法学教育和法治人才培养工作，推进习近平法治思想进教材、进课堂、进头脑，加快构建中国特色社会主义法学学科体系、学术体系和话语体系。要树立正确的育人导向，坚持立德树人、德法兼修，将社会主义核心价值

* 福建省委政法委副书记、福建省法学会党组书记、常务副会长，本文为作者在2022年7月福建省法学会法学教育研究会成立大会暨首届福建法学教育论坛上的致辞，标题为编者所拟。。

观和社会主义法治理念融入法学教育各方面，贯穿法治人才培养全过程，培养更多信念坚定、德法兼修、明法笃行的高素质社会主义法治人才。要严格落实意识形态工作责任制，强化马克思主义在法治意识形态领域的指导地位，以理论上的清醒确保政治上的坚定，加强对西方法学理论和社会思潮的辨析引导，坚决抵制西方"宪政""三权鼎立""司法独立"等错误思潮，坚持用马克思主义法学思想和中国特色社会主义法治理论全方位占领法学教育和法学研究阵地。

二是聚焦重点领域，培养适应新发展阶段新福建建设需要的法治人才。习近平总书记在福州工作期间，兼任闽江职业大学（闽江学院前身）校长，提出"不求最大，但求最优，但求适应社会需要"的办学理念，时至今日仍有重大现实指导意义，影响深远。法学是治国理政之学，发展法学教育必须与经济社会发展的实际需要相适应。当前，我们要着眼全方位推动高质量发展超越，主动对接新经济、新技术和新业态发展需求，加强跨学科跨专业法治人才培养，在数字经济、海洋经济、绿色经济、文旅经济等领域造就更多应用型复合型创新型法治人才。要着眼构建更高水平开放型经济新体制，稳步扩大制度型开放，聚焦"一带一路"、自贸区、海丝中央法务区建设和国际商事争端解决等涉外法治实践，探索创新涉外法治人才培养模式，加快建设通晓国际法律规则、善于处理涉外法律事务的法治人才队伍，为加强涉外法治工作、开展涉外法律斗争提供坚实人才保障。要着眼推进法治强省建设，加强立法、执法、司法、法律服务、法学研究等领域法治人才培养，健全法律职业准入和管理、法律职业联合培训、多层次多领域交流锻炼等制度机制，加快推进法治专门人才队伍革命化、正规化、专业化、职业化。

三是打造法律智库，充分发挥法学教育研究的主力军主阵地作用。前不久，省法学会召开了研究会工作座谈会，对进一步加强研究会建设、更好发挥法律智库作用提出明确要求。法学教育研究会要以建设智库型学术组织为目标，健全工作机制，创新活动方式，整合资源力量，加强协作配合，努力将研究会打造成我省法学教育领域人才聚集的平台、合作研究的平台、交流互鉴的平台、成果转化的平台。要充分发挥研究会学科齐全、人才密集、覆盖面广等优势，立足各法学院校的优势学科、特色专业和研究专长，系统梳理和建立涵盖各学科、各专业领域的人才专家库，为平安建设、法治实践、社会治理、政法改革等提供精准有效的人才支撑和智力服务。要遵循法治人才成长规律，围绕学科建设、培养模式、实践教学以及法学院校与实务部门双向交流等方面的探索实践，深入开展法学教育理论研究，创新法治人才培养机制，促进我省法学教育事业取得新发展新提升。本届论坛以"习近平法治思想与新时代法治人才培养"为主题，从多个视角、多个层面就新形势下的法学教育、法治人才培养等问题进行深入研讨，希望大家深入思考、务实交流、凝聚共识，形成高水平的研究成果。

我们相信，在柳经纬会长的带领下，依靠各理事单位的共同努力和闽江学院的大力支持，法学教育研究会一定会在凝聚人才、组织研究、推出成果、服务实践上谱写新篇章、创造新业绩，为促进法治人才培养、打造法治强省、建设更高水平的平安福建作出应有贡献！

新时代法学教育改革的四大关系

郭为禄*

新中国法学教育70多年成就辉煌，对国家法治建设发挥了基础性先导性作用。新中国成立之初，法学教育以培养社会主义法律专门人才和轮训在职司法干部为主。随着改革开放的深入推进，我国法学教育开始注重法学理论素养和职业素养相结合，以适应社会不同行业对法治人才的需求。进入中国特色社会主义新时代，以习近平同志为核心的党中央，对全面依法治国作出一系列重大决策部署，明确提出要坚持立德树人、德法兼修，努力培养造就高素质法治人才及后备力量，努力建设一支忠于党、忠于国家、忠于人民、忠于法律的社会主义法治工作队伍，为加快建设社会主义法治国家提供有力人才保障。

法学教育既是国民教育体系中的重要组成部分，也是贯彻依法治国基本方略的重要基础，既是教育问题，也是法治问题。新时代法学教育要以习近平法治思想为指导，立足新的历史方位，心怀“国之大者”，以更宏大的格局、更开阔的眼光、更开放的心态，推进改革创新，回答“为谁教、教什么、教给谁、怎样教”这一时代之问，培养堪当大任的新时代法治人才，构建习近平新时代中国特色法学教育体系。推进法学教育改革创新，重点需要把握好四大关系。

一、把握立场和价值的关系——牢记“为党育人、为国育才”初心使命

“每一种法治形态背后都有一套政治理论，每一种法治模式当中都有一种政治逻辑，每一条法治道路底下都有一种政治立场。”我国是中国共产党领导的社会主义法治国家，法学教育必须坚持以马克思主义为指导，为党育人、为国育才。一是必须坚持党对全面依法治国的领导，坚持中国特色社会主义法治道路，培养坚持中国共产党领导和我国社会主义制度、立志为中国特色社会主义事业奋斗终身的时

* 华东政法大学党委书记，教授、博士生导师，上海市习近平新时代中国特色社会主义思想研究中心研究员，华东政法大学习近平法治思想研究中心主任。本文为作者在2022年7月福建省法学会法学教育研究会成立大会暨首届福建法学教育论坛上的致辞，标题为编者所拟。

代新人。二是必须坚持以人民为中心的立场，培养更多的优秀法治人才，更好地服务于中国特色社会主义法治事业。法学教育和人才培养工作的基本价值立场就是要“体现人民利益、反映人民愿望、维护人民权益、增进人民福祉”。这是我国法学教育体系建设的出发点，也是法治人才培养的落脚点。三是要面向未来，观照时代，关注中国社会主义法治实践。综观我国 70 多年的法学教育，最重要、最核心的是同服务国家战略、同社会发展需要结合起来。法学教育要善于探索新经验，贯通历史与现实，善于运用百年党史中的法治故事，生动阐释中国特色社会主义法治理论和实践。2021 年华东政法大学探索打造五育融合浸润式精品课程“《雷经天》与法治文化”，创排了大型法治文化剧《雷经天》，把陕甘宁边区高等法院审判黄克功案件的故事从课本搬上舞台，从剧场回归课堂，持续引导学生追问“为什么学习法律”“做一名怎样的法律人”，深入理解“把人民举在头顶”“把屁股端端地坐在老百姓这一面”的价值追求，深刻体悟“从土地里长出的法”的重要意义，引导学生进一步坚定理想信念、传承红色基因，牢记共产党人的初心使命和法治精神。

二、把握素养和专长的关系——落实“立德树人、德法兼修”根本任务

立德树人是各领域人才培养工作的共同要求，德法兼修反映了法治人才培养工作的特殊要求。法学教育的职业性质和功能要求提供给学生基本的法律知识和法律观点，培养学生的法律思维能力，培育良好的职业道德。从深层次的意义上讲，法学教育也是人文教育，首先关注的是学生品德的养成，然后是“开发学生自身的能力、感悟和人格”。学生不仅要具备职业素质，也要具备广泛的人文社科知识和深厚的人文精神。法学教育改革要积极推动从教学到教育，从法学到法治，让学生有人文的训练、人格的塑造，创造浓郁的文化环境，促进情感的沟通交流。概言之，法学教育是法律教学，是教师教授法律专业知识，学生掌握法律职业技能；法学教育也是法治教育，要培养能够贯彻法治思想、法治观念，坚定法治信仰、法治理想的法律人；法学教育还是博雅教育，要夯实学生的人文素养、提升学生的综合素质，强调对法治文化、人类法治文明的贡献。

三、把握理论和实践的关系——推进“理实统一、融合培育”实践探索

法学教育发展的历史证明，其内在的二重性即职业培训性和学术研究性之间不应绝对对立，而应是相依相对、互利互抑的统一体的两个方面。“法学学科是实践性很强的学科，法学教育要处理好知识教学和实践教学的关系”，而法律自身的体系化、理论化和学科化的特点决定了法学教育不仅仅是职业教育，还需要培养学生

独特的批判性和创新性的法律思维。法学教育必须坚持马克思主义理论的指导地位，加强马克思主义法学理论和中国特色社会主义法治理论教育。必须注重法学和其他学科的交叉融合，一方面要适应建设中国特色社会主义法治体系的新要求，探索法学新的学科专业领域；另一方面要推进“法学+”教育，特别要加强与新技术新业态相关学科专业领域的融合，培养具有多学科专业知识结构的人才，以满足经济社会发展对不同层面、不同领域法治人才的需要。必须注重第一课堂和第二课堂的结合，打破高校和社会之间的壁垒，加强院校与政法部门协同育人，把优质的社会实践教育资源引进到高校中，开展开设案例教学、实习实践、社会调查，法律诊所，模拟法庭、模拟仲裁等。多年来，政法院校探索把“校内小课堂”延展到“社会大课堂”，与公检法司等合作共建研究基地，开展“法律援助”、“法律助理”以及竞赛活动等，在实践育人方面形成了许多可复制推广的经验。

四、把握本土和世界的关系——培育“扎根中国、全球视野”优秀人才

新时代的法学教育要特别注意处理好本土和世界的关系。习近平总书记指出，要“按照立足中国、借鉴国外，挖掘历史、把握当代，关怀人类、面向未来的思路，着力构建中国特色哲学社会科学”，这也是法学教育必须关切和把握的思路。扎根中国，就是要坚定“四个自信”，构建中国特色法学教育和法治人才培养的法学话语体系。要加强中国法律制度建设和文化教育，加强对马克思主义法学理论中国化和中国共产党百年法治历史的教育，紧密结合新时代全面依法治国的伟大实践，积极围绕社会主义法治面临的重大理论和实践问题，引导学生更全面深入认识中国特色社会主义法治从哪里来、往哪里去。引导学生坚定中国立场、增强中国智慧。全球视野，就是要在构建人类命运共同体视野下，正确认识和理解中国与世界的关系。当今的世界，不仅是一个相互联系的世界，而且是一个相互依存的世界。法学教育要以世界情怀和全球担当开阔眼界，拓宽思路，扩大对外开放，增进国际交流与合作，更多地了解、认识、借鉴、学习世界法治文明，把握国际规则。“推进涉外法治人才培养”是当前法学教育改革的重中之重，是推进法学教育改革创新的重要抓手。我们法学教育改革创新必须主动服务构建人类命运共同体，主动服务对外开放的基本国策、海洋强国和人才强国等国家战略，面向人民日益增长的国际交往需求、海外利益保护需求以及国家参与国际事务和全球治理需求，培养各专门领域高素质法治人才。

深化习近平法治思想研究　积极推动法治教育高质量发展

王宗华*

福建省法学会法学教育研究会成立大会暨首届福建法学教育论坛在我校隆重举行，这是闽江学院的一大盛事，也是闽江学院师生的莫大荣幸。受疫情影响，此次论坛从阳春三月一直推迟到酷暑七月，终于得以顺利召开，我谨代表闽江学院向在百忙之中莅临参会的领导嘉宾、各兄弟院校法学专家、实务界专家以及给予会议支持帮助的各位同人致以最诚挚的问候和最热烈的欢迎！

本次论坛以线上加线下的形式举行，我们非常荣幸地邀请到来自省内外的领导嘉宾，法学学科领域的知名学者、实务专家。这是一次高水平、高质量的学术盛会，为我们向大家学习取经提供了难得的机会。在此，请允许我向大家简要介绍学校的有关情况。闽江学院拥有光荣的办学传统。1990 年至 1996 年，习近平总书记兼任闽江职业大学校长 6 年，亲自为学校发展定方向、谋思路、解难题、办实事，明确提出“不求最大，但求最优，但求适应社会需要”的办学理念，亲自倡导“立足福州，面向市场，注重质量，突出应用”的办学宗旨，提出和开创了一系列重要理念和重大实践。习近平总书记始终关心关怀学校的建设发展，2016 年在全国高校思政工作会议上曾深情谈起他在学校工作时的情形，并于学校 50 周年、60 周年校庆时亲自发来贺信，对学校办学作出了一系列指示批示。2021 年 3 月 25 日，习近平总书记重返学校考察调研并发表重要讲话，强调要把立德树人作为根本任务，坚持应用技术型办学方向，适应社会需要设置专业、打好基础，培养德智体美劳全面发展的社会主义建设者和接班人，为学校改革与发展指明了前进方向、提供了根本遵循。

近年来，学校把深入学习贯彻落实习近平法治思想作为学校最重要工作，常抓不懈。一是加快法学学科建设。作为学校八大学科门类之一，我校法学学科与中国法制建设、法学教育、法学发展同步而行，在学校学科建设中占有一席之地，发挥

* 时任闽江学院校长。本文为作者在 2022 年 7 月福建省法学会法学教育研究会成立大会暨首届福建法学教育论坛上的致辞，标题为编者所拟。

着举足轻重的作用；二是不断深化习近平法治思想研究，深入推进习近平法治思想进教材、进课堂、进头脑；三是充分发挥法治人才培养主阵地的作用，将习近平法治思想融入法治人才培养的全过程，培养高素质法治人才。为了深入贯彻落实习近平总书记来闽来校考察讲话精神、深入践行习近平法治思想，2021 年 11 月，我校联合厦门大学、福州大学、福建师范大学、华侨大学等省内七所高校，共同发起成立“福建法学教育论坛”，旨在加强福建各高校法学教育的学术交流与合作，推动福建法学教育的发展，共同探索培养新时代法治人才的途径，并将首届论坛会议主题定为“习近平法治思想与新时代法治人才培养”。今天，首届福建法学教育论坛顺利召开，福建省法学会教育研究会隆重成立，这既是我省法学研究领域的一大盛事，也是我省法治人才培养事业中的一件大事，具有重大的积极意义。在此，我由衷希望各位领导，各位法学教育家、法学专家继续给福建法学教育、法学研究予以更多帮助和支持，同时也恳请各位领导、各位专家为闽江学院的发展多提宝贵意见。

通力合作，打造习近平法治思想研究成果出版高地

王卫权*

闽江学院隆重举行福建省法学会法学教育研究会成立大会暨首届福建法学教育论坛，这是福建法学界的一件盛事！首先，我谨代表高等教育出版社对此次会议的举办表示热烈的祝贺！本论坛以习近平法治思想为指导，以新时代法治人才培养为目标，对于增进高校间法学教育经验交流、汇聚法学教育资源、促进福建法学教育事业新发展，对于推动落实习近平法治思想进教材进课堂进头脑、推动习近平法治思想教材建设向教学工作转化，都具有重大意义。这充分体现了福建省法学会及各位专家学者极高的政治站位。

2021 年 9 月 8 日，《习近平法治思想概论》正式出版。在中国法学会、张文显主任的关心下，高等教育出版社有幸承担了本书的出版任务。这本书在中宣部、中国法学会、教育部的直接领导和精心组织下，在编写组和高教社的共同努力下，从启动编写到正式出版仅用了 7 个多月，创造了马工程教材出版速度的新纪录。教材出版后，新闻联播、人民日报等主流媒体予以重磅报道，教材也得到一线教师的高度称赞和广泛认可。教材所坚持的“忠实于原著、原文、原意，坚持学理化阐释、学术化表达、体系化构建”更是深入人心。

在张文显老师领衔的编写组的鼎力支持下，高教社不仅保质保量如期完成了教材出版工作，而且为满足教学需求，精心研制了配套教学课件。课件图文并茂、庄重活泼，一经推出即广受好评，被一线教师誉为“法学课件的天花板”。

2022 年 7 月，习近平法治思想高校协同研究机制启动仪式在京举行。该机制在教育部社科司指导下，由北京大学、清华大学、中国人民大学等 13 所高校习近平法治思想研究机构发起设立。为了推进习近平法治思想的深入研究和宣传阐释，加快建构习近平法治思想统领下的法学学科体系、话语体系、教材体系和自主的知识体系，高等教育出版社与协同研究机制密切合作，促进《习近平法治思想概论》的教材优势向研究成果出版优势转化，努力打造习近平法治思想研究成果出版高

* 高等教育出版社党委委员、副社长。本文为作者在 2022 年 7 月福建省法学会法学教育研究会成立大会暨首届福建法学教育论坛上的致辞，标题为编者所拟。

地，为推进法学学科自主知识体系的构建和原创性理论的建立贡献绵薄之力。

随着国家教材委、教材局的成立，一系列教材建设规划和多个教材管理办法的出台，教材、教学工作的重要性越发凸显。过去，高等教育出版社在《习近平法治思想概论》教材、国家规划教材的建设上得到了在座各高校、各位老师的支持与帮助，未来，在习近平法治思想的指引下，我们真诚期待与各位一如既往地通力合作，多出精品力作，共同谱写教育出版的新篇章！

二

法学教育改革与探索／探寻法学教育创新之路

论校院所合作下的法学专业实践教学体系

——基于习近平法治人才培养思想的思考

王晓丽　鲍莹玉*

内容提要　法学实践教学是高素质法治人才培养的必由之路。针对当前高校法学专业实践教学存在课程思政成效不显、实践教学团队力量不足、实践教学体系化程度不高和课程资源不能满足实际需要等方面的问题，提出新时代法学实践教学应当以习近平法治思想为引领，深化与地方法律实务部门的协作，构建双主体课程思政平台、打造专兼并用的“双师型”教学团队、共建教育资源，建设“四模块，三层次，全学程”法学实践教学体系。

关键词　习近平法治思想；法治人才；实践教学体系；校院所合作模式

依法治国是我国的基本治国方略，习近平法治思想高度重视依法治国的建设保障。习近平总书记指出，“全面依法治国是一个系统工程，法治人才培养是其重要组成部分”“法治人才培养上不去，法治领域不能人才辈出，全面依法治国就不可能做好”。① 法学以实践性为其显著特征。正如美国法学家霍姆斯说的，“法律的生命不在于逻辑，而在于经验”，经验源于实践，法学作为法律的学科也就具有突出的实践性。基于法学的实践性，法学教育不仅有理论教学，还有实践教学。法学教育培养法治人才，而法治人才，按照法学类本科教学质量标准，是指德才兼备、具有扎实的专业理论基础和熟练的职业技能、具备法律服务能力和创新能力的创新型人才。因此法治人才需要具备法律实务能力，而实务能力的培养需要科学规范、体系化的法学实践教学。传统的法学实践教学虽然促进了学生的法律实践技能的培养，但社会经济的发展对高素质法治人才的实践能力提出了新的要求，传统法学实践教学的弊端也逐步显现。当前在习近平法治思想引领下，积极探索校院所合作下法学专业实践教学体系建设，对培养高素质法治人才具有重要意义。

---

*　王晓丽，法律硕士，仰恩大学法学院院长、副教授。鲍莹玉，法学硕士，仰恩大学校长助理，副教授。

①　习近平. 全面做好法治人才培养工作 [M]. 北京：中央文献出版社，2020:115-186.

一、习近平法治思想中的法学实践教学

习近平法治思想是新时代法学教育和法治人才培养的根本遵循。[①]它创新解答了全面依法治国如何保障的问题，强调了要加强法治人才后备军培养，推进法学院校的改革发展。习近平总书记高度重视法治人才的培养，他强调："要推进法学院校改革发展，提高人才培养质量。"[②]2017年5月3日，习近平总书记到中国政法大学考察时指出："法学学科是实践性很强的学科。法学教育要处理好知识教学和实践教学的关系。学生要养成良好法学素养，首先要打牢法学基础知识，同时要强化法学实践教学。要打破高校和社会之间的体制壁垒，将实际工作部门的优质实践教学资源引进高校，加强校企、校地、校所合作，发挥政府、法院、检察院、律师事务所、企业等在法治人才培养中的积极作用。"[③]习近平法治思想为法学实践教学指明了方向。

（一）实践教学是法治人才培养的重要环节

培养人才是高等教育的根本任务，新时代高等教育的内涵式发展注重培养各类高素质人才，法学教育也不例外。在新时代依法治国建设背景下，培养高素质法治人才已成为法学院校的第一任务。[④]笔者认为：首先，要明确高素质法治人才应掌握什么知识，应具备什么能力素质。正如前述，高素质法治人才不仅要拥有扎实的理论知识，而且要掌握熟练的职业技能，形成合理的知识结构，还要具备法律职业伦理道德。其次，法学教育要围绕高素质法治人才的知识、能力和素质的培养进行。据此，在法治人才培养过程中要"遵循知识、能力、素质协调发展，德法兼修的法治人才成长规律"[⑤]，既要进行法学知识教育，也要开展法学实践教育。实践教学成为法治人才培养的重要环节，并与理论教学共同构成密切配合、有机统一的高素质法治人才培养机制。

（二）正确处理理论教学和实践教学的关系是提高法治人才培养质量的突破口

法学理论教学和实践教学都是法治人才培养的重要环节，两者缺一不可。当前

---

① 马怀德. 法学教育法治人才培养的根本遵循 [EB/OL].（2020-12-17）[2022-03-18]. www.doc88.com/p-09439079971128. html.

② 习近平. 坚定不移走中国特色社会主义法治道路 为全面建设社会主义现代化国家提供有力法治保障 [EB/OL].（2021-02-28）[2022-03-19]. www. qstheory. cn/dukan/qs/2021-02/28/c_1127146541.

③ 习近平在中国政法大学考察时强调 立德树人德法兼修抓好法治人才培养 励志勤学刻苦磨炼促进青年成长进步 [EB/OL]. (2017-05-03)[2022-04-10]. http://politics.people.com.cn/n1/2017/0503/c1024-29252260.

④ 史凤林. 高素质法治人才培养规律研究 [J]. 中共山西省委党校学报，2019,42(3):92-96.

⑤ 史凤林. 高素质法治人才培养规律研究 [J]. 中共山西省委党校学报，2019,42(3):92-96.

高校法学教育均认识到了实践教学的重要性，纷纷从实践课程体系、实践教学设施、师资队伍、实践教学管理、实践教学研究等方面进一步加强实践教学。强化实践教学并不意味着要弱化理论教学，而是应当两者并重，同等对待，给予同等重视。理论教学与实践教学两位一体，彼此相互交融，互促互动。一方面，理论教学为实践教学的开展奠定了良好的基础。通过理论教学使学生掌握专业理论基础和具体法律制度规定，为指导实践教学提供了理论依据。另一方面，实践教学能够落实和深化了理论教学。实践教学让学生在实践体验中进一步理解和掌握理论知识，提高综合知识运用能力，培育创新精神和法律职业伦理素养。正确认识和处理理论教学和实践教学的关系，将为我们构建新时代法学实践教学体系打下基础。

（三）校院所合作是实现法治人才培养的重要途径

法学教育不单是专业教育，也是培养德才兼备的法治人才的职业教育。高素质法治人才不仅要掌握法学理论知识和专业技能，还要有高尚的思想品德。[①] 习近平法治思想在法治人才培养上强调要重视实践教学。实践教学不仅可以巩固理论教学成果，而且可以培养学生实务技能和法律职业素养。但法治人才的培养仅通过法学院校单主体的实践教学是远远不够的，需要创新培养机制。习近平法治思想在法治人才培养路径上明确提出跨部门联合培养的新机制，即要积极发挥法院、检察院、律所等实务部门在法治人才培养中的积极作用。通过校院所合作，完善人才培养方案，丰富法学教育教学资源，提升双师力量，锻炼学生司法实务技能和培养学生法治思维，同时在实；教学过程中，增进学生对国情社情、民意民风的了解，坚定他们的理想信念，提升他们的法律职业素养。

二、当前高校法学实践教学反思

高素质法治人才培养需要正确处理理论教学与实践教学的关系，夯实实践教学；要转变过去法学教学中重理论轻实践的做法，加大实践教学比重，强化学生实践技能的培养，积极探索学校与实务部门双主体的协同育人机制。以此观之，当前高校法学实践教学在实施过程中仍面临着一些困难。

（一）实践教学中的课程思政教育成效不明显

2018 年 9 月 17 日，教育部、中央政法委联合发布了《关于坚持德法兼修 实施卓越法治人才教育培养计划 2.0 的意见》（以下简称《意见》）。该《意见》将“厚德育，铸就法治人才之魂”作为改革的首要任务，强调高素质法治人才培养要加强

① 杨宗科. 习近平德法兼修高素质法治人才培养思想的科学内涵 [J]. 法学，2021(1):3-17.

学生的思想道德教育。[①] 高素质法治人才的首要标准就是厚德明法，因此，德法兼修自然成为法治人才培养应当遵循的基本规律。[②] 这意味着法学教育不单单是法律专业知识的教育，同时要兼顾课程思政教育，加强学生法律职业道德教育，培育法律信仰，塑造法律人格。全面开展专业课程思政教育，是充分贯彻践行习近平法治思想，培养“经世济民、诚信服务、德法兼修”[③] 法治人才的重要举措。当前高校专业课程思政主要是围绕理论教学开展的，主要场所是课堂。由于实践教学在教学方式上与理论教学不同，具有内容综合、思政元素丰富和教学场所多样等特点，因此教师不能把理论课程的课程思政方式适用于实践课程的课程思政教学中。在课程思政研究方面，目前针对实践教学的课程思政研究较少，无较成熟的经验可供借鉴，造成实践教学中课程思政成效不明显。

（二）理论和实务并通的法学实践教学团队力量不足

法学教育是以专业教育和素质教育为基础的职业教育，在职业教育背景下，法学职业技能培养已成为提高法治人才培养质量的关键。因此，法学实践教育受到法学院校的高度重视，法学院校积极进行法学实践教学改革，采取各种措施提高法学实践教学质量，提高学生法律职业技能培养效果。[④] 但从实际来看，法学实践教学质量效果并不是很好。学生毕业后在工作中遇到实际法律问题时，分析能力和法律应用能力普遍不足。上述问题的产生有主客观方面的原因，其中就有教师主体方面的原因。法学实践教学作为与理论教学相互衔接、相互支撑的教学模式，在教学中需要综合运用理论知识和实务技能，这就需要法学实践教学老师既要有理论知识也要有实务经验。当前高校法学实践教学团队普遍面临一些障碍：一是知识结构不健全，实体法教师对程序法不熟悉，而程序法教师在实体法方面不专业；二是缺乏足够的实践经验，法学专业教师基本是高校毕业生，基本没有经过系统沉浸式的法律职业技能训练，即使教师是兼职律师，具备一定的实务经验，但其实务经验与专职律师、法官、检察官仍有差距，难以充分满足法学实践教学需要；三是未能充分利用法院、检察院、律所等实务部门专家、诉讼资料、网络资源等实践教学资源来增强实践教学团队的教学能力。囿于认识、能力、经费等方面的原因，当前法检所大量实践教学资源未得到充分挖掘和开发。

---

① 教育部，中央政法委. 关于坚持德法兼修 实施卓越法治人才教育培养计划 2.0 的意见 [EB/OL].（2017-09-17）[2022-04-14]. www.moe.gov.cn/srcsite/A08/moe_739/s6550/201810/t20181017_351892.html.

② 史凤林. 高素质法治人才培养规律研究 [J]. 中共山西省委党校学报，2019,42(3):92-96.

③ 教育部. 高等学校课程思政建设指导纲要 [EB/OL].（2020-05-28）[2022-04-16]. http://www.gov.cn/zhengce/zhengceku/2020-06/06/content_5517606. htm.

④ 房绍坤. 我国法学实践教学存在的问题及对策 [J]. 人民法治，2018(16):79-82.

（三）法学实践教学体系化程度不高

实践教学依托实践课程而展开，实践教学目标通过实践教学实施而实现。因此法学实践教学的体系化，需要解决两个方面的问题：一是实践教学目标，二是实践课程的设置。目前很大一部分法学实践教学目标是不清晰的，是否能达成教学目标也不明晰；课程设置的合理性，课程彼此之间的关系，也都有疑问。

笔者认为法学实践课程教学目标应该包括巩固学生所学专业理论知识、培养学生法律实践能力和法律职业道德。其中法律实践能力是“法律职业所要求的法律职业者应该具备的将法律思维能力、法律知识和法律实践经验综合于一体的能力和技巧”，①它包括法条理解能力、法律思维能力、法律分析判断能力、调研写作能力等。上述各项能力之间是相互联系、相互促进、相得益彰的，它的获得是一个渐进的过程。②实践课程的设置要遵循教育教学规律和能力成长规律，遵循由简单到复杂，从单科实训到综合实践再到创新实践，前后衔接，逐步递进的原则。单科实训的实践教学主要是理论课程设置的实践环节、见习、专业实践等，帮助学生验证、理解知识。综合实践教学主要是通过独立实践课程、专业实习等，训练学生综合运用能力和操作技巧。创新实践教学则包括毕业论文（设计）、大创项目等，训练学生创新解决法律实际问题的能力。上述实践课程体系的设置，在内容上符合从简单到复杂的衔接关系；在能力培养上符合从单一实务技能到综合运用技能的渐进过程；在时间上贯穿本科大学四年不断线；在实践空间上从校内到校外：由此构建由多方主体参与的多层次全学程的科学规范实践教学体系。

（四）实践课程资源建设不能满足实际需要

实践课程资源是指用于服务实践教学活动的各类教学资料和软硬件设施等，包括教学资料、教师、实训设备、实践场所等。可见，实践课程资源是开展实践教学的依托与保障。当前高校法学专业在开展实践教学上取得了丰富的经验，但实践教学上仍存在一些问题，如教学大纲的制定脱离实务需要，模拟法庭案件真实程度不足，案例教学还主要用按知识点编制的案例等。这些问题极大影响了实践教学效果。智慧法院、智慧检务、法律人工智能等新型实践课程资源以及证据科学技术实验室等技术类实践课程资源的建设尚未引起足够重视，也影响了学生实践能力的深度拓展。

三、新时代法学实践教学体系实现路径的探索

习近平法治思想是新时代高校培养德法兼修法治人才，贯彻落实立德树人根本

① 房文翠. 法学教育中的法学实践教学原则 [J]. 中国大学教学，2010(6):72-74.

② 房文翠. 法学教育中的法学实践教学原则 [J]. 中国大学教学，2010(6):72-74.

任务的基本遵循。[①] 高校法学院应认真学习贯彻习近平法治思想，与地方法律实务部门合作共建校内外实践教学基地、产学研基地等各类协同育人基地，积极探索校院所合作形式，并且从以下四个方面推进协同育人举措，打造新时代法学实践教学体系。

（一）以校院所为平台构建双主体课程思政平台

习近平总书记曾指出，要坚持立德树人，德法兼修，创新法治人才培养机制。[②] 我国的法学教育和法治人才培养，应以习近平法治思想为指导，坚持立德树人、德法兼修，把思想政治教育摆在首位。[③] 实践教学环节是法学教学的重要组成部分，是法学课程思政不可缺少的重要步骤。在实践教学中推进课程思政建设，与理论教学中的课程思政建设同向而行，能够促进法学专业课程思政教育体系的全面落实，助力高校实现“三全育人”大思政格局。高校应充分发挥法院、检察院、律所等法律实务部门的思政实践优势，创新思政教育形式。一方面，组织学生到实务部门实习实践，了解法律实际运行情况，树立法律意识，保有善良之心，坚持法律所遵循的公平正义的理念；坚定法治信念，从守法做起，才能在今后的法律执业生涯中维护社会的公平正义。另一方面，聘请实务专家参与实践课程教学；实务专家在教学过程中，不仅要讲授实务技能，也要融入法律职业伦理教育，以身作则，帮助学生树立职业信仰，培养学生形成诚信服务等职业素养。

（二）以校院所为平台打造专兼并用的“双师型”教学团队

法学具有突出的实践性，实践教学是法学教育应有的重要环节。法学实践教学的实施需要有一支高水平的“双师型”教学团队。打造高水平“双师型”教学团队，应以校院所合作为切入点，一方面从地方法院、检察院、律所等法律实务部门聘请法律实务专家为兼职讲师，建立兼职教师资源库，并根据不同年级、课程和教学内容，结合实务专家的特长落实教学任务；另一方面有计划地选派专任教师到法律实务部门挂职锻炼，提高实务技能，积累实践经验，逐步建立一支联系密切、结构稳定、水平较高的专兼并用的“双师”结构教学团队。

（三）校院所携手共建课程资源，充实实践教学条件

以实践课程建设为抓手，高校与地方法院、检察院和律所等法律实务部门共同修订模拟法庭、法律诊所、司法实务、法律社区服务与实践等实践课程的教学大纲，优化教学内容，改革考试考核方式和评价方法。在修订教学大纲时要充分利用

---

① 梁平. 新时代“德法兼修”法治人才培养：基于习近平法治思想的时代意蕴 [J]. 湖北社会科学，2021(2):27-32.

② 习近平. 全面做好法治人才培养工作 [M]. 北京：中央文献出版社，2020:115-186.

③ 马怀德. 法学教育法治人才培养的根本遵循 [J]. 中国党政干部论坛，2020(12):50-53.

院所平台资源进行调研，了解实务部门对应用型法治人才在知识结构和能力上的要求，并据此确定课程大纲；根据大纲优化教学内容、实践项目，从实务技能评价改革考核方式。同时，实务专家参与课程教学，把社会主义法治国家建设实践的最新经验和生动案例带进课堂教学，①丰富教学内容。“利用现代信息技术，实务部门向法学院校开放数字化法治实务资源，将法庭庭审实务信息化资源通过直播等方式接入法学院校，让优质司法资源及时转化为教育资源”②。此外，高校应积极从校外法律实务部门收集整理有教学价值的司法资料，充实实践教学资料。

（四）以校院所为依托构建“四模块，三层次，全学程”实践教学体系

《法学类教学质量国家标准（2021 年版）》对实践教学课程已经提出了明确要求，主要包括：实践教学环节，实验、实训和专业实习，社会实践，毕业论文（设计）等。③法学实践教学体系构建应以实务能力的培养为导向，合理安排上述实践教学课程。根据上述要求，法学类专业可依托地方法院、检察院、律所，构建“四模块，三层次，全学程”的法学实践教学体系。

“四模块”是将法学实践教学体系分为基础实践、专业实习、综合性实践和创新性实践等四个内容模块。“三层次”是将学生的能力培养分为专业基础能力、专业综合能力和专业创新能力三个不同层次。“全学程”是指法学生从大一至大四均参与 实践，根据专业课程学习进程，从大一基础实践、大二专业实习、大三综合性实践至大四创新性实践，循序渐进，前后衔接，层次分明，一直持续到毕业。通过与地方法律实务部门，包括地方法院、检察院、律所等共建实践教学基地、产学研基地等，让法学生能在上述法律实务部门开展“四模块，三层次，全学程”的实践活动，夯实学生专业基础、专业综合和专业创新等三个层次的能力，从而实现应用创新型法治人才的培养目标。“四模块，三层次，全学程”的法学实践教学体系如表 1 所示：

表 1 “四模块，三层次，全学程”法学实践教学体系

四模块	实践课程	三层次	全学程
基础实践	理论课程中实践教学环节	专业基础能力	一年级
专业实践	教学见习、专业实习		
综合实践	法律诊所课程、模拟法庭课程、社会实践	专业综合能力	二、三年级
创新实践	毕业论文（设计）、专业调研	专业创新能力	四年级

① 习近平. 全面做好法治人才培养工作 [M]. 北京：中央文献出版社，2020:115-186.

② 教育部，中央政法委. 关于坚持德法兼修 实施卓越法治人才教育培养计划 2.0 的意见 [EB/OL].（2018-10-08）[2022-03-16]. http://www.moe.gov.cn/srcsite/A08/moe_739/s6550/201810/t20181017_351892.html.

③ 教育部办公厅. 法学类教学质量国家标准（2021 年版）[EB/OL].（2021-05-19）[2022-03-10]. https://www.163.com/dy/article/GBGK5VBO0516C2P4.html.

四、结语

法学实践教学与法学理论教学共同服务于法治人才的培养，对创新型法治人才培养发挥着不可忽视的作用。当前法学实践教学体系建设应当以习近平法治思想为指导，明确理论教学与实践教学的关系，在深化实践教学的同时，坚持理论教学与实践教学同步发展。同时加强与校外法律实务部门的合作共建，充分发挥法律实务部门在课程开发、教师培养、课程资源建设、法律职业伦理养成等方面的积极作用，打造契合高素质法治人才培养的法学实践教学体系。

习近平法治思想引领公安法学教育的理论与实践研究

何炜玮*

内容提要 公安院校是各地公安机关人才培养的主要场所。公安法学教育包含了公安院校中的法学专业以及要求开设法学类课程的全部专业——特别是公安类专业的法治教育。习近平法治思想为公安法学教育指明了方向，公安法学教育应推进革命化培养、正规化培养、专业化培养和职业化培养。在公安法学教育实践中，应以习近平法治思想为引领，修订人才培养方案，将习近平法治思想贯穿在法学课程的教学活动中、警务化管理中以及实践教学过程中。

关键词 习近平法治思想；公安法学教育；实践研究

2020 年 11 月 16 日至 17 日召开的中央全面依法治国工作会议，明确了习近平法治思想在全面依法治国工作中的指导地位，在我国社会主义法治建设进程中具有重大现实意义和深远历史意义。习近平法治思想，从历史和现实相贯通、国内和国际相关联、理论和实际相结合方面，深刻回答了新时代为什么要实行全面依法治国、怎样实行全面依法治国等一系列重大问题，是马克思主义法治理论中国化的最新成果，是习近平新时代中国特色社会主义思想的重要组成部分，是新时代推进全面依法治国的根本遵循和行动指南。习近平总书记在《坚定不移走中国特色社会主义法治道路 为全面建设社会主义现代化国家提供有力法治保障》中强调，要坚持建设德才兼备的高素质法治工作队伍；同时提出，要推进法学院校改革发展，提高人才培养质量。① 为此，教育部办公厅发出《关于推进习近平法治思想纳入高校法治理论教学体系的通知》。通知要求，将习近平法治思想贯穿法学类专业课程，开好“习近平法治思想概论”专门课程，开展面向全体学生的习近平法治思想学习教育，并修改了法学类教学质量国家标准。

---

* 何炜玮，法律硕士，福建警察学院法律系主任、教授。

① 法学类教学质量国家标准（2021 年版）[S].

一、公安法学教育现状

全国目前有 30 多所公安院校，除中国人民公安大学、中国人民警察大学、中国刑事警察学院等 5 所全国性的公安院校外，一般各省、自治区、直辖市有且只有 1 所公安院校。公安院校的普通本科学历教育的专业类型，大致可以分为三类：第一类是作为主体、数量最多的公安类专业，如刑事侦查学、治安管理、刑事科学技术等等，专门为公安机关培养人民警察。根据教育部高等学校教学指导委员会 2018 年编制的《普通高等学校本科专业类教学质量国家标准》，公安类专业需要开设宪法学、刑法、刑事诉讼法、行政法与行政诉讼法、民法、证据法等法学课程，包含教学活动既有公安特色，又有相当分量的法学教学内容。第二类是经整合的原属于司法行政机关的专业，即监狱学专业，为全省监狱系统培养警察队伍。根据教育部的规定，监狱学属于法学大类项下的一个专业。第三类是普通类，如普通法学专业。而法学专业则根据各公安院校办学的具体情况，可分为两种：第一种是与侦查、治安、刑事科学技术等公安类专业一样，属于提前批录取，学生按照公安部、人社部规定的关于招录人民警察的要求进行身体检查和政治审查，后文简称公安类法学。第二种是普通类专业，即招生与普通院校的普通法学一样，就业分配也不纳入公安部的招录体制，毕业后广泛分布在公、检、法等各类国家机关，律师事务所等专业法律服务机构，企业的法务部门等等，后文简称普通类法学。根据教育部颁布的《普通高等学校本科专业类教学质量国家标准》的规定，上述专业的人才培养要求里，均包含法治理论教学。① 所以，本文所论的“公安法学教育”（见表 1），包含了公安院校中的法学专业以及要求开设法学类课程的全部专业——特别是公安类专业的法治教育。

表 1　公安院校专业分类

专业类型	专业名称	培养目标与主要就业方向	备注
公安类	侦查学、经济犯罪侦查、国内安全保卫、禁毒学、治安学、交通工程管理、刑事科学技术、警务指挥与战术、网络安全与执法等	为公安机关培养预备警察	公安类法学（比如浙江警察学院）
司法类	监狱学	为司法行政管理机关培养监狱警察	部分省的警察院校不开设司法类专业
普通类	法学	广泛从事各法律职业	就业分配未纳入公安招录
	其他	其他	行政管理等

① 普通高等学校本科专业类教学质量国家标准 [S]. 2018:61-68.

公安院校不同于普通高等院校，这决定了公安院校的法学教育有着不同于普通高校的法学教育的特点。公安院校属于行业办学，在行政上隶属于公安部和各省、自治区、直辖市公安厅（局），教育行政主管部门对其进行业务管理。公安院校的毕业生，广泛就业于人民机关、法院、检察院、律师事务所等单位，从事立法、司法、执法活动或提供其他法律服务，其思想政治素质和法律专业素质，在一定程度上决定了未来国家法治尤其是警察队伍的整体水准。为适应公安队伍正规化、专业化、职业化建设的要求，进一步做好公安院校公安专业招生、培养和毕业生录用工作，提升公安院校人才培养质量，更好地满足公安机关对公安专业人才的需求，2015 年 12 月 8 日，中央编办、人力资源社会保障部、公安部、教育部、财政部、国家公务员局以人社部发〔2015〕106 号印发《人力资源社会保障部等六部门关于公安院校公安专业人才招录培养制度改革的意见》（后文简称《公安院校招录培养体制改革》），明确指出：公安院校教育是公安工作的重要组成部分，是加强公安队伍建设的源头和基础，应以公安工作需求为导向，以培养公安专业人才为主要目标。全国公安院校以 4 年为周期测算本地公安机关年度警力需求及录用人民警察计划，综合考虑自然减员、职位空缺以及公务员录用考试的淘汰人数情况，按照公安专业学生毕业时公安机关年度录用人民警察计划的一定比例编制公安院校生源计划。经过公安院校培养，公安院校公安专业毕业生的招考工作独立于各地的公务员招录一般程序，实行全国统一考试，分省（区、市）录用的办法。公安院校已经成为培养警察队伍最主要、最重要的基地。部分地方公安院校，比如福建警察学院，以刑罚执行系设立的监狱学专业，代为培养全省的监狱警察，每年有近 100 名毕业生进入省内监狱系统；另据不完全统计数据，约有 1/4 到 1/3 的普通类法学专业毕业生，通过选调生、普通公务员考试或者事业单位考试渠道进入体制内，从事法律职业。当然，公安院校培养的主体仍然是预备警察。公安院校法学教育的水平，在一定程度影响到警察队伍的整体水平。

二、习近平法治思想为公安法学教育指明方向

公安队伍是法治专门队伍的重要组成部分。习近平总书记指出：“我国专门的法治队伍主要包括在人大和政府从事立法工作的人员、在行政机关从事执法工作的人员、在司法机关从事司法工作的人员。全面推进依法治国，首先要把这几支队伍建设好。”[①]法治专门队伍在党政机关中专门从事法治工作，直接决定国家法治建设的质量和水平。在法治专门队伍建设中，习近平总书记讲得最多的是政法队伍建设。这是因为政法队伍是一支人员规模大、掌握权力大、社会影响大的队伍。政法

① 习近平. 论坚持全面依法治国 [M]. 北京：中央文献出版社，2020:266.

队伍主要由法院、检察院、公安机关、国家安全机关、司法行政机关工作人员构成，是建设法治中国和平安中国的重要力量。[①] 习近平总书记在《坚定不移走中国特色社会主义法治道路 为全面建设社会主义现代化国家提供有力法治保障》中指出："全面推进依法治国，首先要把专门队伍建设好。要加强理想信念教育，深入开展社会主义核心价值观和社会主义法治理念教育，推进法治专门队伍革命化、正规化、专业化、职业化，确保做到忠于党、忠于国家、忠于人民、忠于法律。""革命化、正规化、专业化、职业化"，这既是法治工作队伍的总体任务、公安队伍建设的总体任务，也为公安院校的法学教育指明了方向。

（一）革命化培养

"政治建校"是公安院校建校的基础，对于公安院校法学教育而言，革命化培养主要体现在以下方面：一是科学理论的学习。这主要是学习掌握习近平新时代中国特色社会主义思想，特别是学习掌握习近平法治思想。二是理想信念的树立。"要加强理想信念教育，深入开展社会主义核心价值观和社会主义法治理念教育"[②]。

（二）正规化培养

"对法治专门队伍的管理必须坚持更严标准、更高要求。"一方面是加强职业道德建设。"职业良知来源于职业道德。要把强化公正廉洁的职业道德作为必修课，教育引导广大干警自觉用职业道德约束自己，认识到不公不廉是最大耻辱，做到对群众深恶痛绝的事零容忍、对群众急需急盼的事零懈怠，树立惩恶扬善、执法如山的浩然正气"[③]。另一方面，公安部对于公安院校制定了专门的警务化管理要求，学生在校期间实行警务化管理。这是对警察职业的日常管理要求，公安院校学生在校期间就应该遵守并内化成为职业习惯。

（三）专业化培养

"国家安危，公安系于一半。"作为国家刑事司法和行政执法力量的人民警察队伍，每天都要应对和处理各种法律和社会问题，必须具有很强的专业思维、专业素质、专业能力。习近平总书记在 2019 年中央政法工作会议上指出："专业化建设要突出实战、实用、实效导向，全面提升政法干警的法律政策运用能力、防控风险能力、群众工作能力、科技应用能力、舆论引导能力。"在人才培养体系上，一是要构建习近平法治思想引领的公安法学教育教学的课程体系，针对公安院校不同专业类型、不同教学质量标准、不同培养目标，制定分类教学、分类管理的方案。二是

---

① 黄文艺 . 论习近平法治思想中的法治工作队伍建设理论 [J]. 法学 ,2021(3):3-14.

② 习近平 . 论坚持全面依法治国 [M]. 北京：中央文献出版社，2020:5, 231.

③ 习近平 . 论坚持全面依法治国 [M]. 北京：中央文献出版社，2020:47.

强调将专业理论运用于公安院校法学教育教学实践中，推动公安法治队伍的建设。

（四）职业化培养

习近平总书记在2014年中央政法工作会议上提出："建立健全在职干警教育培训体系，提高干警本领，确保更好履行政法工作各项任务。"公安院校与普通院校相比一个比较大的特点在于，公安院校还承担大量在职民警的培训任务，包括初任人民警察培训、警衔与职务晋升培训、专门业务与岗位培训、警务实战教官培训、外警培训等任务。以福建警察学院为例，该学院已培训在职民警近10万人次，年均举办培训班约60期、培训5000多人次。在职民警的培训中，有相当数量的法学课程，需要针对不同培训对象、培训任务编制培训计划。这些培训计划应该要以锻造"四个铁一般"队伍为目标，牢牢把握"对党忠诚、服务人民、执法公正、纪律严明"总要求，坚持从严治警、从严治训方针，以习近平法治思想为引领，以实战化需求为导向，不断提高教育培训质量，提升精细化管理服务。

三、在公安法学教育实践中贯彻落实习近平法治思想

习近平法治思想既为公安院校法学教育指明了方向，也明确了基本建设路径。《法治中国建设规划》（2020—2025年）提出，"深化高等法学教育改革，优化法学课程体系，强化法学实践教学，培养信念坚定、德法兼修、明法笃行的高素质法治人才。"[①] 高等学校是法治人才培养的第一阵地，公安院校是法治公安建设的第一阵地。深入研究习近平法治思想对于引领公安院校的法学教育发展具有重要作用。在习近平法治思想指导下，构建不同于普通高等院校的法学教育教学课程体系，从课堂教学到实践教学、从校内到校外、从课程学习到日常管理，形成更加完善的学科体系、教学体系、教材体系、课程体系，切实提升公安法治人才培养质量，确保公安院校的育人效果。将建设政治过硬、专业精良的公安队伍的时间节点前移，是建设法治公安队伍的重要手段与途径，符合公安院校法学教育的特殊目标和内容。

（一）修订人才培养方案

习近平总书记在中国政法大学考察时提出了立德树人、德法兼修、明法笃行的法治人才培养方针："希望我们的法学教育要坚持立德树人，不仅要提高学生的法学知识水平，而且要培养学生的思想道德修养。"根据"打牢法学知识功底，加强道德养成，培养法治精神，而且一辈子都坚守，努力用一生来追求自己的理想。"教育部教高厅函〔2021〕17号文件，相较于2018版法学专业的教学质量国家标准，明确了习近平法治思想的指导地位，将"习近平法治思想概论"纳入法学专业核心

① 法治中国建设规划（2020—2025）[N]. 人民日报,2021-01-11(1-2).

必修课。但是该标准里并未修改其他专业的标准。我们应该深入学习和领会习近平法治思想对法治公安建设提出的要求，将这些要求与公安院校的人才培养目标进行检验性对照，并对各级公安机关的人才具体需求进行充分调研，在公安院校面向全体学生开设习近平法治思想概论公共选修课，打造习近平法治思想专门课程模块。根据法学研究的发展和公安法治实践，开设国家安全法、党内法规、社会治理法学等新课程，以期提升公安院校输送的法律职业人员的政治素质、思想素质、业务素质。

（二）将习近平法治思想贯穿于法学课程的教学活动中

充分发挥课堂主渠道作用，将习近平法治思想进行科学有机的学理转化，将其核心要义、精神实质、丰富内涵、实践要求贯穿于法学各课程，从教材的编写、课程的准备、教学方式、作业（思考题）的解答、课程考核等方面，将社会主义法治建设的成就经验转化为优质教学资源。公安院校法学专业的课程设置以及课程内容，除了将“习近平法治思想概论”作为单独开设的课程进行专门化学习，还应该考虑到人才培养的基本要求，进行改革和尝试。课程设置方面，“法理学”课程可以分解为“法学导论”和“法理学”。大一开设“法学导论”，针对刚入校园的新生，较为基础性地介绍法学的基本概念和最基本的、容易掌握的理论，重点在于公平、正义等法律基本理念的介绍。大四开设“法理学”，是在学生完成大部分专业课程的学习之后，重新回到法律的最本源的问题，一方面强化法律的基本价值追求，另一方面可以使学生对于法律与国家治理、与社会制度选择的关系等等进行更深入的学习和思考。课程内容方面，“法律职业伦理”课程内容与社会主义核心价值观高度契合，应该成为教育学生树立为人民服务意识、努力实现社会公平正义的最好场域。再比如“民法”课程，处处体现出习近平法治思想和社会主义核心价值观对于法律制度的指引：民法总论中确立的平等、公平、自由、诚信之基本原则，在表述上与核心价值观高度吻合；《民法典》第 1043 条宣示性地规定：“家庭应当树立优良家风，弘扬家庭美德，重视家庭文明建设”；而保证市场交易的安全与快捷，既是民法典的价值追求，也是法治国家、富强文明国家建设的必然要求。

（三）习近平法治思想在警务化管理中的引领作用

警务化管理是根据《公安机关人民警察内务条令》对公安院校全体人员各种行为进行的管理，其基本任务是通过建立规范的工作、学习、生活秩序，培养公安院校的优良校风，以保证各项教学训练任务的完成。公安院校有别于普通院校的一大特色是其警务化管理制度，该制度是习近平法治思想在公安院校中的重要实践，也应该成为习近平法治思想学习的另一个重要阵地。对在校学生实行严格的警务化管理，有利于让学生深刻认识到，自由、平等并不等同于自由散漫和言行无度，应该遵行包括法律、政策、校纪等在内的基本的规则和规范，亲身感受到规则规范的作用和效力。并且应在实行警务化管理过程中全面了解警务化管理的内容，对照高素质法治公安队伍的标准进行检验，考查警务化管理在锤炼铁一般的理想信念、铁一般的责任担当、铁一般的过硬本领、铁一般的纪律作风这一目标上，所起的作用与改进的空间。

（四）习近平法治思想在校外见习、实习、执行任务中的引领作用

习近平总书记指出，法学学科是实践性很强的学科。法学教育要处理好知识教学和实践教学的关系。学生要养成良好法学素养，首先要打牢法学基础知识，同时要强化法学实践教学。要打破高校和社会之间的体制壁垒，将实际工作部门的优质实践教学资源引进高校，发挥政府、法院、检察院、律师事务所、企业等在法治人才培养中的积极作用。公安类专业的学生寒暑假见习、毕业实习，均进入公安机关、监狱等司法、行政机关从事实际的专业工作；在各地各类的大型活动中，经常调用公安院校在校学生参与安保工作。上述实践学习环节，丰富了实践教学的方式方法，加深了学生对理论的掌握深度和广度，提高了学生的实践操作的能力。

切实将习近平法治思想纳入公安院校法学教育的教学实践体系，推进习近平法治思想进教材进课堂进头脑，为“打造一支忠于党、忠于国家、忠于人民、忠于法律的公安铁军”这一人才培养目标打下坚实基础，以此推动公安院校法学教育的改革和高质量发展。

习近平法治思想中的全民普法理念

何家华　李林*

内容提要　全面深入推进全民普法，是习近平法治思想的重要内容和全面依法治国的重要任务。习近平从党和国家工作大局和全面依法治国战略全局的高度，深刻阐明了新时代为什么要加强全民普法和怎样推进全民普法等重大问题，从普法理念、普法格局、普法策略、普法内容、普法方式、普法效果等方面，推动了新时代全民普法的实践创新、理论创新和制度创新，具有十分重要的实践意义、理论意义和学术意义。

关键词　习近平法治思想；全民普法；法治宣传教育

习近平法治思想内涵丰富，论述深刻，逻辑严密，系统完备，覆盖全面依法治国的各领域各方面各环节，其中的一个重要组成部分是全民普法。习近平法治思想是全民普法工作的指导思想，是全民普法工作的重要内容，是开展全民普法工作的根本遵循和行动指南。全民普法是全面依法治国的长期基础性工程，立足于开启全面建设社会主义现代化国家新征程，统筹推进“五位一体”总体布局和协调推进“四个全面”战略布局，必然要求我们更好发挥法治固根本、稳预期、利长远的保障作用。在习近平法治思想的指导下，全面准确地把握全民普法理念的重大意义、基本内涵、形成发展、创新观点，以及在此背景下如何更加深入地研究和阐释全民普法理念，是我们的一项重要任务。

一、新时代全民普法的重大意义

习近平法治思想确保了全民普法正确的政治方向和舆论导向，回答了为什么

* 何家华，法学博士，华侨大学法学院讲师；李林，中国社会科学院学部委员、中国社会科学院法学研究所研究员。本文是中国社会科学院马克思主义理论学科建设与理论研究工程2022年度重大项目“习近平法治思想的理论体系研究”（项目编号：2022MGCZD002）的阶段性成果。

要坚持全民普法。在习近平法治思想的指导下，全民普法坚持围绕中心、服务大局，这一问题在“五位一体”总体布局和“四个全面”战略布局中来谋划、把握和推进。

（一）全民普法是全面建成小康社会的组成部分

第一，全面小康对普法提出了更高要求。随着我国社会主要矛盾的转变，“人民群众对美好生活的向往更多向民主、法治、公平、正义、安全、环境等方面延展”①。这就需要加大普法力度，为全面小康社会营造良好的法治环境。第二，法治小康是全面小康的重要部分，在全面小康中，法治小康必不可少。法治小康可以理解为，在价值层面上追求的是自由平等、民主法治、公平正义、幸福博爱、和谐有序，充分实现人的人权和尊严；在制度层面上真正实现国家治理体系制度化、现代化的目标；在实践层面上实现科学立法、严格执法、公正执法、全民守法的原则。②第三，全民普法是全面小康社会的重要组成部分。全面建成小康社会不仅是一个经济社会指标，也是一个制度和法律的指标。全民普法要与小康社会相适应、相匹配。

（二）全民普法是全面深化改革的重要方式

改革发展稳定各项工作离不开普法，普法是凝聚全面深化改革共识和推动全面深化改革的重要方式。普法在发挥法治保障作用与引领改革、推动发展、完善治理等重要方面具有基础性作用。对外开放同样离不开普法。随着大国之间竞争更激烈、合作更深化，我国企业和公民走出去更频繁、更广泛深入，就愈加需要加快向全民普及涉外法治，维护我国的政治安全、经济安全，维护我国企业和公民的合法权益。

（三）全民普法是全面依法治国的重要内容

从全面依法治国目标来看，全面依法治国的目标任务之一就是深入推进全民普法。从全面依法治国的推进来看，习近平指出社会发展中的大量矛盾和突出问题与有法不依、执法不严、违法不究相关。③而全社会如何守法答案是全民普法。从坚定法治道路自信来看，通过全民普法讲清楚中国特色社会主义法治道路、法治理论、法治制度、法治文化，可增强我们走中国特色社会主义法治道路的自觉性和坚定性。

---

① 习近平. 论坚持全面依法治国 [M]. 北京：中央文献出版社，2020:259.

② 李林. 全面小康社会重点要建成法治小康 [EB/OL] 中国小康网，(2017-12-20)[2020-01-11]. https://www.sohu.com/a/211681526_426502.

③ 习近平. 论坚持全面依法治国 [M]. 北京：中央文献出版社，2020:103.

（四）全民普法是全面从严治党的内在要求

推进全民普法是提高党的领导能力、依法执政能力、依法治国能力的需要，是党在依法治国中发挥核心作用的需要，是党员保持先进性和发挥先锋模范作用的需要，是提升党内法规制度执行力的需要。

（五）全民普法是开启全面建设社会主义现代化国家新征程的迫切需要

法治现代化的一个重要衡量指标就是全体人民守法的状况。全民守法的一个基本重要条件就是向全民普法。“十四五”时期我国发展环境面临深刻复杂变化，国内外都充满风险与挑战，为更好应对变局、服务大局，必然要求深入开展普法，提高全体人民的法治素养，帮助其形成运用法治思维和法治方式解决问题的习惯。

二、习近平法治思想中全民普法理念的形成与发展

实践是理论之源。在数十年领导实践中，习近平始终高度重视并亲自研究部署法治建设，积累了依法治县、依法治市、依法治省、依法治国、全面依法治国的实践经验，形成了对县域、市域、省域、国域不同层面法治规律的科学认识，作出了一系列关于全民普法、法治宣传教育的重要讲话、文章和指示批示，形成了内涵丰富、论述深刻、逻辑严密、系统完备的全民普法新理念。

（一）习近平法治思想中的全民普法理念在地方的萌发与孕育

地方领导经验为习近平法治思想中的全民普法理念提供了经验支撑和理论准备。习近平在地方工作期间始终重视普法工作，积累了大量的全民普法工作经验，形成了一系列关于全民普法的科学观点，主要包括：第一，在普法体制上，重视党和政府作用的发挥，明确提出加强党对普法工作的领导、政府对普法工作的引导；第二，在普法观念上，重视群众及群众利益，明确提出要为了群众、依靠群众和服务群众的观点；[①] 第三，在普法工作思路上，重视统筹安排，把普法与中心工作及其他工作相结合，推动普法不断深入发展，坚持普法与依法治理相结合，坚持普法与综合治理相结合，坚持普法和精神文明建设相结合，坚持普法与和谐社会建设相结合；第四，在普法内容上，重视法律文明与社会文明相互补充相互融合，明确提出法律规范的普及与社会道德、社会规范、法律精神、法律文化的普及相融合相结合；[②] 第五，在普法的方式上，重视领导干部、国家工作人员的带头示范作用，明

① 重视群众及群众利益是习近平在地方工作期间一以贯之的观念。参见习近平. 摆脱贫困 [M]. 福州：福建人民出版社，1992:13-14；中央党校采访实录编辑室 . 习近平在福州 [M]. 北京：中共中央党校出版社，2020:8-9.

② 例如习近平在浙江工作期间注重社会信用建设，提出“信用浙江”。参见习近平. 之江新语 [M]. 杭州：浙江人民出版社，2013:18.

确提出领导干部要带头学法守法用法；第六，在普法效果上，重视普法的实效性和针对性，把法律知识和思想落实到实际工作中去，增强法律宣传的生动性、大众性等等。

（二）习近平法治思想中的全民普法理念的形成与发展

党的十八大以来，习近平把在地方工作期间形成的全民普法观念、观点、方法和经验创造性地运用到新时代全民普法工作中去，并且在出席重要会议、活动和考察中，以及在一系列重要讲话、重要文章和指示批示中，不断地深化对全民普法的论述，推动全民普法理念丰富发展。习近平关于全民普法的重要论述既集中在宪法、全面依法治国、政法工作、港澳基本法、依法治理、依法治军、法治政府、法治乡村、法治文化、法治社会、知识产权保护等法治领域中，又分散在经济、生态、城市治理、国家安全、应急管理、民族团结、宗教、乡村振兴、疫情防控等其他国家治理领域中。这一方面表现出了习近平法治思想全民普法理念的丰富性发展性，另一方面也对我们全面准确地把握习近平法治思想的全民普法理念增加了难度。为此，笔者将在下文展现习近平全民普法理念形成与发展的阶段。

1. 突出重点、开拓创新：习近平法治思想中的全民普法理念的初步形成。党的十八大以来，习近平对一些关键领域如何推进全民普法，对全民普法中的重要问题进行思考和工作部署，逐步形成了全民普法的主要观点：

第一，以宪法宣传教育为例，推动全民普法创新。2012 年 12 月 4 日，习近平在首都各界纪念现行宪法公布施行 30 周年大会上发表重要讲话。该篇讲话把宪法宣传教育作为全面贯彻实施宪法的重要内容，从宪法宣传教育的基本原则、目标、内容、方式等方面回答了怎样开展宪法宣传教育的问题，为全民普法工作指明了新方向，提出了新要求。此后，全民普法理念对宪法宣传教育既有继承又有发展，继承部分如宪法宣传教育的原则，发展部分如习近平在“宪法信仰”基础上提出“法治信仰”。仅就宪法宣传教育而言，此后，习近平在国家宪法日、中央政法工作会议、省部级主要领导干部专题研讨班、中央全面依法治国委员会、中央政治局集体学习等的讲话中不断地深化宪法宣传教育。

第二，全面阐述全民普法与其他重要领域的关系，明确全民普法的定位。[①]2013 年 2 月 23 日，习近平主持中共十八届中央政治局第四次集体学习时发

① 全民普法与其他领域的关系不仅是习近平关于全民普法重要论述的重要内容，还是习近平反复论述的内容，比如，2016 年 12 月 9 日，习近平主持中共十八届中央政治局第三十七次集体学习时发表重要讲话，又进一步阐述了法治教育和道德教育的相衔接、相协调、相促进的关系，提出了“人文环境、文化环境和法治环境的关系”的问题，从法治教育和道德教育相融合方面将全民普法引向深入。

表重要讲话。[①]该讲话把法制宣传教育作为全民守法的重要内容，着重阐述了普法与立法、普法与执法、普法与司法、普法与守法的关系，明确了普法在全面依法治国中的地位和作用。2014 年 1 月 7 日，习近平出席中央政法工作会议并发表重要讲话。该讲话把全民普法放在政法工作中进行系统阐述，指出普法与理想信念、职业道德教育、纪律教育的关系，普法与坚守法治、制度约束、制度完善、权力运行公开、媒体监督等方面的关系，党依法执政、党员带头作用与普法的关系。在此定位的指导下，全民普法的方向和思路必然要与法治实践相结合，全民普法必然要与其他领域的建设相融合，全民普法内容必然会进一步丰富，全民普法必然要分层分类开展，全民普法目标必然是形成良好的法治环境，使全社会信仰法治。

第三，把全民普法纳入全面深化改革中，进行全民普法的整体谋划、系统设计。2013 年 11 月 12 日，党的十八届三中全会审议通过的《中共中央关于全面深化改革若干重大问题的决定》指出："健全社会普法教育机制，增强全民法治观念。"该决定把全民普法作为全面深化改革的重要任务，标志着全民普法进入全面深化改革阶段。

2. 统筹布局、系统集成：习近平法治思想中全民普法理念的全面成熟。党的十八届四中全会把全民普法纳入全面推进依法治国中进行整体谋划、系统设计，实现了从"法制宣传教育"到"法治宣传教育"的飞跃。全民普法不仅是法治社会建设的重要内容，还是科学立法、严格执法、公正司法、全民守法、法治队伍建设、加强和改进党对全面推进依法治国的领导、法治政府建设、宪法实施等方面的重要内容，标志着习近平对全民普法的思考进入统筹布局、系统集成阶段。在这种统筹布局、系统集成的理念下，全民普法从定位、目标、制度、载体、方式和方法等方面实现了新的飞跃。

党的十八届四中全会决定提出了许多富有改革创新精神的新观点新举措，推动了全民普法的观念创新、制度创新、形式创新。第一，该决定把全民普法作为法治社会建设的重要内容，凸显了全民普法的社会性、基层性，说明全民普法的目标是要形成良好的法治环境。第二，该决定把"全民普法和守法"放在一起进行表述，把全民普法作为全面依法治国重要环节的内容。第三，该决定完善了青少年和国家工作人员的学法用法制度。第四，该决定完善了全民普法的体制机制，主要包括各级党委和政府对普法工作的领导、国家机关普法责任制、媒体公益普法、普法队伍建设、群众性法治文化活动方面。第五，该决定进一步阐述了普法与社会诚信建设、公民道德建设、依法治理、法律服务体系、纠纷解决机制的关系。第六，该决定指出法治宣传教育要创新宣传形式，注重宣传实效。

① 习近平. 习近平谈治国理政 [M]. 北京：外文出版社，2014:145.

尤为值得关注的是，在推进全社会普法教育机制建设方面，习近平多次强调要完善领导干部尊法学法守法用法制度。2015 年 2 月 2 日，习近平在省部级主要领导干部学习贯彻党的十八届四中全会精神 全面推进依法治国专题研讨班开班式上发表重要讲话；2015 年 6 月 26 日，习近平在主持中共十八届中央政治局第二十四次集体学习时发表重要讲话。这两次重要讲话都对领导干部尊法学法守法用法作出了一系列制度安排，主要包括“开展法规制度宣传教育”，牢固树立“法治意识”“制度意识”“纪律意识”等。

3. 思想引领、全面推进：习近平法治思想中全民普法理念的深化发展。党的十九大以来，全民普法以习近平法治思想为指导，根据党的十九大精神，将党中央有关重大目标要求在全民普法领域具体化。此阶段的全民普法以进一步提升公民法治素养为重点，进一步加大全民普法力度为着力点，把全民普法引入法治建设的各领域，推动全民普法理念深化发展。党中央通过出台《法治社会建设实施纲要（2020—2025 年）》《关于加强社会主义法治文化建设的意见》《法治中国建设规划（2020—2025 年）》《法治政府建设实施纲要（2021—2025 年）》等各领域法治建设的政策文件，对全民普法作出了具体部署。

三、习近平法治思想中全民普法理念的基本内涵和外延

（一）习近平法治思想中全民普法理念的基本内涵

从习近平关于全民普法的重要论述中我们可以归纳出，全民普法的基本内涵是指各国家机关和社会主体在普法体制机制框架内，运用各种方式把法治的思想、理论、文化、制度、知识以及其他社会规范体系等向全体人民普及，以提升人民法治素养为重点，以增强普法的实效性和针对性为工作着力点，以促进社会文明、营造良好法治环境为目标，推动法治社会化的一项长期基础性的宣传、教育和实践活动。

具体而言，全民普法具有以下特征：第一，全民普法的目标是通过全社会尊法学法守法用法，把法治精神、法治理念、法治文化、法治制度、法治意识、法治素养、法治思维、法治能力真正渗透到社会生活的每一个角落，营造良好的法治环境，使法治成为社会共识和基本原则，促进社会文明。第二，全民普法的定位是全面依法治国的长期基础性工作，在法治国家建设、法治社会建设、法治体系建设、法治实施、依法治理等方面都具有长期基础性。我们要把握全民普法的时代性、基础性和长期性特征，围绕党和国家中心工作，与时俱进地推进全民普法。第三，全民普法是一项系统工程，不仅涉及全面依法治国的各领域各方面各环节，还涉及国

家制度、道德建设、文化建设等方面。我们要把握全民普法的全面性、实践性、特色性和融合性特征，根据各领域的特点和实际需要，分层分类、精准精细地落实全民普法。第四，全民普法主体既包括国家机关、社会主体，还包括全体人民，全民普法要取得实效必须激发全体人民的主动性和积极性。第五，全民普法内容丰富，包括法治思想、法治理论、法治文化、法治精神、法治文明、公民道德、精神文明、思想政治、国家制度、法律知识、党内法规等方面。第六，全民普法机制十分复杂，包括领导机制、决策机制、执行机制、评价机制、监督机制、学习机制、责任机制、宣传机制等宣传、教育和实践机制。第七，全民普法的对象是全体公民，重点对象是领导干部、公务员、青少年、企业经营管理人员和农民。第八，全民普法的方式既包括讲座、培训班等传统形式，又包括与新技术新媒体相结合的新形式。第九，全民普法以法治素养提升为重点。公民法治素养是一个内涵丰富的综合性概念，涉及公民的法治信仰、法治意识、法治知识、法治情感、法治认同、法治心态、法治习惯、法治行为等各个方面。公民法治素养又是具有不同层次的概念，其内容有的是内在理念层面的，如法治的信仰、思想、精神、权威、文化、价值认同等；有的是外在行为层面的，如法治的习惯、行为、方式、程序、能力等；有的偏重感性层面，如法治情感、法治心态等；有的重观念意识层面，如法治的思维、意识、知识等；有的偏重理性层面，如法治认知、法治推理、法治价值评判、法治理论等。无论是哪一个层面，都规定着公民的法治素养，影响着全社会法治环境的形成。第十，全民普法效果强调针对性和实效性。党的十八大以来，全民普法通过改进普法工作机制，创新普法方法手段来增强普法的效果。第十一，全民普法具有鲜明的问题导向，强调学用结合、普治共举，注重在运用法治方式解决实际问题中实现法治的社会化，推动实践养成。

（二）习近平法治思想中全民普法理念的外延

为了更全面地把握全民普法的基本内涵，习近平着重阐述了全民普法与其他重要相关联领域的重大关系，对全民普法的外延作了进一步界定。

1. 坚持全民普法和全民守法相结合。党的十八大以来，习近平非常重视全民普法和全民守法在依法治国中的地位和作用，把全民守法作为全面推进依法治国四个重要环节（科学立法、严格执法、公正司法和全民守法）之一，坚持把全民普法和全民守法作为依法治国的基础性工作，[①] 这就把全民普法和全民守法有机联系在了一起。全民普法是手段和前提，全民守法是目的和结果，手段和目的密不可分，必须一起谋划一体建设共同推进。全民普法要与全民守法相结合才能获得长久的生命力。守法的前提是要知法懂法，而知法懂法对于绝大多数老百姓来说必须依赖政府

① 习近平. 论坚持全面依法治国 [M]. 北京：中央文献出版社，2020:167.

或者是法律服务机构提供的法治宣传教育和普法服务，因此，全民普法工作做得是否扎实和具有实效，直接关系到全民守法的实际水准。我们必须保证法律在人民群众之间如源头活水一样有活力地流动，让全民通过知晓法律，遵守法律，再知晓法律，再遵守法律的循环往复运作，不断提高尊法守法的自觉性。

2. 坚持全民普法教育和法治文化建设相结合。党的十八大以来，习近平反复强调法治文化建设。2012 年 12 月 4 日，习近平在首都各界纪念现行宪法公布施行 30 周年大会上发表重要讲话，提出“社会主义法治精神”“社会主义法治文化”。2016 年 12 月 9 日，习近平主持中共十八届中央政治局第三十七次集体学习时指出，“营造全社会都讲法治、守法治的文化环境”。2021 年 4 月 5 日，中共中央办公厅、国务院办公厅印发《关于加强社会主义法治文化建设的意见》，从法治文化建设层面把全民普法引向深入。普法宣传教育增强了全民法治观念，提高了全民法治素养，但这并不足以确保法治成为社会共同的行动选择或价值原则，因为从学法用法出发，逻辑上不可能必然地推导出尊法守法，人民运用法律也并不意味着其一定信仰法治，维护宪法法律权威。实践证明，蕴含、体现和彰显法治精神的法治文化，对法治国家、法治政府和法治社会一体建设起着不可替代的基础性作用。唯有让法治成为一种文化、一种信仰、一种核心价值，内化于心、外化于行，才能真正实现良法善治，建成法治中国。①

3. 坚持全民普法教育和人民权益保护相结合。习近平指出：“法治建设需要全社会共同参与。”②发挥人民在依法治国中的主体作用、树立法律在人民心中的权威地位的前提是使人民群众明了法治体现人民利益、反映人民愿望、维护人民权益，法治从制度上和实施上充分体现人民意志。这必须增强全民的民主意识、公平正义意识和权利意识。因此，全民普法的出发点和落脚点是人民权益保护。

4. 坚持全民普法教育和道德教育相结合。习近平在全面依法治国委员会第一次会议上和在中国政法大学考察时都指出：“坚持依法治国和以德治国相结合。”③在我国，社会主义道德和法治具有紧密的联系。一方面，道德对法治建设发挥着基石性、价值引领性和内在支持性的作用，法律对道德起保障作用；另一方面，法律和道德都是社会行为规范，各自发挥着不同的规范作用，在国家治理中需协同发力，相互补充、相得益彰。④因此，在提高全民法治意识的同时必须加强道德建设，我们必须大力弘扬社会主义核心价值观，弘扬中华传统美德，推进社会公德、职业道

① 全国干部培训教材编审指导委员会. 建设社会主义法治国家 [M]. 北京：党建读物出版社，人民出版社，2019:18.

② 习近平. 论坚持全面依法治国 [M]. 北京：中央文献出版社，2020:275.

③ 习近平. 论坚持全面依法治国 [M]. 北京：中央文献出版社，2020:178, 231.

④ 李林. 论依法治国与以德治国 [J]. 哈尔滨工业大学学报（社会科学版）, 2013(1):70-73.

德、家庭美德、个人品德建设，提高全民族思想道德水平，为全面依法治国创造良好人文环境和文化环境。

5. 坚持全民普法教育与法治实践相结合。习近平指出："要坚持法制教育与法治实践相结合，广泛开展依法治理活动。"①全民普法应坚持实践导向，法治实践是最好的普法讲堂，学用结合、普治并举，才能提高全社会的法治素养。第一，寓普法于依法治理中，深入开展多层次多形式法治创建活动，深化法治城市、法治政府、法治县（市、区）、法治乡镇（街道）、民主法治示范村（社区）、依法行政示范窗口、依法治校示范校、诚信守法企业等法治创建活动，推动健全完善科学完备的法治建设指标体系和考核标准，推进法治创建活动制度化、规范化。第二，寓普法于立法机关、执法机关、司法机关的日常工作中，要扩大人民有序参与立法，严格规范文明执法，提高司法透明度和公信力，落实执法机关以案释法。第三，寓普法于人民生活之中，注重新媒体公益普法，推出优秀的法治文化产品，完善公共法律服务体系，维护人民群众合法权益。

6. 坚持全民普法教育与制度建设相结合。全民普法教育和制度宣传教育相融合是新时代普法发展的一个重要趋势。普法要取得实效，必须坚持制度意识和法律意识共同树立，加强制度建设，补齐完善发展制度体系，发挥制度优势和治理效能。国家制度和法律制度既有交叉部分又有独立部分，交叉部分必然要求国家制度和法律制度一体建设，独立部分必须要求国家制度和法律制度相互补充相互支撑。

四、习近平法治思想中全民普法理念的创新观点

观点创新是在实践基础上，对经验材料进行加工，运用形式逻辑或辩证逻辑方法而形成的命题化、系统化的论述。党的十八大以来，习近平在普法理念、普法格局、普法策略、普法内容、普法效果方面推动了全民普法的实践创新、理论创新和制度创新。习近平法治思想是开展全民普法工作的行动指南和根本遵循。

（一）坚持人民主体地位的普法理念

普法的根基在人民，全体人民既是普法对象又是普法主体。习近平指出："全面依法治国最广泛、最深厚的基础是人民"，"普法要坚持人民主体地位，要深入人心，走入人民群众"。②习近平指出："法律要发生作用，首先全社会要信仰法律。"③普法工作的受益者、参与者和评价者是全体人民。第一，普法根本目的是为了人民、造福人民、保护人民，立法、执法、司法、守法都体现人民利益，反映人民愿

① 习近平. 论坚持全面依法治国 [M]. 北京：中央文献出版社, 2020:24.

② 习近平. 论坚持全面依法治国 [M]. 北京：中央文献出版社, 2020:2.

③ 习近平. 论坚持全面依法治国 [M]. 北京：中央文献出版社, 2020:24.

望，维护人民权益，增进人民福祉，积极回应人民群众新要求新期待，不断增强人民群众获得感、幸福感、安全感。第二，普法要坚持依靠人民，树立全体人民共同参与的普法理念。国家要创新人民参与普法的渠道形式，发掘人民群众身边的普法素材，激发人民群众参与普法、依法治理的热情。第三，普法成效的最终评价者是全体人民。普法要以满足人民需求为中心，以人民满意度为出发点、落脚点，提供优质高效的公共法律服务，解决人民生活中的突出法律问题。

（二）坚持“大普法”的普法格局

党的十八大以来，国家建立健全普法供给端，形成了动静结合、互为补充的两个“大普法”格局。

静态来说，国家为进一步推动普法工作取得新成效，建立并完善了党委领导、人大监督、政府实施、部门各负其责、全社会共同参与的普法教育体制机制。第一，完善普法组织领导制度，强化普法工作统筹协调和协作配合，推动普法机关分工配合做好普法工作。2017 年司法部牵头成立了由 16 个部门组成的落实普法责任制部际联席会议。2018 年中央全面依法治国委员会成立，下设守法普法协调小组。第二，完善各领域各层次普法制度和普法标准，加强普法的顶层设计和分层对接。在国家制度层面上，形成了“谁执法谁普法”普法大格局，实现了普法主体的多元化和全民参与，实现了普法与执法有机融合，强化了普法机关系统性协同性。在社会层面上，形成全社会普法机制，形成了县域治理、基层治理等领域的普法机制。在重点对象上，完善了普法学习机制。国家出台了《关于完善国家工作人员学法用法制度的意见》、《关于加强企业经营管理人员学法用法工作的若干意见》、《青少年法治教育大纲》等政策文件。媒体宣传上，完善了普法宣传机制。比如，国家建立宪法宣誓制度，出台《加强新闻媒体和互联网公益普法宣传工作方案》等政策文件。第三，普法规划、普法计划、普法工作方案、普法责任清单、普法监督检查、普法工作考核、普法预算和执行等机制不断完善，有力地推动了法治宣传教育的落实落地。党的十八大以来，全国各地把普法工作纳入地方经济社会发展规划，列为年度目标责任考核、综治考核和文明创建考核内容，制定普法规划、普法计划和重要普法活动工作方案，组织普法履职报告评议活动，开展普法中期检查工作。第四，探索构建法治创建活动的评价机制，制定相关的评估指标体系和评估办法，推动普法工作的精细化、科学化。我国非常注重发挥评价的政治导向、实践导向和问题导向，坚持以评促建，以评促改，不断增强全民普法工作的话语权、领导权和管理权。

动态来说，国家统筹推进各领域多层次依法治理实践，形成了国家治理层面的普法大格局，把普法工作融入国家治理各领域。在政党层面上，全面从严治党，加强党内法规体系建设。在国家层面上，实施“五位一体”总体格局和“四个全面”战略格局，推进法治各领域各方面各环节全过程建设。在社会层面上，深化基层、社会组织和行业治理，比如，大力推进“民主法治示范村”“民主法治示范社区”“依法行政示范单位”“诚信守法企业”“法治示范学校”等法治创建活动，实施“法律明白人”培养工程，“法治邮路”将依法治理进基层进千家万户。在家庭个人层面上，弘扬社会公德、职业道德、家庭美德和个人品德，将社会主义核心价值观融入法治建设中去，比如将公民道德建设工程、文明创建工程、社会主义核心价值观要求融入法治建设和社会治理等。在互联网层面上，加快完善网络立法，加强网络伦理、网络文明建设。

（三）坚持“突出重点对象”和“立足社会基层”的普法策略

领导干部和青少年是全民普法的重点对象。领导干部是普法的重点对象。这是由党的先进性和党的领导执政地位决定的，是由党的领导和依法治国关系决定的，是由领导干部肩负重要职责发挥着重要作用决定的。各级领导干部要带头尊崇法治、敬畏法律，了解法律、掌握法律，不断提高运用法治思维和法治方式深化改革、推动发展、化解矛盾、维护稳定、应对风险的能力，做尊法学法守法用法的模范。[①] 普法要加强青少年法治教育。[②] 青少年是祖国的未来、民族的希望。习近平高度重视青少年普法教育，并提出许多具体指示：“把法治教育纳入国民教育体系和精神文明创建内容，由易到难、循序渐进不断增强青少年的规则意识”[③]，“要加强香港社会特别是公职人员和青少年的宪法和基本法宣传教育”[④]，“要加强制度宣传教育，特别是要加强对青少年的制度教育”等等。[⑤]

全民普法的难点和基础是基层。全面依法治国的根基在基层，法治国家建设能否建成主要是看社会基层治理的法治化程度。普法的短板弱项在社会基层，党的十八大以来，党中央非常重视基层普法，在社会基层治理创新、基层治理法治化、法治乡村建设、依法治校、依法治企、依法行业治理、专项依法治理、坚持和发展新时代“枫桥经验”中进行普法宣传与创新，推动全民普法在基层落地生根，夯实全面依法治国的社会基础。

（四）坚持“突出重点内容”和“注重制度规则融合”的普法内容供给

党的十八大以来，坚持把学习宣传宪法作为全民普法的首要任务，突出普及宪

① 习近平. 论坚持全面依法治国 [M]. 北京：中央文献出版社，2020:5-6.
② 习近平. 论坚持全面依法治国 [M]. 北京：中央文献出版社，2020:4.
③ 习近平. 习近平谈治国理政：第 2 卷 [M]. 北京：外文出版社，2017:122.
④ 习近平. 习近平谈治国理政：第 2 卷 [M]. 北京：外文出版社，2017:436.
⑤ 习近平. 论坚持全面依法治国 [M]. 北京：中央文献出版社，2020:267.

法的重要性。宪法在依法治国、法律体系、法律实施监督中的地位和作用决定了必须深入宣传宪法，弘扬宪法精神，全面落实宪法宣誓制度，推动“12·4”国家宪法日和“宪法宣传周”集中宣传活动制度化，实现宪法宣传教育常态化。一方面，从宪法自身来看，宪法的性质地位和作用，要求必须在全国深入开展宪法学习宣传教育活动中，坚定宪法自信，增强宪法自觉。宪法集中体现了党和人民的统一意志和共同愿望，是国家意志的最高表现形式，宪法是对我国法治道路、法治理论、法治制度、法治文化、法治精神的凝练和表达，是国家的根本大法，具有最高的法律效力。另一方面，从党的领导方式和执政方式来看，依法治国，首先是依宪治国；依法执政，首先是依宪执政。[①] 从法治建设上来看，全面贯彻实施宪法是建设社会主义法治国家的首要任务和基础性工作。[②] 只有宪法深入人心，宪法获得有效实施，才能真正树立法治权威。

党的十八大以来，普法内容实现了法律规范普及与社会规范、道德规范等规范普及相融合，以及法律规范普及与国家制度普及的相融合。普法除了普及国家制定的正式法律，还普及党内法规、社会自治章程、乡规民约、行业规则、社会组织内部行为规则、公民行为准则、社会主义核心价值观等。这说明良好的法治环境离不开良好的人文环境、社会环境，坚持社会建设、人文建设、法治建设同推进相促进相得益彰。普法除了普及规范体系，还普及党和国家制度体系。比如，党的十八大以来，党尤为重视党内法规制度普及。这说明，良好的法治环境还离不开相关制度的完善和保障，坚持法治建设和制度建设同步推进共同发力。

（五）坚持提升法治理念的普法效果导向

法治信仰最终有赖于人民对法治的历史认同、制度认同、价值认同和道路认同。在这一理念的指导下，党的十八大以来，全民普法呈现以下特征：第一，普法更加注重普及法治理念。例如，把习近平法治思想作为全民普法的重要内容。又如，中国政法实务大讲堂和法学名家宣讲等法治讲座，十分注重讲清讲透讲实法治背后的基本原理、基本规律、基本条件和基本问题。再如，执法者和司法者通过以案释法的方式，生动形象地说法理析法条，增强人民对社会主义法治的道路自信、理论自信、制度自信和文化自信。第二，普法更加注重弘扬法治精神，培育社会主义法治文化。通过宪法宣誓制度、“五四宪法”历史资料陈列馆、法治文化主题公园、法治文艺精品等方式润物细无声地对人民群众进行精神熏陶。通过对传统法治文化和红色法治文化的追根溯源与创新创造来厚植法治的文化基因，推动法治文化在法治建设中的价值引领作用。通过对法治观念、法治实施等方面的评估来反映人

① 习近平. 论坚持全面依法治国 [M]. 北京：中央文献出版社，2020:15.

② 习近平. 论坚持全面依法治国 [M]. 北京：中央文献出版社，2020:10.

民真实的法治观念和法治态度，形成崇尚依法办事的心理特征和文化形态。通过总结好我国的法治道路、法治理论、法治制度，教育引导全体人民增强走中国特色社会主义法治道路的自信和自觉。通过加强对外法治宣传，讲好中国法治故事，开展与世界各国的法治对话，增强世界对中国的法治理解与认同。

五、结语

党的十八大以来，习近平从党和国家工作大局和全面依法治国战略全局的高度，不断地深化对全民普法在全面依法治国的地位和作用的认识，不断地丰富全民普法的主体、价值、内容、制度、机制、方式和方法等，推动了新时代全民普法的实践创新、理论创新和制度创新，形成了全民普法理念。同时，这一理念又蕴涵着亟待阐释的重大全民普法理论和实践命题，这些重大命题既关系到指导全民普法的理论前提和基础又关系到深入开展全民普法的条件基础，加深对相关命题的研究，有助于明确普法的重点问题与方向以及普法的内在逻辑，进一步推动全民普法理论与实践达到一个新高度。这些重大理论和实践问题包括：第一，全民普法的性质。全民普法的性质决定着全民普法的方向、定位、实践基础和理论体系。第二，全民普法的话语体系。普法话语体系决定着全民普法的价值引领力和舆论导向力。第三，全社会的普法机制。全社会的普法机制是我国普法制度的顶层战略设计，决定着全民普法的有效运行。第四，普法的队伍建设。高质量普法队伍是全民普法的重要保障。第五，普法的实效性。普法的实效性决定着普法质量。

我国法学教育中立法学面向的补全与拓新

吴玉姣　林贵文*

内容提要　我国现行法学教育突显的是司法中心主义的人才培养模式，立法学教育处于边缘化地位。从二级学科、研究方向、本科理论课程、实训课程以及毕业实习等方面也不难看出，我国的立法学教育长期缺位。与之相对，在中国特色社会主义法治建设的新时代，国家十分重视立法队伍建设以及立法人才培养，法治实践中培育立法人才的需求日益迫切，故此，补全我国法学教育中立法学面向有其现实需求。为推进兼顾司法面向与立法面向的法学教育，首先，应该补全建立立法学二级学科；其次，至少应建构起立法法理学、立法技术学、地方立法学、新兴立法学、比较立法学等研究方向；最后，应拓新立法学教育教学方法，如可采用课堂讲解式立法案例分析法、小型会议式立法研讨法、全程综合式立法模拟法、当事人模式立法参与法、学习观摩式立法实习法等具体举措。

关键词　法学教育；法学人才培养；立法学；立法学教学方法

"立善法于天下，则天下治；立善法于一国，则一国治。"立法之于法治中国建设的意义极为关键，也正因为如此，培育立法人才尤其重要。然而，我国各高校法学专业现行人才培养模式一般突显的是司法中心主义，往往忽视法学教育中的立法学面向。本文试图通过对我国立法学教育现状的实证分析，揭示出法学教育中立法学教育的缺失；并由此论证分析法学教育中补全与拓新立法学面向的现实需要，阐明高校法学教育应兼顾司法和立法两个面向；最后呼吁有条件的高校应补全立法学学科，完善立法学研究方向、创新立法学教育教学方法，主动承担储备立法人才重任，为社会输送立法人才，为法治中国蓄力。

* 吴玉姣，法学博士，福建江夏学院法学院讲师。林贵文，法学博士，福建江夏学院法学院教授。本文系 2020 年福建省本科高校教育教学改革研究项目"法学专业实践教学中立法面向的补全与拓新"（FBJG20200096）的阶段性成果。

一、我国立法学教育现状的实证分析

我国现行法学教育突显司法中心主义，以培养法官、检察官、律师等司法人才为导向，以案件为中心制定培养方案、组织教学资源，注重培养学生司法的技能。[①]无论是学科建设、还是理论课程、抑或是实践教学，立法学相关的教育培养均处于缺位状态。极少有法学院校在法学专业下单独设置立法学二级学科，将立法学作为研究方向设置于相应法学二级学科下的法学院校同样屈指可数。在理论课程方面，立法学并不是法学本科阶段的核心课程，与立法学相关的其他课程也尚未建设，课堂讲授也多以司法案例教学为主，比较少涉及立法案例以及其他立法学教学方法。在实践教学方面，专门开设立法学相关实训课程的法学院校不多，学生能获得在人大或法规处等立法相关部门毕业实习的机会也较为稀缺。

（一）学科建设概况

立法学在我国发展的潜力巨大、前景向好，但目前仍是一门不够成熟的法学学科。从我国高校立法学学科建设的现状来看，专门设置立法学二级学科的高校极少，将立法学设为相应二级学科下研究方向的法学院校同样不多。具体情形如下：

我国法学院校最初设置法学二级学科的依据是 1997 年颁布的《授予博士、硕士学位和培养研究生的学科、专业目录》，该目录共规定授予学位的学科门类 12 个，一级学科 89 个，二级学科 (学科、专业)386 种。其中“03 法学”学科门类下设“0301 法学”一级学科，并设有法学理论、法律史等 10 种二级学科[②]。立法学并未作为二级学科列于此目录内。而后，2009 年《学位授予和人才培养学科目录设置与管理办法》发布，其规定学位授予单位可在一级学科学位授权权限内自主设置与调整其二级学科，并赋予各学位授予单位在二级学科目录内和二级学科目录外自主设置二级学科的权力。这意味着有权授予博士、硕士学位的法学院校可以在目录外自主设置二级学科。但由于立法学学科兴起时间较短，理论研究不够系统完善，因而极少有学校将立法学作为专门法学二级学科。

笔者通过中国研究生招生信息网的硕士专业目录平台查询了 2022 年法学硕士学术学位与法律硕士专业学位的招生范围，以由此大致概述我国立法学学科的建设现状。经整理统计后发现：

就法学硕士学术学位的招生来看，设有立法学二级学科的法学院校仅中山

---

① 邓世豹 . 超越司法中心主义：面向全面实施依法治国的法治人才培养 [J]. 法学评论，2016(4):34,35.

② 这十种二级学科包括法学理论、法律史、宪法学与行政法学、刑法学、民商法学（含：劳动法学、社会保障法学）、诉讼法学、经济法学、环境与资源保护法学、国际法学（含：国际公法、国际私法、国际经济法）、军事法学等。

大学[①]、广西师范大学、四川社会科学院3所。除此以外，有21所法学院校将“立法学”设置为法学理论二级学科或宪法学与行政法学二级学科下的研究方向。其中在法学理论专业下创设立法学相关研究方向的院校有10所，在宪法与行政法学专业下创设立法学相关研究方向的院校有12所。[②]具体情况如表1所示：

表1　我国高校对立法学学科方向的设置情况

	高等院校	研究方向
在法学理论二级学科下创设立法学有关的研究方向	哈尔滨商业大学	立法学
	厦门大学	立法学
	江西财经大学	立法学
	郑州大学	立法学
	广东财经大学	立法学（与宪法学与行政法学联合培养）
	西北政法大学	立法学
	西南政法大学	立法学、地方立法研究
	昆明理工大学	地方立法
	河北大学	地方立法
	常州大学	地方立法理论与实践
在宪法学与行政法学二级学科下创设立法学有关研究方向	中国政法大学	立法学
	华东政法大学	立法学
	山东大学	立法学
	河南财经政法大学	立法学
	武汉大学	立法学
	暨南大学	立法学
	广东财经大学	立法学（与法学理论联合培养）
	华南师范大学	地方立法
	哈尔滨商业大学	地方立法与基层治理
	广东外语外贸大学	区域法治与地方立法研究
	甘肃政法大学	人大制度研究
	福建师范大学	人民代表大会制度研究

① 中山大学立法学二级学科的表述是法学（立法学），这也一定程度上反映了立法学学科的不成熟。

② 广东财经大学是法学理论专业、宪法与行政法学专业联合培养立法学的硕士研究生。

就法律硕士专业学位的招生来看，将立法学作为研究方向进行招生的仅湘潭大学、湖南科技大学 2 所高校，其中湘潭大学在法律（法学）硕士的招生中设有行政法与立法法务方向，湖南科技大学在法律（法学）与法律（非法学）硕士的招生中均设有立法理论与实务方向。

综上，在法学硕士学术学位授权单位中，设有立法学二级学科的法学院校 3 所，将立法学作为研究方向设置于法学理论二级学科或宪法与行政法学二级学科下的法学院校共 21 所；在法律硕士专业学位授权单位中，设有立法学方向的法学院校 2 所；因此在我国 149 个法学硕士点中[①]，可授予立法学相关专业或方向的法学院校仅 26 所，仅占总数的 17.45%。可用图 1 将上述关系表达如下：

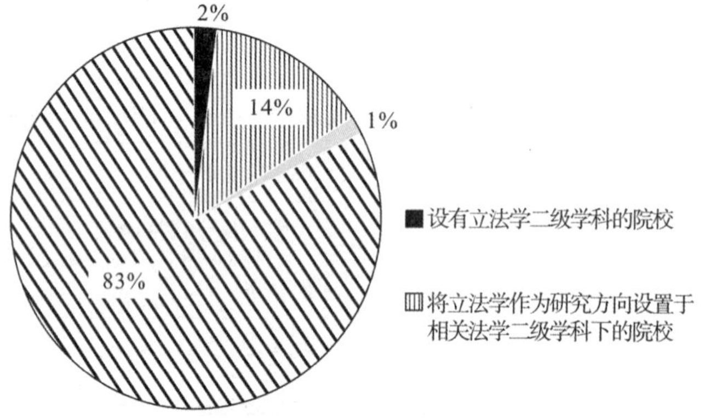

图 1　我国高校设置立法学二级学科与研究方向图

（二）课程体系概述

我国目前立法人才的培养基本是在硕士与博士阶段，据笔者所查资料显示，本科阶段仅广州大学法学院于 2015 年秋期开设“立法专业人才实验班”。[②] 另外，在本科阶段的法学专业课等理论课程，实训课、专业实习等实践课程体系方面，各法学院校也都不甚关注立法学这一面向。

1. 理论课程方面

首先，立法学并不是法学本科专业的核心课程。1998 年，教育部高等教育司将法学专业核心课程确定为 14 门；2007 年，教育部高校法学学科教学指导委员会全体委员会议将法学专业核心课程增加至 16 门；2018 年，我国首个高等教育教学质量国家标准发布，其中《法学类专业教学质量国家标准》将法学专业核心课程的模式改成“10+X”分类设置模式，即分为全国统一的 10 门专业必修课与各院校根

① 数据来源于 2021 年 8 月 10 日教育部公开的《对十三届全国人大四次会议第 8342 号建议的答复》（教高建议〔2021〕120 号）。

② 李伟．法学本科院校立法人才培养若干问题研究 [J]. 大学教育，2019(5):15，17.

据办学特色开设的其他必修课两类。① 2021 年，《法学类专业教学质量国家标准（2021 年版）》发布，法学专业核心课程采取“1 + 10 + X”分类设置模式，在 2018 年的基础上增加了“习近平法治思想概论”课程。在这四次法学专业核心课程的设置中，立法学均未能进入上述核心课程或必修课程的范围。也由此，立法学课程在某些高校的法学本科理论课程中即使有开设，也几乎仅作为专业选修课存在。这样的情形如《西南政法大学法学专业本科人才培养方案（2018 年版）》的教学计划表中是将立法学作为专业选修课在第三学期开设的。

其次，立法案例教学法极少应用到理论课堂教学中。“推行案例教学方法中，教学案例的选择都是以法院、检察院作出的司法过案为主，鲜见其他行业法律实践的实例。”② 法学是应用性学科，实践性强，法学院校或法学教师在理论课堂教学的过程中倾向于以案例教学法教学。例如围绕法律制度等列举案例，以讲解说明该知识点；深入剖析讲评某一案例，以生动直观展示相关知识点的实践应用；讨论案例，以使学生能综合运用法律，巩固教学知识并引发深入思考。然而，这些案例教学一般围绕司法案例展开，除了立法学相关的专门课程中，很少会涉及立法案例。另外，其他与立法学相关的教育教学方法也很少应用。法学本科教育若旨在培养学生具备“法官能力”，那这意味着法学教育以法律适用而非立法为重点，也就是，不是学习怎样制定好的法律，而是怎样适用既有的法律。③ 确实，在我国部门法的教学过程中，也往往会从不同的角度或视角关注立法的问题。然而，法科学生在部门法课堂中获得的一般是该部门法相关法律的制定、修改、补充和废止等立法动态，而无法获取关于立法作为一门专业技艺的一般性知识。④

2. 实践课程体系方面

“在美国模式的影响下，很多人将法律职业技能只理解为司法实践方面的

① “10+X”分类设置模式中“10”指法学专业学生必须完成的 10 门专业必修课，包括：法理学、宪法学、中国法律史、刑法、民法、刑事诉讼法、民事诉讼法、行政法与行政诉讼法、国际法和法律职业伦理。“X”指各院校根据办学特色开设的其他专业必修课，包括：经济法、知识产权法、商法、国际私法、国际经济法、环境资源法、劳动与社会保障法、证据法和财税法，“X”选择设置门数原则上不低于 5 门。

② 邓世豹．超越司法中心主义：面向全面实施依法治国的法治人才培养 [J]. 法学评论，2016(4):34,35.

③ 葛云松．法学教育的理想 [J]. 中外法学，2014(2):292.

④ 王起超．我国立法学课程的教学困境、成因与缓解：以立法学研究方法为视域 [J] 法学教育研究，2021(3):195.

技能，即如何培养合格的律师、检察官或法官，而忽略了对合格的立法人才的培养。”[①]同理论课程一样，我国各法学院校本科阶段的实训课、专业实习等实践教学课程体系的安排也以培养司法人才为目标。

首先，由于当下法学教育着力于培养法官、检察官、律师、企业法务等司法型法律职业人才，因此各法学院校的实训课一般也仅包括模拟法庭、诊所教育、法律援助等助力于司法能力提升的课程。如《西南政法大学法学专业本科人才培养方案（2018年版）》教学计划表的实践实验实训选修课一栏中包括的课程有刑法总论疑难案例研讨、劳动争议调解与仲裁模拟实训、企业法律实务技能训练、诊所式法律教育、司法文书写作实训、模拟法庭审判等，基本上没有直接能体现立法的专门性的实训课程。如湖北民族大学这样专门开设立法学实训课程的法学院校并不是很多。以笔者所就职的高校为例，学院也在本科生阶段设置了法律热点问题调查实训课程，但之前都是部门法的相关主题，笔者承担此课程后，尝试将其开设成地方立法专题的实训课。

其次，自2001年西北政法大学成立国内首个立法诊所起，[②]全国虽有多所高校陆续开启立法诊所式法学实践教学。[③]然而经过20多年的发展，立法诊所教学模式的影响远不如以司法为中心的法律诊所教学方法。如笔者在知网检索到的涉及立法诊所实践教学的文章中，所提及的学校仅中国政法大学、北方民族大学、西北政法大学、成都大学等几所高校。可见立法诊所这一实践教学方式并未得到有效推广。再有，相较于一直被各法学院校采用的模拟法庭实践教学模式，模拟立法这一实践模式却极少被应用。据笔者所掌握的资料显示，仅中国人民大学、首都经济贸易大学、中国海洋大学、上海交通大学、中南财经政法大学、清华大学、上海商学院、四川大学等少数高校开展过模拟立法实践教学。[④]且相较于风靡全国的各式模拟法庭大赛，全国高校首次模拟立法大赛举行是在2020年，该次大赛由湘潭大学举办，但并不是全国性的赛事，该次比赛的参赛范围局限于湘潭大学。[⑤]

最后，就专业实习而言，以笔者之前就读高校与当下任职高校为例，学生的毕业实习均安排在各级法院、各级检察院以及律所，而实习单位中未出现人大、政府法规处等立法相关部门。总的来说，法学教育中习惯将法律实践活动称为司法实

① 李强.从立法诊所看实践法学教育实质功能的回归与完善[J].中国法学教育研究，2013(2):71-72.

② 需要说明的是，西北政法大学立法诊所开设对象为研究生。

③ 邓陕峡.以地方立法项目探索法律诊所教学模式[J].绵阳师范学院学报，2013(12):93.

④ 王鹏，杭琍.法学实践性教育之创新环节：模拟立法[J].西昌学院学报（社会科学版），2012(3):66.

⑤ 王成奇，穆远征，连光阳.全国高校首创：从“用法”到“立法”，模拟立法大赛创新人才培养方式[EB/OL].（2020-10-23）[2022-12-19]. http://jyt.hunan.gov.cn/jyt/sjyt/xxgk/c100958/202010/t20201023_1023461.html.

践，学生的专业实践限定为司法实践。[①] 立法专业实习的机会是近几年才慢慢出现的，特别是2015年《立法法》修改赋予了所有设区的市立法权以后，各设区的市开始与各法学院校合作成立立法实习基地。如2017年，华东师范大学法学院在上海市人大常委会法工委建立实习基地；[②]2018年，兰州大学法学院在兰州市人大常委会设立立法教学实习基地。[③]

二、我国法学教育中立法学面向补全的现实需求

立法的本质是分配正义，有别于司法矫正正义的属性；立法过程侧重体现民主性，而司法过程注重公平正义；立法关注对象具有全局性，而司法着力保障每个个案。可见，立法与司法差异甚大。无疑，立法人才与司法人才在培养模式上也甚为不同。另外，国家政策方面一直以来比较重视立法队伍建设和立法人才的培养；法治实践中也显示出立法人才培养的急迫性。综上所述，我国法学教育中立法学面向的补全与拓新有其必要性。

（一）国家重视立法队伍建设以及立法人才培养

2012年党的十八大提出法治建设新的16字方针，即“科学立法、严格执法、公正司法、全民守法”，标志着我国法治建设进入新阶段。立法是法治建设的基石，是全面依法治国的助推器。相较于党的十一届三中全会提出的“有法可依、有法必依、执法必严、违法必究”社会主义法制建设16字方针。新的16字方针更加突显了立法之于法治中国的重要性。2014年，党的十八届四中全会通过《中共中央关于全面推进依法治国若干重大问题的决定》（以下简称《决定》），这是第一个中央专门有关法治建设的决定。这一决定明确提出“加强法治工作队伍建设”，而法治工作队伍包括立法队伍、行政执法队伍、司法队伍。立法队伍作为法治工作队伍中首要一环的地位由此彰显。此外，《决定》还提出要“抓住立法、执法、司法机关各级领导班子建设这个关键”。由此可见，立法队伍无疑是实现良法善治的前提，是依法治国人才保障的关键。

另外，国家对立法人才的培养早在2011年《教育部、中央政法委员会关于实施卓越法律人才教育培养计划的若干意见》中就有所体现，其中提出各高校卓越法律人才教育培养的指导思想应“主动适应依法执政、科学立法、依法行政、公正

① 邓世豹.超越司法中心主义：面向全面实施依法治国的法治人才培养[J].法学评论，2016(4):34,35.

② 吕安琪.法学院在市人大常委会法工委建立实习基地并成立志愿者服务队[EB/OL].（2017-6-7）[2022-12-19]. https://news.ecnu.edu.cn/70/43/c1833a94275/page.htm.

③ 迟方旭.兰州大学法学院举行“地方立法研究咨询基地”和“立法教学实习基地”挂牌仪式[EB/OL].（2018-09-11）[2022-12-19]. http://news.lzu. edu.cn/c/201809/51002.html.

司法、高效高质量法律服务的需求”。这是教育部提出的有关法律人才培养要重视立法人才的纲领性要求，为法治国家建设提供有力的立法人才保证。2015 年，中共中央办公厅、国务院办公厅印发《关于完善国家统一法律职业资格制度的意见》（以下简称《意见》），该《意见》旨在通过建立健全法律职业资格相关制度，以培育法治工作队伍，推进法治队伍的正规化、专业化、职业化，为全面依法治国提供人才保障。在该《意见》的“（三）明确法律职业人员范围”部分，提出法律职业人员包括专门从事立法、执法、司法、法律服务和法律教育研究等工作的职业群体。另外，该《意见》虽然没有强制要求，但是鼓励从事法律法规起草的立法工作者参加国家统一法律职业资格考试，取得职业资格。2018 年，教育部发布《普通高等学校法学类本科专业教学质量国家标准》，其中将“具备依法执政、科学立法、依法行政、公正司法、高效高质量法律服务能力与创新创业能力”作为法学类专业人才培养的目标。由此可知，法治人才培养不仅包括司法人才培养，还包括立法人才的培养。

总之，从上述文件可以看出，国家层面非常重视立法队伍的建设以及强调立法人才的培养，并且有将立法人才的培养下沉到本科阶段的趋势。

（二）法治实践中立法人才培养的需求迫切

改革开放以来，经过三十多年的法制建设，中国特色社会主义法律体系于 2011 年形成，已基本实现有法可依。而后，提升立法质量成为最迫切的要求。党的十八大提出“科学立法”，党的十九大报告进一步强调“以良法促进发展、保障善治”。立法人才是“科学立法”与“良法善治”的重要保障，国家层面立法人才培养的急切性也由此提出。

另外，地方层面立法人才也极为紧缺。2015 年《立法法》修改后，地方立法主体急剧扩容，我国共有市一级地方立法主体包括全国所有设区的市、4 个不设区的市以及 30 个自治州，共 323 个；另外，我国还有 31 个省、自治区、直辖市等省一级地方立法主体。由此，我国地方立法主体数量多达 354 个。不仅如此，地方性法规的数量也随之呈井喷式增长。仅以新增的享有地方立法权的市制定地方性法规的情况来看，自 2015 年《立法法》修改始至 2019 年 1 月 1 日截止，新增的 243 个市一级地方立法主体制定的地方性法规数量达到 906 部。[①] 以福建省为例，2015 年前拥有立法权的市仅福州市和厦门市，现全省 9 个市都获得地方立法权。根据法律法规数据库的统计，自《立法法》修改以来，截至 2022 年 2 月 28 日，福建省新增的享有地方立法权的 7 个市共制定地方性法规 75 部、地方政府规章 31 部、地方规范性文件 3012 部。然而，与之相对的是，地方立法人才缺口极大，地方立法能力

① 吴玉姣. 地方立法谦抑论 [M]. 北京：知识产权出版社，2020:2.

不强，各地人大并不能完全承接住地方立法权的这一急速下放。“从目前来看，设区的市行使立法权存在的主要瓶颈是立法人才的短缺。”①

具体情况如表 2 所示：

表 2　福建省七市立法情况

	南平	龙岩	宁德	漳州	三明	泉州	莆田	总计
地方性法规	10	13	10	16	8	9	9	75
地方政府规章	1	2	6	4	7	9	2	31
地方规范性文件	632	658	320	298	406	306	392	3012

与此同时，全国各省市的地方立法中心雨后春笋般涌现，这也反映了立法人才需求急切。以福建省为例，2016 年 1 月，福建省人大常委会与厦门大学、华侨大学、福州大学、福建师范大学、福建江夏学院等 5 所高校合作成立福建省地方立法评估与咨询服务基地，并确定 14 家单位为基层立法联系点。此次立法基地与联系点的设立距《立法法》修改时间不到 1 年。2020 年 3 月，福建省人大确定 2020–2025 年度立法评估与咨询服务基地、基层立法联系点和立法咨询专家。其中，立法基地在原有基础上增加了福建工程学院、福建警察学院 2 所高校后达到 7 所，基层立法联系点增加 1 个共有 15 个，立法咨询专家 22 位。立法基地与立法联系的增加，立法咨询专家的增设都体现了福建省人大常委对于地方立法人才的需求。另外，2020 年 1 月 7 日，省人大法工委主任李明蓉、副主任徐华、办公室主任黄洪旺一行人到访福建江夏学院，期间李明蓉主任就提出要设立实习基地、建立合作中心、教师挂职锻炼等举措。由此可见，地方立法需要高校承担起培养立法人才的重任，以推动地方立法规范化进程。

此外，在各地立法实践中，委托立法出现的次数越发频繁，被委托的主体也愈发多样，不仅法学院校，不少律所也加入立法服务的行列。如早在 2016 年，湖南中楚地方立法咨询服务中心成立，这是全国首家经工商注册登记的地方立法咨询服务实务机构。其所承接的业务几乎是全方位的立法活动，包括立法规划和立法年度计划的起草；地方性法规、地方政府规章和规范性文件的调研、起草、论证以及评估；立法工作顾问以及规范性文件审查咨询顾问；人大和政府立法工作的系统研

① 赵志锋. 重视人才培养确保设区市立法质量 [N]. 法制日报：2016-03-12(001).

究、总结、评价等。[①] 另外，福建省人大2020年确定的2020–2025年度基层立法联系点中就有1家律所，而立法咨询专家中律师占3席。[②] 律所拓展立法方面的业务，律师参与有关立法方面的服务，不仅说明实践中立法人才的急需，也表明法科学子毕业后的就业去向可以拓宽至律所中的立法服务，进一步证明了立法人才培养的必要性。

由此看来，在习近平新时代中国特色社会主义法治建设的大背景下，在法治实践中，各级人大代表这类立法者，各级人大及其常委、各级政府及政府各部门法制办(法规处)制定法规规章草案的立法工作人员，接受立法委托的科研机构、律师事务所等立法团体，以及包括学者、律师在内的立法顾问等方面的立法人才都较为稀缺。相应地，培养立法人才成为各法学院校的当务之急。

三、发展和拓新立法学教育的措施

发展和拓新立法学教育的措施可以从多个角度进行阐述，如聘请人大、政府法制部门等立法工作人员担任兼职教师，委派专任教师到立法实务部门挂职锻炼以培养“双师型”教师等。[③] 基于上述我国立法学教育的现状，本文主要从学科建设、研究方向设置以及教育教学方法革新等三个方面来阐述，具体如下：

（一）建设立法学作为法学二级学科的可行性

从我国现行立法学学科建设概况来看，既有将立法学作为独立法学二级学科的高校，也有将立法学置于法学理论二级学科或者宪法学二级学科下作为研究方向的高校。我们认为将立法学置于法学理论二级学科或宪法学二级学科下作为研究方向的做法并不适当。立法学既不同于法学理论也不同于宪法学，这也是立法学作为研究方向置于哪个二级学科下得不到统一的本质原因。立法学实已具备发展成独立法学学科的要素，因此理应将立法学设置为法学中独立的二级学科。

第一，立法学学科与法学理论学科的联系与区别。由于法学理论与立法学的研究对象有重合之处，比如都涉及法的创制、法的实施等问题，因而立法学经常被误

---

① 中楚地方立法咨询服务中心的业务范围具体包括：(1)受委托起草法规、政府规章和规范性文件草案；(2)受委托对已实施的法规、政府规章和规范性文件进行评估；(3)受委托对市、州人大和政府立法工作进行系统研究、总结、评价；(4)应邀参与对法规草案、政府规章草案和规范性文件草案的论证；(5)应邀担任立法工作顾问；(6)应邀担任规范性文件审查咨询顾问；(7)受委托起草立法规划和立法年度计划；(8)法规、政府规章和规范性文件起草的前期调研和论证服务；(9)其他立法咨询服务(依法须经批准的项目，经相关部门批准后方可开展经营活动)。

② 1家律所是福建建达律师事务所；3位律师分别是新世通律师事务所的洪波、建达律师事务所的郑新芝、锦天城律师事务所的廖开展。

③ 李伟. 法学本科院校立法人才培养若干问题研究 [J]. 大学教育，2019(5):15，17.

认为是法学理论的研究方向。然而，立法学实则是独立于法学理论的专门学科。就研究对象而言，法学理论是以整个法学共同性与一般性问题为研究对象的学科，是法学基础理论、一般理论与方法论，更为抽象概括；立法学的研究对象主要为立法现象及其规律，兼具理论性和应用性。虽然立法学研究的内容也包括立法的一般性问题，但不止于此，立法学还需要研讨立法技术等具体问题，且立法学的研究还离不开对立法实践问题的观察与探讨。故此，从研究对象来看，两个学科有着本质的区别，立法学并不归属于法学理论。

第二，立法学学科与宪法学学科的联系与区别。立法主体、立法权限等问题是立法学与宪法学都要研究的对象，这也是不少法学院校将立法学作为宪法与行政法学专业研究方向的原因之一。然而，宪法学是以宪法为研究对象的，更侧重的是探讨国家的性质和形式、国家政权的组织及其根本制度等宪法规范问题，立法学虽然涉及国家政权组织的部分内容，但其主要是从立法权限的角度进行探讨。另外，宪法规范的内容虽然立法学也需要研究讨论，但一般立法学的探讨仅限于宪法创制修改等问题。此外，立法学还会涉及一些具体问题，如立法语言等，而宪法学不会涉及这些内容。综上所述，立法学也不能是宪法学下的研究方向。

第三，立法学已具备发展成独立法学学科的要素。追溯立法学的历史渊源可以发现，立法的相关内容最初囊括在哲学与政治学中，二战以后才逐渐形成立法学学科。“当代中国立法学大致经历了1978—2000年的创建与初步展开、2000年《立法法》颁布之后的‘规范立法学’以及‘后体系时代’三个发展阶段。在此过程中，中国立法学的学科体系、组织形式与学术载体也随之建立和发展。”[①] 我国立法学的创建始于20世纪80年代，经过近40年的发展，立法学的相关教材、专著、研究基地、专门刊物等逐渐丰富和完善，也有高校专门设置立法学相关专业。另外，当今立法学的具体研究领域涉及面已较为宽广，包括立法法理学[②]、立法技术学[③]、

① 封丽霞.面向实践的中国立法学：改革开放四十年与中国立法学的成长[J].地方立法研究，2018(6):18, 18-40.

② 立法法理学方面的文章如：叶会成.立法法理学的类型与意义：立法学学科性质的反省[J].法制与社会发展，2021(6):32-50；宋方青.法理之于立法的应有面向[N].中国社会科学报，2020-12-02(004)；宋方青，姜孝贤.立法法理学探析[J].法律科学（西北政法学院学报），2013(6):49-58；叶竹盛.面向立法的法理学：缘起、理论空间和研究问题[J].杭州师范大学学报（社会科学版），2012(5):113-120.

③ 立法技术学方面的文章如：魏治勋，汪潇.论地方立法技术的内涵、功能及科学化路径——基于当前地方立法现状的分析[J].云南大学学报（社会科学版），2019(1):126-134；李高协.浅议地方立法技术及其规范[J].人大研究，2015(3):40-43；汪全胜.立法技术评估的探讨[J].西南民族大学学报（人文社会科学版），2009(5):85-91；脱剑锋.《立法法》的立法技术浅析[J].兰州大学学报，2002(3):138-143.

地方立法学[①]等。再有，如新兴立法学[②]以及比较立法学中的具体问题也受到部门法的特别关注，只是立法学领域的专门性研究不多。在"后体系时代"，立法学作为一门新兴学科，势必会得到更高度的认可和更好的发展。

（二）立法学研究方向的具体设置

我国立法学的研究起步较晚，知网收录的第一篇立法学相关文章是 1982 年发表的《我国应当重视立法学的研究》。[③]另外，虽然早在 1988 年，我国立法学学科奠基人周旺生就出版了《立法学》一书，书中将立法学的基本范式总结为立法原理、立法制度和立法技术，并确定了立法学的研究对象和理论体系，然而，这近 40 年来，我国法学学科的设置主要以司法为面向，侧重解决司法实践中的具体问题，仅将立法作为化解矛盾的手段，立法学学科并未受到应有的重视。所以，在立法学研究中立法学学科主题的讨论较少，一般涉及的相关问题是立法学研究进路、立法学研究历程、立法学学术体系等。[④⑤]在我国法学教育补全立法学面向正当其时之际，笔者认为立法学学科要真正成为独立的法学二级学科，需要建构起立法法理学、立法技术学、地方立法学、新兴立法学、比较立法学等研究方向，以形成逻辑自洽的综合学科体系。具体说来：

第一，立法法理学。立法法理学是从法学理论的角度探讨立法的相关问题，使立法理性化、规范化，以保障法律质量。立法法理学研究的问题不仅包括与政治有关的前立法问题，比如立法权来源、立法权监督与制约、代议制民主的合理性、公意的形成等；还包括立法本身的基本理论问题，如何为良法，怎样立法才能达到良法善治等。立法法理学是立法学这一独立学科的法哲学，是立法学最基础性的研究方向。

第二，立法技术学。立法技术学是以促进立法规范化、标准化、精细化为目标，包括立法文本、立法法条、立法语言等方面的技术性设计。广义上的立法技术可代指立法活动中的各种知识、经验、技巧、方法的总合，具体包括立法体制机制的构建、立法项目的择取、立法程序的编排、立法评估的模型、法律文本结构的设计、法律语言文字的表述、法律文本的立改废释等方面的技术。[⑥]立法技术学贯穿于立法

① 如截至 2021 年 11 月 1 日，知网以"地方立法"为篇名的文章就有 5005 篇。

② 新兴立法学方面的文章如：刘朝，左雨萌，寇鑫森，闫昊宇. 纷纭旋转之间：新兴技术回应型立法的舆论引导：以胚胎嵌合体为例 [J]. 科学与社会，2021(3):88-104；王保民，祁琦媛. 新兴权利的行政立法保护 [J]. 北京行政学院学报，2018(2):1-9；杨正宇. 新兴权利立法保护"启示录"：激进败笔抑或创新之举：以美国半导体芯片特殊立法保护为例 [J]. 河南大学学报（社会科学版），2016(4):14-21.

③ 陈中绳. 我国应当重视立法学的研究 [J]. 现代法学，1982(2):26-30.

④ 赵一单."后体系时代"我国立法学的研究进路 [N]. 中国社会科学报，2017-03-15.

⑤ 封丽霞. 面向实践的中国立法学：改革开放四十年与中国立法学的成长 [J]. 地方立法研究，2018(6):18, 18-40.

⑥ 王怡. 立法学的学术体系与话语特色 [N]. 中国社会科学报，2019-08-21.

全过程，是确保科学立法的操作规范，因而是立法学学科所不能缺少的组成部分。

第三，地方立法学。地方立法学是以地方立法活动为研究对象，旨在解决地方立法权限、处理央地立法关系、提升地方立法质量。地方立法不仅是为满足地方立法需求以及地方立法特色而进行的立法活动，还是国家法律落地的重要桥梁，于依法治市、依法治省乃至依法治国都大有裨益。并且，在我国地方立法主体急剧扩容、地方性法规数量激增、而地方立法能力尚且不足的大背景下，地方立法学的研究更显得十分紧要。

第四，新兴立法学。首先，随着互联网、大数据、人工智能等现代科技的高速发展，相关领域所产生的新问题不仅关涉到部门法学，同样也亟须立法学的研究探讨，这便对立法理论的前沿性提出了要求。与此同时，高新科技的出现带来了立法工作的信息化、智能化，这无疑有利于立法精细化、民主化、科学化。与之相应，立法规划、立法评估、立法参与等方面的立法实践都产生了重要变革。因此，新兴立法学也是立法学学科的重要关注点。

第五，比较立法学。比较立法学的设置是对古今中外立法制度与立法实践的对比探究。既包括了解我国立法史，以扎根中国本土，进行相关立法学的研究；又包括了以我国立法学研究为出发点，借鉴各国立法学研究成果，在此基础上完善中国立法的探索。这也是立法学至关重要的内容。

立法学研究方向的明确也可以为立法学相关课程的设立带来启发。如围绕立法法理学研究方向开设“立法法理学”、“立法学前沿”等课程；围绕比较立法学研究方向可开设“中国立法史”、“西方立法史”、“中西立法比较”等课程。当然，这些课程的细分应该是研究生阶段的立法学教育所必须具备的，而本科阶段的立法学教育则不需要如此专业，能开设一两门基础性的综合性的立法学必修课即可，如在理论课程方面可以开设“立法学概论”，讲授立法学的研究对象、立法的原则、立法的历史发展、立法体制、立法程序以及大致涉及上述五个立法学的研究方向的一些主要问题；在实践课程方面，可以增设立法模拟、立法案例研习、立法文书写作等立法学相关实训课，可以引入立法毕业实习等。由于课程设置的复杂性，以及课程设置是为满足人才培养目标的服务性，各高校在课程设置方面拥有较高的自主性，本文在此不再展开论述。

（三）立法学教育教学方法的拓新路径

为响应国家培养立法人才的号召，融入地方急需立法人才的大环境，我们有必要在法学本科理论课程教学以及实训课程中引入多种样式的立法学教育教学方法，全方位地加强对于立法人才的培养。笔者认为立法学教育教学方法的拓新路径主要可以从课堂讲解式立法案例分析法、小型会议式立法研讨法、全程综合式立法模拟法、当事人模式立法参与法、学习观摩式立法实习法等五个方面进行把握，具体措施如下：

第一，课堂讲解式立法案例分析法。这一教育教学方法指的是任课教师利用平时课堂教学或者实训课的平台，围绕某一法学知识点，选择适当的立法案例进行讲述，并引导组织学生进行简单讨论与分析。这一方式主要依赖于教师的进解、引导和提示，相对来说执行起来简单便捷，学生接受度也比较高，可适用于全部年级以及全部课程的教学。但是，课堂讲解式立法案例分析法会存在以教师讲解为主而忽视学生自主讨论或学生讨论不够深入的问题，学生在此种教授方法下更多的是扮演听受者角色，未能充分发挥学生的积极性。

第二，小型会议式立法研讨法。该方法是由老师组织学生或教师鼓励学生自发组织的，通过小型会议或者沙龙等方式，针对立法领域的社会热点议题、现行法律存在的问题，或立法征求意见稿等进行研讨。学生主要可以围绕是否应该立法、现行法律的规定是否合理，以及如何立法或修法等提出观点建议。该方法有利于调动学生的积极性，讨论问题也比较集中，并对学生的思维与创新也有较大的训练作用，难度适中，学生参与度高。但有效的小型会议式立法研讨法需要学生掌握一定的专业知识，因而该方法主要适用于大二以上年级。

第三，全程综合式立法模拟法。即由教师发起的对立法机关立法活动进行全程模拟的活动，包括立法计划的论证、立法草案的提出与修正、立法法案的通过以及公布等。这一方式可视为小型会议式立法研讨法的 2.0 版，是对立法整个过程的综合模拟，能让学生全面了解一部法律的提出、制定、发布等完整过程，有助于学生扎实掌握立法相关知识。但是全程综合式立法模拟法需要学生对立法知识的全面掌握以及灵活运用，因此难度较大，专业性要求较高，一般只适用于立法学相关课程，且适用于大三以上年级。

第四，当事人模式立法参与法。该方法意味着教师要有组织地引导学生以公众或“第三方”的身份真实直接参与到立法中。比如鼓励学生针对立法征求意见稿表达自己的观点；更为适当的是，教师借助学校相关立法平台，在教师承担相应立法委托项目时，组织学生参与立法调研、提出立法建议、起草研制立法草案、论证立法法案等。这一方式的特点在于学生直接参与到立法活动中，实践性强。它对于学生立法知识的掌握和立法能力的提升都大有帮助，适用于大三以上年级。

第五，学习观摩式立法实习法。该方法指由学院统一组织学生前往人大或政府法制部门观摩相关立法活动，让学生能够深入了解立法相关程序，身临其境地感受立法实践。该立法实习能有效提升学生的综合能力，有利于学生对法学知识的深入掌握以及立法技能的提升等，是与立法实践接触最为密切的学习方法，适用于大四学生的毕业实习。学习观摩式立法实习法的关键在于与相关立法机构取得联系，如通过与人大法工委合作建立立法基地等，为学生获得立法实习途径，因而这一方法的运行较为复杂。

四、结 语

司法面向的法学学科指向的是社会中的具体事件和问题，在这一类型的学科教育中，立法在法学中的定位仅仅是作为法律的手段或被视为法治的起点，这是典型的立法工具主义，最终造成了当今立法数量膨胀而立法质量不佳的困境。实则，立法应该是法律的目的，执法、司法、守法等都围绕立法而展开，因而立法是法治的核心，凭借这样一种立法中心主义的研究进路，以图最终实现良法善治。故此，我们应当以立法学学科建设为切入点，补全我国法学学科的立法学面向，完善我国法学学科教育。同时，理论课程与实践课程的教育教学方法也不能仅围绕司法型法律人才的培养进行，而应该兼顾司法面向与立法面向的法律人才培育，为法治队伍建设提供源源不断的人力智识，助力良法善治的实现。

三全育人诊所法律教育创新与实践研究

林少东*

内容提要 诊所式法律教育是一种融合多种资源，给予在校学生接触真实社会法律纠纷机会的融入式教学，需要紧扣党的十八大以来国家对法治人才培养的新理念、新思想和新战略，牢牢把握全员全过程全方位育人的“三全育人”基本原则，坚持立德树人、以德为先，强化法学实践教育，完善协同育人机制。诊所式法律教育将律师事务所引入校园，律师引入课堂，真实案件引入内容，法律实务引入实践，支部建设引入诊所，建设“校所深度融合”的法律诊所，形成可复制的特色教学方案体系。

关键词 诊所法律教育；三全育人；实践教学

2017年2月27日，中共中央、国务院印发了《关于加强和改进新形势下高校思想政治工作的意见》(以下简称《意见》),《意见》将坚持全员全过程全方位育人作为加强和改进高校思想政治工作的基本原则之一。加强和改进高校思想政治工作要把思想价值引领贯穿教育教学全过程和各环节，形成教书育人、科研育人、实践育人、管理育人、服务育人、文化育人、组织育人长效机制。2020年12月9日，教育部组织召开贯彻落实习近平法治思想工作会议。会议强调，法学院校、高校法学院是习近平法治思想学习宣传的重要阵地，是习近平法治思想研究阐释的基本力量，是法学人才培养的重要场所和依托。法学院校、高校法学院要提高责任感、使命感，做到全覆盖学习、开展原创性研究、抓好融入式教学、加强针对性服务，推动习近平法治思想学习贯彻工作不断扎实深入。

诊所式法律教育正是一种融合多种资源，给予在校学生接触真实社会法律纠纷机会的融入式教学，在培养卓越法律人才中，发挥着不可替代的作用。诊所式法律教育需要紧扣党的十八大以来国家对法治人才培养的新理念、新思想和新战略，牢牢把握全员全过程全方位育人的“三全育人”基本原则，坚持立德树人、以德为

* 林少东，法学硕士，福建师范大学法学院副教授。

先，强化法学实践教育，完善协同育人机制。

一、诊所法律教育开展的主要背景

（一）国内诊所法律教育背景

诊所法律教育起源于美国。作为一种新型的法学教育模式，它主要借鉴了医学院学生的临床实习方式，教师指导学生参与法律实践，通过接触真实的当事人、以代理人的身份办案、为处于困境中的委托人提供咨询、“诊断”法律问题、开出“处方”、为委托人提供法律服务。诊所法律教育结合真实案例进行相关的法律适用训练，使法学知识和法律实践相结合，在实践中培养学生的法律执业技能和执业道德。诊所式法律教育的课程设计与传统的以法学理论知识为主的法学院课程教学模式非常不同，通过让学生直接参与真实案件的处理过程，掌握解决法律问题的方法和技巧，重视培养学生的法律实务技能，特别是法律研究、分析、写作和口头表达技能。诊所式教育十分重视对学生实践能力的培养，让学生从被动学习转为主动探索；不再由教师满堂灌输法律知识，而是强调让学生参与到实践中，通过角色扮演、“头脑风暴”、分组讨论和案件模拟的教学方法让学生逐步积累真实的办案经验，教学方法十分灵活多样。

中国诊所法律教育发展至今 20 来年，为社会培养了大量的法治人才，至今国内大部分高校诊所法律教育普遍存在高校和社会实务部门之间的体制壁垒未打破，校外优质资源没有得到充分引进的问题。上述问题在诊所教育中具体表现为以下三个方面：第一，“教师 + 律师”双师型师资不足，实务技巧与理论教授及思政教育未能有机融合；第二，学生全程参与受训的真实案件匮乏，实际工作部门的优质实践教学资源未充分引入；第三，模拟实践实训的场所不理想，德法并举、德法交融的引领作用不能充分保障。上述因素致使国内各高校诊所法律教育发展至今参差不齐，难以持续发展。

（二）诊所法律教育的域外经验

美国大学的法律诊所内部有较为细致的部门划分，按照民法、刑法、婚姻家庭法等划分出不同的子诊所，每个子诊所专业从事该部门法的实践业务，这与美国律师一般具有专业所长的体制密切接轨。法学院学生可以根据各自的兴趣及特长选择参与不同的专业部门法诊所。[①] 这样可以使学生专注于某一方面的法律临床实践，从而在该专业方向进行深入探索和研究。美国高校的法律诊所提供各种优越的实践体验配置来强化学生的知识基础、实践和辩论技能及社会工作能力。虽然法律诊所

① 黄婷，黄先雄. 中美高校法律诊所教育的比较研究 [J]. 创新与创业教育，2014(6):140.

提供的服务都是免费的，但是学生们接触的都是真实的案件，这种实战性训练丝毫不逊色于律师事务所。由于法律诊所向社会公众提供的各项服务都是免费的，所以必须拥有足够的资金支撑诊所的运转。美国高校的法律诊所注重从社会各个方面吸收资金，从而维护诊所的业务开展。美国高校的法律诊所还注意与本校的优势学科结合起来，一起创建新的法律服务，拓展法律诊所的业务范围。例如，密歇根州立大学脱胎于农业学院，至今食品及农业科学仍是其优势学科。为此，法律诊所专门成立了城市食品、农场及农业法实习所。①

在德国，只有少数几所大学（如汉诺威、比尔菲尔德、洪堡大学）有法律诊所。直到 2008 年，跨国法律仍然禁止没有律师资格的人提供法律服务。德国法学院为何不提供常规性或者强制性的法律诊所教育的真正理由，在于大陆法系非常教义化的法律思维方式（以及法律教学方式），在于对大学系统化理论教育的高度重视，在于与普通法系国家不同的法官和律师选任机制。这并不意味着德国法科学生不接受任何实务训练，或者大学教育中只有理论、学说而没有案例。德国法学院的教学从第一学期开始就高度重视案例材料。除了教授的讲座课，所有学生都必须参加10～20人的学习小组，在那里他们学到如何将法律运用到小型的虚拟案例中去。

在域外诊所法律教育中，它们更加注重法律诊所部门细致的划分、注重实践能力的培养，在服务于地方的同时鼓励学生参与法律制度改革，激发学生参与的积极性，尽管在学生扎实实体法知识的基础上开设模拟法庭或者法律诊所是可能的，但这些学生实际上缺乏程序规则、证明责任、证据等方面的必要技巧和知识。

二、我国诊所法律教育中尚需解决的教学问题

（一）高校和实务部门之间存在体制壁垒，校内外诊所教育资源缺乏有效整合，“双师型”师资不足，精力投入得不到保障

在传统法律诊所教育中，校外优质实案资源未能得到充分引进，诊所教学多以虚拟的简单案件为演练对象，部分司法实践中的真实案例经过改编之后搬进校园诊所往往降低了法律关系分析的复杂性和待解决问题的综合度；时间相对有限、案件信息尚需保密等限制也使得学生对真实案例处理的需求往往不能得到充分的满足；“教师 + 律师”“双师型”师资不足，实务技巧与理论教授及思政教育未能有机融合。

（二）传统法律诊所教学模块碎片化，实践体系整体功能定位不清晰，理论与实务缺乏有效互动内化

部分学校的法律诊所教学缺乏统筹安排，呈现碎片化结构，未形成有机的体

① 王霁霞，任之初. 美国法律诊所教育的模式及实施条件研究 [J]. 中国法学教育研究，2015(3):38.

系，受训方案没有按照实践案件处理的顺序和思维、技能发展规律进行“全案跟踪式”的整理和提炼，学院受训的场所也大多仅局限在律师代理这一场景，法院、检察院等司法部门、政府工作部门、高新企业和社区服务等场景中的法律服务教育都没有得到充分的拓展，认知、模拟、实训、应用的法学实践教学规律在单一的简单模拟案例处理教学中无法得到全部遵循并带来更优质的教学效果。

（三）传统法律诊所的思想引领教育弱化，在一定程度上忽略了“三全育人”的思政原则，忽视了显性教育和隐性教育相统一

全面推行课程思政是新时代高校思想政治工作的重要举措，法律诊所教育同样也应进行课程思政，将立德树人这一根本任务贯穿于教育教学全过程，从全员全过程全方位育人的高度构建思政课程和专业课程相结合的教学体系。相较而言，传统的法律诊所教育仅侧重实务技能培养，对法律诊所教育中的职业伦理教育问题与思想政治教育没有给予应有的重视，更缺乏针对中国法治建设实际、总结升华中国特色社会主义法治道路、法治理论、法治实践的深度法学职业伦理教育，未能坚持显性教育和隐性教育相统一。

三、“三全育人”原则指导下诊所法律教育的实践设计

（一）顶层设计组织，强化校所融合

第一，建设诊所。诊所建设时要既为法学教育、研究工作者和法治实务工作者之间的充分交流提供便利的场所，也为诊所教育目标的实现提供硬件保障。诊所设置法律咨询室、评估室、疑难案件讨论室、法律援助工作室、模拟法庭、多媒体教室、多功能会议室等区域及不同专业研究工作室，使其成为具备功能齐全、设施完备的现代化诊所。

第二，建立机制。建立双向的绩效激励，可以与律师事务所共建诊所，将律所引进校园，将学院走进律所，学校聘请资深律师为诊所指导教师，律所聘请高级职称教师为律所的专家顾问；同时，与公检法、政府部门合作互聘专家。

第三，保障师资。诊所聘请具有教师资格和律师执业资格的“双师型”的教授型律师为指导教师，并且应要求本课程至少有一名在校的专职讲授法律课程的教师授课或者负责课程的教学活动，师生比大于或者等于1∶6。指导教师把亲自代理的真实案件带入诊所，学生全程参与。“双师型”导师带教模式，既为诊所教育提供优质师资保障，又实现了诊所教育素材的真实性、充分性。除去固定任课教师，还应积极引进国内外知名学者以及应用法学类专家，并提供必要的专项经费支持，促进法律专家、法律顾问现身课堂教学；我校还提供了专门的行政人力工作支持，以保证课程专业化、专门化持续稳定开展。

（二）整合重构体系，突出知行合一

1. 构建“四点一线”分模块递进实践体系，即围绕学生法治思想道德素质的培养主线，从法律职业伦理模块讲授培养学生具备法律人职业伦理道德素养，到法律实务理论与实践模块全案件参与培养学生深度掌握法律实务基本理论与技能技巧专业素质，再到根据个性化需求分场所岗位实践模块培养学生知法用法回馈社会，最后到公益性法律援助模块培养学生树立坚定的法治理想信念、明法笃行、知行合一。

2. 创设“7+9”法律实务理论与实践模块，即含 7 个专题“法律实务理论互动研讨”与 9 个完整案件办案站点的“法律实务技能全程参与实践”，两者交替进行，全面覆盖了不同类型法治人才处理法律纠纷的技能技巧之需，并按处理纠纷的时间和思维顺序系统梳理各个技能培养环节，进行全面指导。其中，在“法律实务理论互动研讨”专题中将围绕执业律师诉讼、非诉讼理论内容划分成 7 个专题，每个专题计 4 个学时；在“法律实务技能全程参与实践”专题中将律师代理案件的众多办案全过程精确浓缩成 9 个具体环节，每个环节安排 4 个以上学时。达到同步课程中有实践，实践中有课程的同步实践教学。

3. 搭建分场所岗位实践模块，即延伸诊所实践场域，学生根据个性化需求，分类深入各级司法实务部门、政府部门、社区、高新企业进行岗位实践学习、多场所岗位锻炼，全方位提升学生法律实践实操能力。例如，在政府相关岗位值班、提供法律咨询服务；为高新企业提供法律咨询、法律服务方案；去法院担任“法官小助理”，更好地了解司法部门的判案与操作，感知法官办案效率和法律职业魅力。深入社区，感受民众的法律需求。多场所、全方位地提升诊所学生法律实践实操能力。

4. 建立科学考核评价，即分别设置学生、导师考核评价机制。学生以其完成“四点一线”分模块递进实践体系的学习实践的情况，分别由小组互评占 60%，校外实务专家评审考核占 30%，归档占 10% 构成最终成绩；指导教师以其带教的情况，分别由学生考核占 50%，导师互评占 20%，校外专家考评占 30% 构成成绩。

（三）“三全育人”贯穿始终，注重德法兼备

首先，严格执行“四点一线”分模块递进实践体系培养模式，融入“思政教育贯穿技能培养”的法律职业伦理培养机制，实现全员全过程全方位育人。

其次，遴选思政素质优秀并具有高级职称及 10 年以上执业经验的“教授型律师”作为诊所导师，尤其是案件信息保密、案件处理技能学习和参加法律援助等多个环节中均高度重视思想政治教育的贯穿。

再次，增设公益性法律援助模块，依托支部建设，联合学院团委，师生共同组

成义务法律咨询服务团，在教师言传身教和学生倾心援助中，坚定法治理想信念，增长奉献社会的智慧才干。

最后，具有丰富执业经验的“双师型”党员导师和诊所先锋党支部深度参与法律职业伦理教育课程的设置，并对真实案件严格遴选，保障诊所教学案例的代表性和思政教育的实效性。

四、“三全育人”原则指导下诊所法律教育的创新点

（一）平台模式创新：依托校所深度融合

诊所法律教育依托“校所融合”的校内法律诊所实践平台，将律师事务所引入校园，律师引入课堂，真实案件引入内容，法律实务引入实践，支部建设引入诊所，做到校中有所，所里有师。“双师型”教师团队丰富的真实案件代理经验与深厚的法律理论积淀加之对法律职业伦理教育的充分重视，有力保障了诊所法律教育目标的实施，也使得法律诊所具有浓厚的法律职业文化氛围，形成“诊所品牌”效应。更为突出的是，法律诊所集聚了法学院的学科带头人、专业负责人及律所的负责人，集合优势资源共同为诊所教育的“德法兼修”把关，并保障实务培训教学难题的及时攻克，突显了多管齐下的平台教育优势。

（二）“四点一线”体系创新：围绕学生法治思想、政治素养与道德素质的培养主线

1. 模块内容

创设了“7+9”诊所教育特色实践教学模块体系：即以律师职业专业素质、素养的要求融入法科生法律专业理论、实务技能知识传授，法律实务理论与实践模块两者交替进行，形成了技能理论授课与真实案件交替“全案跟踪、多维视角”的有效学习闭环，达到同步课程中有实践，实践中有课程的同步实践教学。

2. 角色扮演

学生可根据自己的兴趣加入“民商事组”“知识产权组”“刑事组”“行政法组”“非诉讼商事组”等专业小组扮演不同角色进行学习实践，进一步深度巩固和内化所学的法律专业知识，实现复合型高端实践型法治人才培养之需。

3. 需求导向

学生根据个性化需求，分类深入各级司法实务部门、政府部门、社区、高新企业进行岗位实践锻炼，把学习成果转化为法治理念、办案本领、具体政策、管用办法，造就一批宪法法律的信仰者、公平正义的捍卫者、法治建设的实践者。

（三）管理机制创新：健全制度保障诊所教育有效实施

"双师型"互聘互研机制创新，建立双向的绩效激励，学校聘请资深律师为诊所指导教师，律所聘请高级职称教师为律所专家顾问，同时与公检法、政府部门合作互聘专家，实现了将实践工作部门的优质实践教学资源引进高校，加强法学教育、法学研究工作者和法治实际工作者之间的交流，互聘双方提升理论研究能力和解决实际问题能力，提升协同育人效果。

党支部建在诊所的管理创新，发挥支部战斗堡垒先锋作用，彰显党员先锋引领示范作用，言传身教，带动非党员教师、律师爱岗敬业、甘于奉献，热心社会公益、积极回馈社会，同时带动教育诊所党员与非党员学员加强自身的政治理论学习和坚定对法律正义的信仰；激励广大团员青年坚定跟党走的初心，坚定社会主义理想信念，以实际行动践行社会主义核心价值观。

保障机制创新，在诊所里，支部负责人、学院负责人及律所负责人通力协作，为诊所的高效管理和行稳致远提供机制保障。

评价机制创新，诊所建立了学生成绩与教师业绩考核机制、制定校外导师职责，注重阶段性评估、反馈和总结的全程考核，并引入校外第三方实务专家考核机制，确保诊所教育的实效性、可持续性。同时诊所各方签订保密协议和行为规范要求，确保案件相关信息的保密性，学生满意度达 90%。

五、结　语

诊所教育在其教学过程中融合了许多非常重要的法律技能，一所现代化的法律院校应该争取探索类似的教学方法。[①] 通过诊所实践教学，培养了法科生严谨、多维的思维方式，处理法律实务的基本技能，拓宽了法学学生的接触视野，掌握处理法学实务的方法和技巧。"三全育人"原则贯穿诊所法律教育全过程，加强对学生的思想政治教育，培养学生树立正确的法律人价值观，高尚的法律职业伦理素养，以及法律人严谨的逻辑思维，具备卓越的法律人才智慧。

① 波兰法律诊所基金会编. 法律诊所理念、组织与方法 [M]. 许身健，译 . 北京：北京大学出版社，2014:04.

涉外法治人才培养中法律文书写作的教学改革

林 婧*

内容提要 国内外形势的变化以及多个世所瞩目的涉外案件的发生，都印证了涉外法治人才培养的急迫性，对法律文书写作教学也提出了新的改革要求。这主要反映在要求法律文书写作教学具备国际视野与多学科思维，承载中国话语对外输出的重要使命，并且以产出导向回应司法体制改革。新时期的法律文书写作教学改革容易陷入的误区包括：未准确定位文书写作与案例分析的关系，夸大人工智能在法律文书写作中的作用，忽略对法律文书最新发展动向的追踪等。教学改革的具体方向为：一方面，增加涉外法律文书写作赏析以及公关技巧讲解；另一方面，明确课程考核的重点是写作技能，且考核的文书种类主要是法院文书与律师实务文书。

关键词 法律文书；写作技能；涉外法治人才；产出导向；公关思维

引 言

法律文书是法律思维、法学话语和法律规则的展示平台，其功能包括呈现思辨过程、供给法律话语（术语和修辞）、发展司法规则、探讨价值和伦理（公平正义）等。法律文书的质量反映了执笔人基本的法律素养及其所在单位的整体形象。

近年来，中央着力推进有关涉外法治人才培养的部署。2019 年 10 月，中国共产党十九届四中全会通过《中共中央关于坚持和完善中国特色社会主义制度推进国家治理体系和治理能力现代化若干重大问题的决定》，强调“加强涉外法治工作，建立涉外工作法务制度，加强国际法研究和运用，提高涉外工作法治化水平”；2020 年 11 月，中国共产党历史上首次召开中央全面依法治国工作会议，强调要“坚持统筹推进国内法治和涉外法治，加快涉外法治工作战略布局”“坚持建设德才

* 林婧，法学博士，福州大学法学院讲师，中国政法大学博士后流动站研究人员。本文系 2017 年国家社会科学基金项目“网络安全国际合作法律制度研究”（项目批准号：17CFX047）的阶段性成果。

兼备的高素质法治工作队伍”。加之2020年初“因新冠疫情对华追责索赔案”“孟晚舟引渡案”以及“孙杨仲裁案”等世所瞩目的涉外案件的发生，都印证了有关涉外法治人才培养及其教学模式转变的必要性与急迫性。

至今，有关法律文书写作教学改革的研究多揭示传统教学存在的问题并提出改进建议，主要围绕教学实践性不足、教材内容陈旧以及教学手段、模式单一等问题展开讨论。这些已有问题仍未及妥善解决，新时代、新形势又对法律文书写作提出了新要求，需要我们进一步推进教学改革。目前，在研究生学习阶段设置法律文书课的高校较少（诚然可对此加以推广，如中国政法大学法律硕士学院设有“英文法律文书写作”研究生选修课）。本文所指法律文书写作的教学改革主要针对所有高校在本科教育阶段，依托于“法律文书”课程的涉外法治人才培养。

作为涉外法治人才培养的重要组成部分，法律文书写作教学改革也需要顺势而为，更加突出时代性、国际性、跨学科性以及人文精神，注意避免混淆文书写作、案例分析、口头表达三者之间的关系，辩证看待人工智能在法律文书写作中的作用。

一、涉外法治人才培养对法律文书写作教学改革的新要求

随着教育改革、司法改革的深入推进，培养涉外法治人才的目标对于法律文书写作教学提出了新的改革要求，主要反映在要求法律文书写作教学具备国际视野与多学科思维，承载中国话语对外输出的重要使命，并且以产出导向回应司法体制改革。

（一）具备国际视野与多学科思维

2018年，教育部、中央政法委发布了《关于坚持德法兼修实施卓越法治人才教育培养计划2.0的意见》，在2011年《关于实施卓越法律人才教育培养计划的若干意见》的基础上，重申了“培养一批具有国际视野、通晓国际规则，能够参与国际法律事务、善于维护国家利益、勇于推动全球治理规则变革的高层次涉外法治人才”，并新增了“鼓励高校开发开设跨学科、跨专业新兴交叉课程”“开展法学专业认证”等要求。2019年，教育部又发布《关于一流本科课程建设的实施意见》，强调“建设适应创新型、复合型、应用型人才培养需要的一流本科课程”“教学内容体现前沿性与时代性，及时将学术研究、科技发展前沿成果引入课程”“体现多学科思维融合、跨专业能力融合”。

相关要求投射于涉外法治人才培养中法律文书的写作训练，学生技能提升与拓展不仅仅需要国内法律知识、文字功底，还可能需要储备涉外法学、新闻传播学、

翻译学、社会学、经济学、公共管理、计算机科学、医药学、生物学等多学科知识。这就要求立足于专业教育，兼顾“博雅教育”，把专业教育和通识教育有机结合起来。[①] 而现今，法科生的语文写作能力普遍存在很大缺失，甚至语感都没有很好地形成，更遑论法律专业写作、涉外文书写作。因此，有必要朝着增强国际性、应用性的方向，对法律文书写作课程进行改革。

（二）承载中国话语对外输出的重要使命

法律文书是法律思维、法学话语和法律规则的展示平台。“话语”不仅仅体现在外交辞令与学术成果中，也体现在法律文书尤其是涉外法律文书“话语”的组织与凝练中。党的十八大以来，党中央多次强调要“努力提高国际话语权”，而涉外法律文书正是中国特色话语体系的载体之一，是发展国际法律规则的重要手段，是“跨国司法对话”（transjudicial communication）可资利用的媒介，也是中国智慧和中国方案的展现。

“因新冠疫情对华追责索赔案”“孟晚舟引渡案”以及“孙杨仲裁案”更凸显了高层次涉外法治人才培养的重要性，其影响不仅仅在国际法治上，对国际政治、国际关系、国际经济也会产生巨大的溢出效应。而中国在参与全球治理的过程中，仍然缺乏通晓国际规则、精通外语、能够写作具有国际影响力的法律文书的专业人才。法律文书写作教学改革需要训练学生在国际化的平台上传递“话语”的能力。

（三）以产出导向回应司法体制改革

公众对司法公信力的质疑既源于对实体裁判的不服，也与法律文书尤其是裁判文书的制作水平有关。社会各界对于法律人文书写作质量的不佳反馈，主要包括文书不符合基本写作规范，逻辑结构不清晰，缺乏对争议焦点、诉请理由或裁判理由的充分说明或论证等，让人搞不清结论的来龙去脉。

对法律文书写作的重视，就始于我国司法体制改革的顶层部署。2013 年党的十八届三中全会《中共中央关于全面深化改革若干重大问题的决定》明确要求“增强法律文书说理性”，2014 年十八届四中全会《中共中央关于全面推进依法治国若干重大问题的决定》再次要求“加强法律文书释法说理”；最高人民法院 2015 年发布的《关于全面深化人民法院改革的意见——人民法院第四个五年改革纲要（2014–2018）》中也提出，要推动裁判文书说理改革，建立裁判文书说理的评价体系；2017 年，最高人民检察院《关于加强检察法律文书说理工作的意见》发布。在实践中，司法机关不定期评选优秀法律文书；全国法律专业学位研究生教育指导委员会也从 2017 年开始，每年主办全国法律专业学位研究生法律文书写作大赛。

① 黄进. 新时代高素质法治人才培养的路径 [J]. 中国大学教学，2019(6):21.

司法改革既要解决体制问题，也不能忽视细节工作。将提高法律文书质量作为提升司法公信力的突破口，相对于体制革新来讲，成本小且难度低，却可能取得事半功倍的效果。法律文书教学改革正是要对司法体制改革的需求作出回应，开展产出导向的“新法科”《法律文书》课程建设，尤其需要提升判决书、起诉书、不起诉决定书的写作质量，因其与当事人“获得感”及其能否“心悦诚服”密切相关。

二、涉外法治人才培养中法律文书写作教学改革的误区

法律文书写作教学改革容易陷入若干误区，有的是一直以来悬而未决的问题，如文书写作与案例分析的关系定位问题；有的是新时代的新问题，如夸大人工智能在法律文书写作中的作用、忽略对法律文书最新发展动向的追踪等。

（一）未准确定位文书写作与案例分析的关系

法律文书写作教学的主要目的是帮助学生改善文字表达，给学生解释为什么这样写比较好，而非过多引导学生思考案情。在法律文书写作教学中，对于文书写作、案例分析、口头表达这三者的训练均需涉及，但轻重有别。法律文书作为一种文字表达，同法律思维、实务经验、口头表达能力紧密相关，却又各有侧重。

早期的法律文书教学多为一讲概念、二讲格式。讲格式就是先写什么、后写什么。之后随着教学改革的推进以及授课教师认识的深入，对法律文书格式背后的理念有了更多的思考。有学者认为，用于教学或竞赛的案情及证据都是虚拟或高度简化的，然而法律文书正是用以承载真实的法律事实，倘若事实还没有弄清楚就开始写法律文书，其危害后果难以估量；侧重于讲授法律文书写作的格式、方法和注意事项等形式要件，必然忽视实质性内容。[①] 但这将本不应也无法由法律文书写作一门课程来承担的重任，完全压在法律文书写作课上。对所谓“真实法律事实”的探寻应当是刑侦课或实习的内容，而所谓“实质性内容”则是有限课时中难以面面俱到而只能适当举例说明的。在教学过程中，事实的挖掘、法律依据或类案的检索、诉讼策略固然略有涉猎，也需要警惕教学案例不同于真实案例可能产生的漏洞，但法律文书写作课程的教学重点依然应当是写作，是语文！这不仅关乎写作格式的规范与否，也涵盖素材取舍、论述思路以及行文逻辑等写作技巧。一方面，写作规范不是无须讲解、只需自习的形式要件。格式是“门面”，是“第一印象”。“概念—格式”的教学模式固然不可取，但也不能低估教师讲解格式规范的作用。如果没有授课教师专门提点文书格式的注意事项，学生或许根本看不出或是记不住不同的文书格式各有什么特点、为什么要设计这样一种格式。另一方面，素材取舍、论述技

① 王春丽.法律文书教学的多维透视 [J].中国法学教育研究，2017(2):89-90,97,99.

巧以及行文逻辑等训练必然伴随着一定的实质性思考，这也正是需要着重予以讲授的。

是以，法律文书写作虽然离不开基本的案例分析，但写作规范与技巧仍是课程讲授的重点。写作规范不只是格式，还包括准确使用褒贬义词，避免使用带有强烈感情色彩和道德评价的词语，措辞不带有定罪预判的色彩，检查是否遗漏了争议焦点的归纳以及能够降低执业风险的固定文字等。写作技巧则包括逻辑结构是否清晰，是否存在重复啰唆、篇幅冗长、不够精炼等问题，叙事角度、语序等如何影响阅读感受；甚至于如何提高律师实务文书的可复制性，令其得以更多地被法官、检察官复制到裁判文书、检察文书中，这样减少了法官、检察官的工作量，自然更有利于他们对律师观点的认同。

（二）夸大人工智能在法律文书写作中的作用

人工智能研究的勃兴，对于前沿性、时代性以及跨学科的提倡，让人们产生了一种期待：法律文书的生成，会否像“拍立得”一样快捷？“AI+ 法律”会否成为一种终极业态？法律人会否因此失去价值？法律人的核心竞争力究竟是什么？

不可否认，利用大数据分析挖掘技术，通过对裁判文书的自动分析，对案件的事实和争议焦点等关键信息进行智能提取和对应关联，同时针对识别到的要素，自动推送类似案例以及有关法律法规，有效提高了法律人研判案情的针对性和实效性。但无论是立足当下还是展望未来，“AI+ 法律”都存在诸多需要反思的问题。

从立足当下的角度来看，目前的人工智能仅在电子卷宗自动编目、诉讼文书辅助生成、类案智能推送、量刑辅助等司法辅助性活动中取得一定效果，但效果似乎也相当有限，其核心仍是一种电子化的信息处理方式，并未体现计算机自主思考后进行加工的“额外知识”，而仍是“人 + 电子化”或者说是数字化，且智能化程度有限也使得精确度不足。[①] 换言之，当前技术所能实现的，只是将存在统一规律的工作交给机器，以提高效率与规范性。这种便利的实现前提是，案件的基本事实、争议焦点、法律适用等要素齐全，并且与已结案件具有实质的相似性。如果为图省事，忽略了不同案件的实质区别，在法律文书中机械地复制案件要素，不仅不能反映案件的实际情况，还可能造成冤假错案。在司法活动中，法律人仍起到最后“拍板”的作用，包括采取怎样的诉讼策略、如何平衡法理与情理的价值评判。

从展望未来的角度来看，即使人工智能技术愈发成熟，能够交由人工智能处理的法律事务越来越多，“AI+ 法律”仍将也应当一直受到科技伦理的质疑，人的命运能够全然交由技术来决定吗？有学者提出以“负面清单”模式来管控科技创新风险，同时强调“负面清单”模式是一种间接的科技创新激励方式，它不能替代正面

① 左卫民. 从通用化走向专门化：反思中国司法人工智能的运用 [J]. 法学论坛，2020(2):18-19.

清单模式的激励功能，而是一种补充机制，以应对科技创新活动的不确定性。[①] 在未来，我们依旧要为技术设立边界，并时刻保持警醒。

由此关照高校教学，法学教育粗放式扩张带来法学教育工具理性的抬头和商业主义的蔓延，法律职业主义的这种技术性进路使本已浮躁的高校更加功利化，并加剧了法学教育的“去素质化”，“技术至上”的技术主义路线极易导致法治伦理危机。[②] 对跨学科、“互联网 +”不假思索的吹捧，容易忽视人本理念，走入法律文书写作课程没有设立必要、只需建设人工智能系统的“唯技术论”误区。

是以，我们不应对人工智能写作法律文书抱有盲目的期待，而要在法律教育中明确人工智能与法律之间的“手段 – 目的”关系[③]。将新技术融入传统教学并不意味着完全取代传统的教学方式，不要放任对新兴科技手段的过分依赖，也不要低估人类写作法律文书的智慧。

（三）忽略对法律文书最新发展动向的追踪

一方面，如今大多数教材在“法律文书的演进”部分，只停留在中国古代法律文书的产生和演变、近现代法律文书的发展，未及当代司法文书改革最新动态的梳理与评介。例如民商事案件裁判文书简化格式（针对简易程序中的小额诉讼）的推行，包括表格式裁判文书、令状式裁判文书和要素式裁判文书等，遵循了裁判文书繁简分流的要求；还如，2020 年最高人民法院发布《公益诉讼文书样式（试行）》，将 2016 年《民事诉讼文书样式》中的公益诉讼部分重新进行修订，并填补了检察公益诉讼中民事、行政文书样式的空白。不仅如此，大多数法律文书教材的体例、内容几乎千篇一律，既不符合 2015 年开始逐步更新的法律文书样式要求，也没有顾及科技发展对法律文书写作的影响，更没有意识到法律文书在对外交往中可能扮演的重要角色，这与现实发展严重脱节。

另一方面，在教学过程中对于最新教学资源的引介也很薄弱，未能留意到一些官方网站均提供相当数量、种类繁多的法律文书实例或样式，如“中国裁判文书网”“中国法院网 – 中国法院案例报道”“12309 中国检察院网”“法律家· 中国法学多用途教学案例系统”等。

三、涉外法治人才培养中法律文书写作教学的改革方向

涉外法治人才培养中法律文书写作的教学改革需要贯彻产出导向的教学理念，

① 吴新叶，江荣荣. 科技创新中的“负面清单”模式：以政策激励为视角 [J]. 中国高校社会科学，2016(6):150.

② 冯果. 论新时代法学教育的公共精神向度 [J]. 中国大学教学，2018(10):54-56.

③ 毛高杰. 人工智能驱动下的法律教学改革 [J]. 法学教育研究，2019(4):47.

与时俱进调整课程内容与课时分配，一方面增加涉外法律文书写作赏析以及公关技巧讲解，另一方面优化课程考核方式。

（一）增加涉外法律文书写作赏析

涉外法治人才培养要求拓展学生的国际视野，引导学生重视涉外法律文书写作技能的基础训练。诚然课时有限，但至少引导学生学会鉴赏具有代表性的涉外法律文书，尤其在精英/专业法学院（相对于综合法学院而言）[①]。又由于“法治的内涵扩大，涉外法治成为重要的法治建设内容，涉外法务工作成为新的制度性设计和要求”[②]，将涉外法律文书写作赏析添加到律师实务文书写作单元较为妥当，这需要相应地调整课时分配。涉外法治人才培养还要注意在涉外法律文书写作中，写作、法律、英语这三部分相互关联却又不能相互取代的训练。

具体而言，要分辨非涉外法律文书与涉外法律文书的区别。虽然法律文书都是基于事实和法律且围绕争议焦点来写的，但非涉外法律文书与涉外法律文书的不同之处则在于：首先，涉外法律文书往往需要律师在管辖权、法律适用上给予更多的关注和论述。在管辖权方面，可能涉及管辖权的积极冲突或消极冲突，涉及“不方便法院”规则（Forum of Non Convenience）的应用；在法律适用方面，更可能扩及国际公约、国际惯例、国际案例以及外国法、外国判例。其次，涉外法律文书常用的写作方法是英美法系较为通用的IRAC写作法，即“问题－规则－运用－结论”写作法（issue-rule-application-conclusion），遵循识别问题（problem）、结合法律法规、找到争议焦点（issue）并分析说理的顺序，对是非曲直作出判断并提出争议解决方案。再次，在语言表达方面，涉外法律文书写作训练中的英语训练包括法律英语，以掌握大量法律术语为前提。例如“议案”（bill）、“法案”（act）与“法”（law）三个词语分别代表不同的含义，时常被混淆。在此基础上，要令中国话语中特有的概念和表达能够为他国所接受，需要寻找恰当的外国词汇和表达方式。

此外，在写作英文法律文书时，特别要注意避免使用长句与生僻词，尽量使用短句和词组，不需要僵化地一字一句都对应中文法律文书，可适当采取意译的方式。当然，涉外法律文书的翻译与解读都有一定的难度，引导学生增长多学科知识尤为必要。

（二）结合公关技巧的讲解

写作法律文书不仅要考虑行文上的规范与准确，还需要考虑法律文书公开后的社会影响甚至是国际影响，这从“吴秀波出轨门”中吴秀波的律师函、“孟晚舟引

① 杜焕芳. 涉外法治专业人才培养的顶层设计及实现路径 [J]. 中国大学教学，2020(6):25.

② 柳华文. 论进一步加强国际法研究和运用 [J]. 国际法研究，2020(1):10.

渡案”中华为公司的回应以及“孙杨仲裁案”中孙杨的律师函中，都能够汲取正面的经验与反面的教训。故而法律文书写作教学中可以尝试讲解相应的公关技巧，培养法科生的公关思维。

公关文书是具有公关性能和公关意识的公关专用文体和非专用文体，其中非专用文体包含法律文书。[①]危机公关的原则包括真诚沟通原则与权威证实原则[②]，高质量的法律文书可以成为负责任沟通与公信力表态的重要窗口，反之则可能加剧负面效应。

在“孙杨仲裁案”中，孙杨的代理律师于2020年2月29日发布律师声明，通篇充斥了“邪恶战胜正义、强权取代公理”等宣泄情绪的用语，“本次检查明显属于兴奋剂检查官假公济私、公报私仇”等缺乏证据的推测性论断，以及“带有民族偏见、国家立场”等试图绑架国家利益、煽动民族情绪的说辞，而鲜见客观、中立的专业见解。这样的律师声明，不仅没有挽回孙杨的名誉，更是加深了孙杨“咎由自取”的公众印象。

在“孟晚舟引渡案”中，作为对2020年5月27日加拿大法院裁定孟晚舟无法获释的回应，华为公司表示“我们对不列颠哥伦比亚省高等法院的判决表示失望。我们一直相信孟女士是清白的，我们也将继续支持孟女士寻求公正判决和自由”。华为公司的公开声明通过精准运用“相信”“支持”二词，实现了公司与个人的责任切割，也进一步巩固了华为顽强沉稳的企业形象。

需要注意的是，蕴含公关思维的法律文书写作仍属于专业性而非文学性写作，其措辞应专业、规范、准确、精炼，而非表面上文采斐然，实则华而不实，甚至是“为赋新词强说愁”。

与此同时，在法律文书写作教学中强调公关思维，并不意味着走入另一个极端，即误以为“公信力取决于公关技巧，受众对实质性行为和公关性行为缺乏辨别能力”[③]。申言之，将公关思维引入法律文书写作教学，不能动摇法律文书写作仍是写作课的课程定位，不是实体法或诉讼法课程，也不是法律检索课、公关口才课，只是在法律文书的法律效果之外，合理制造一些公关效果。

（三）优化课程考核方式

法律文书课的开课时间通常设置在大三上学期较为合适。也就是，在完成主要的实体法与程序法学习之后、毕业实习之前来进行法律文书写作训练，同时在毕业

---

① 倪任俭. 公关文书的内涵和外延 [J]. 办公室业务, 2003(4):25.

② 游昌乔. 反败为胜：如何建立有效的危机管理体系 [M]. 北京：中国水利水电出版社, 2000:105-116.

③ 马得勇，孙梦欣. 新媒体时代政府公信力的决定因素：透明性、回应性抑或公关技巧？[J]. 公共管理学报, 2014(1):112.

实习中增加对法律文书写作水平的监测与考察。相应的考核体系构建则包括三个方面。

第一，课程考核的重点是写作。首先，课程不讲授、不考核与写作关联度不大的内容，例如各类法律文书的概念、特点、适用范围、制作意义，以及对古代法律文书、近现代法律文书的介绍。因而在题型的选择上，写作题占有绝大部分的分值，选择题、判断题、填空题都是次要的，不需要设置概念辨析题、简答题、论述题或案例分析题。其次，课程不讲授、不考核其他课程中已讲授的内容。"法律文书"课程教学以刑法、民法、刑事诉讼法、民事诉讼法等实体法、诉讼法为先修课程，学生须先从基础的实体法与程序法课程中获得扎实的法律解释学训练。但法律文书写作考核又不纠结于法学基础知识点，而以考察写作规范与技巧为核心。再次，在评卷的过程中，在审查法律文书基本要素完整、结构规范的同时，根据案件的特殊性，尽可能尊重执笔人的专业判断与个人风格，从而达成规范性和个性的统一。

第二，课程考核的文书种类主要是法院文书与律师实务文书。对于法科生来说，进入公安部门工作并需要书写侦查文书的概率相对较小，进入检察机关工作的也不多；又鉴于侦查文书与检察文书密切相关，写作要点几乎一致。仲裁文书、公证文书、监狱文书等，由于适用范围非常狭窄，基本可以不予讲解，自然也不予考试。"产出导向"要求教学与考核不能泛而不精、盲目求全，最需要考核的部分事实上就是总论（通用规范与技巧）、法院文书以及律师实务文书三个部分，以期重点突破、以点带面、举一反三。

第三，平时分主要来自学生分组研讨与优秀法律文书评选。这需要采取"自学+训练+点评"的教学模式，线上线下相结合，适当引入翻转课堂模式，组织学生分组寻找其感兴趣的案例来写作法律文书，或是评析特定的法律文书，进而形成集体研讨成果，再进行组内或各组之间的互评，激励学生主动展现思考过程、自己寻求解决问题的路径。其间，通过网络投票、在线问卷、访谈等形式持续改进课程建设。

结　论

作文要如使船，撑一篙是一篙，作一篇是一篇；不能像驴转磨，走了三年，只在磨道里转。[①] 涉外法治人才培养中法律文书写作的教学不仅仅在于"批量生产"了多少法律文书，而在于这个过程中学生的行文能力与思辨能力得到了多少增进。故而，教学改革需要遵循涉外法治人才培养的目标指引，把握互联网时代科技之

① 汪曾祺. 汪曾祺自选集 [M]. 北京：商务印书馆，2015:363.

“变”与人文内核的“不变”，明确《法律文书》课程属于写作课的定位，厘清文书写作与案例分析的主辅关系。教学改革朝着提升涉外性、前沿性与针对性的方向：一方面，增加涉外法律文书写作赏析以及公关技巧讲解；另一方面，明确课程考核的重点是写作规范与技巧，考核的文书种类主要是法院文书与律师实务文书，不讲解、不考核与写作关联度较低的内容。

大中小学知识产权教育一体化路径研究

罗贵斌*

内容提要 国际知识产权竞争的长期性、新技术新业态发展等外部环境的变化对知识产权教育人才培养目标提出了新的要求，当前知识产权国民教育存在教育目标失焦、大中小学不同阶段的知识层次性不够、不同教育阶段内部及区域师资教材等教育资源失衡等问题，导致知识产权教育产出与新形势下的人才需求契合度不高，应当围绕经济社会长远发展的人才需求，聚焦小学阶段的兴趣养成目标、中学阶段的知识产权保护和自主创新意识培养目标、大学阶段的规范创新意识和跨学科创新能力培养目标，坚持成果和目标导向教育理念，结合大中小学阶段学生思维特点组织知识产权教育内容，分类构建大中小学知识产权教育体系。

关键词 中小学 知识产权教育 一体化

引言

2008 年实施国家知识产权战略至今，我国专利、商标等知识产权申请数量早已跃居全球第一，以 2009 年至 2018 年期间申请的高校专利为例，自 2010 年以来中国每年申请的发明专利量就已经超过美、日、韩、英四国高校发明申请量，但专利的转让比例及转让比例的增速长期处于五国中最慢。从人才支撑的视角分析，其原因在于知识产权教育作为知识产权强国建设的基础设施，现有成果多以高校知识产权教育为对象，未能结合大中小学知识产权教育各阶段特点进行有序安排。知识产权教育一体化是指将大中小学教育作为一个整体关注经济社会发展对人才的产出要求的同时，又对大中小学内部各阶段的教育目标和要素进行区分和衔接，实现大中小学知识产权教育协同发展，为培养大中小学生知识产权保护意识和创新能力提供机制保障。

* 罗贵斌，法律硕士，福建工程学院法学院讲师，知识产权教研室主任。

一、基本前提：知识产权教育一体化的时代价值

（一）持续提升大中小学生群体知识产权意识是全面贯彻落实新时代习近平法治思想的应有之义

党的十八大以来，我国知识产权事业不断发展，2020年11月30日，习近平总书记在中央政治局进行第二十五次集体学习时指出“全社会对知识产权保护的重要性认识需要进一步提高”，强调“要加强知识产权保护宣传教育，增强全社会尊重和保护知识产权的意识”。相较于成年人，青少年的道德性格和思想范围具有更强的可塑性，[①]从中小学阶段开始进行知识产权教育，能够为全社会知识产权意识的培育提供足够的时间保障，是厚植知识产权文化理念的重要途径。

当前，我国正在从知识产权引进大国向知识产权创造大国转变，知识产权工作正在从追求数量向提高质量转变。“坚持统筹推进国内法治和涉外法治”[②]，深度参与世界知识产权组织框架下的全球知识产权治理是习近平法治思想的重要内涵，将知识产权这一重要法治内容全面纳入大中小学教育体系，既是国家普法教育和科学综合素质提升工作的重要内容，是对习近平总书记关于知识产权重要论述的具体实践，也是落实习近平法治思想实现知识产权强国战略的必然要求。

（二）统筹推进大中小学知识产权教育一体化是对知识产权强国建设的时代回应

当今世界面临百年未有之大变局，以美国为代表的传统科技强国为强化贸易利益，惯用知识产权为手段，一方面污化中国营商环境，另一方面以知识产权为幌子设置贸易壁垒，对中国创新事业的发展带来巨大压力，国际知识产权竞争的长期性对知识产权创新人才储备提出持续性要求。2021年9月23日，中共中央 国务院印发《知识产权强国建设纲要（2021—2035年）》，专章提出要“建设促进知识产权高质量发展的人文社会环境”，并明确要“进一步推进中小学知识产权教育，持续提升青少年的知识产权意识”。[③]相较于大学阶段，中小学知识产权教育手段、教育目标等方面暴露出的问题更加明显，是青少年知识产权教育的薄弱环节，推进大中小学知识产权教育一体化，实现各学段知识产权教育目标协同和教育资源一体化，是强化中小学教育实效，提升青少年知识产权意识，全面支撑知识产权强国建

① 张卉.从赫尔巴特教育学的“可塑性”概念看其对康德先验主义教育哲学的批判[J].中国教育科学（中英文），2021,4(4):92-99.

② 习近平总书记在2020年11月召开的中央全面依法治国工作会议上的讲话。

③ 参见中共中央国务院《知识产权强国建设纲要（2021—2035年）》。

设的优选路径。

（三）加速知识产权教育通识化、体系化进程是新一轮产业革命和全球竞争的迫切要求

“保护知识产权，就是保护创新”，面对以人工智能、5G、大数据等为代表的新一轮技术革命带来的挑战，本质上是一种创新能力和创新成果的竞争，知识产权保护能力的差异对产业和技术的竞争影响重大，由此产生的知识更新和鸿沟受知识产权影响亦会进一步放大。知识产权涉及法学、经济、管理、技术等多个领域，在知识内容方面，具有跨学科、前沿性，与产业发展和技术创新高度协同的特点；在思维训练和能力培养实效方面，对新技术、新模式的适应性更强。鉴于知识产权教育对产业技术竞争的影响和新一轮技术的快速变革，加速知识产权教育通识化、体系化就显得愈发重要和迫切。青少年作为“未来多数”，[①]通过大中小学知识产权教育一体化提升中小学知识产权教育效果，能够持续拓宽学生视野，提高全社会创新能力和国家产业技术竞争力。

二、现实挑战：教育目标协同与要素差异化

（一）知识产权教育目标实践失焦

近十年来，从教育目标来看，我国知识产权教育可分为三个阶段。第一个阶段是 2015 年之前的知识产权法律知识普及阶段。早在 2014 年，国务院办公厅转发了知识产权局等单位《深入实施国家知识产权战略行动计划（2014—2020 年）》，其中就规划“将知识产权内容纳入学校教育课程体系，建立若干知识产权宣传教育示范学校”。2015 年，国家知识产权局、教育部共同发布《关于开展全国中小学知识产权教育试点示范工作》，目的在于推动知识产权教育工作的规范化、制度化，具体教育目标在于“让青少年从小形成尊重知识、崇尚创新、保护知识产权的意识”并通过知识产权教育“教育一个学生，影响一个家庭，带动整个社会”的局面，增强全社会的知识产权意识，营造“大众创业、万众创新”的良好社会氛围。第二个阶段是以知法守法为教育目标。国家知识产权局于 2016 年印发了《全国知识产权法治宣传教育第七个五年规划（2016—2020 年）》提出要加大对青少年的知识产权普法宣传和法治教育，推动将知识产权纳入中小学教育体系。第三个阶段是 2021 年之后，这一阶段首次提出了要提高青少年运用知识产权的能力。2021 年《全国知识产权法治宣传教育第八个五年实施方案（2021—2025 年）》，则进一步提出在

① 邵培樟. 青少年知识产权教育刍论：以《国家中长期教育改革和发展规划纲要》与《国家知识产权战略纲要》为视角 [J]. 中国法学教育研究，2013(2):133-142,193.

提升大中小学生知识产权法治素养的同时，进一步要求提高青少年对知识产权相关法律的理解和运用能力。

尽管国家顶层设计过程中对知识产权教育的目标进行了明确定位，但在具体的教育实践过程中，对具体目标的分解需要地方或不同阶段的教育主体自主完成。中小学在教育目标设计过程中，往往存在知识产权教育目标与传统的科技创新教育目标之间混同，知识产权教育目标与传统德育目标之间的关系难以厘清，导致培养方案对知识产权教育目标的支撑不足。首先，相较于中小学阶段传统创新教育的创新兴趣养成目标，知识产权教育的目标在于提高学生对知识产权的保护意识，认识到知识产权的价值，进而提高其对创新的热情，前者关注具体的创新能力，后者更加关注创新的动力，但在实践中部分中小学甚至大学阶段的知识产权教育存在“激进创新”的功利化倾向，[①]把相应的专利、版权证书等手段作为教育的目标。其次，与传统的德育目标相比，知识产权教育目标更加具体，聚焦于学生尊重创新、崇尚创新的权利意识，实践中受限于顶层设计的具体方案缺失和师资因素，知识产权教育目标被淹没在宽泛的德育或者法治教育目标体系之中。再次，在中小学阶段达成的创新动力和创新意识基础上，大学阶段的知识产权教育目标应更加关注实践技能的养成，将培养学生规范的创新方法，提升知识产权创新实践能力作为主要目标，在实践中由于缺乏体系化设计，在具体执行过程中对教育目标的响应不够，缺乏针对性和层次性。

（二）知识结构的层次性和连贯性较弱

知识产权国民教育应当包括大中小三个学段层次，不同阶段的教育目标差异要求教学内容有所区分。从教育内容方面看，与传统的德育和智育课程相比，中小学知识产权教育内容体系化程度较低，大中小学不同阶段的知识产权教学内容交叉、重复、断层等问题并存。现有的知识产权教育的读本，较早的成果包括佛山市南海区于2004年编制的《知识产权教育读本》（初级、中级、高级），到2008年前后，适于中小学生的知识产权教育读本已超过十个版本，时至今日，相关读本素材已经初具规模。但这些读本内容安排上并未能充分考虑到中小学阶段学生的思维特点，过分关注对知识产权制度本身的描述，折射出相关读本对学生知识产权保护意识和创新思维训练上的不足。从教育过程看，知识产权教育尚未科学、有机融合到学生心智发展、素质养成的全过程，大中小学各学段的衔接机制缺失。知识产权教育并无统一的课程标准，在中小学教育实践中亦未与升学考试直接挂钩，课程能力输出没有具体指标，大中小学各阶段的知识内容并未进行有效衔接，即使同属一个教育阶段，不同学校在主要内容上也可能存在较大差异，导致不同学生参与知识产权教

① 刘华.探索知识产权基础教育的中国经验[J].中国发明与专利，2018,15(9):17-20.

育的起点和终点均无法同步。教学内容的差异化导致的结果是进入下一阶段学习后师生之间、学生之间均难以进行有效的知识互动，加剧知识产权教育过程的无序化。

（三）教育模式与教育资源适应性差异

现有知识产权教学形式主要存在融合式、分离式和宣传式三类，融合式主要方式是通过将知识产权内容纳入既有课程体系中，通过内容植入的方式实现知识产权教育，这种方式在中小阶段较为常见，往往与德育、思想品德或者劳动类课程相结合；分离式主要是通过开设知识产权课程，对知识产权相关的法律、管理知识进行专门授课，该模式在大学阶段尤为常见；宣传式则主要结合相关实践活动以知识产权为主题进行普法性宣传或者校园公共文化氛围营造相关措施为手段展开。尽管从特定知识和技能获得的效果来看，分离式应当成为大中小学的首选模式，但受限于教育对象本身的知识层次和教学团队资源的供给，大部分中小学无法适用分离式的教育模式，进而导致知识产权教育的知识目标和能力目标均难以实现。一方面，中小学知识产权教育所需教材、案例资源有限，现有成果多以大中专院校对知识产权人才培养需求为导向，未能结合中小学生应试教育特点展开；另一方面，在师资方面，往往是由学校传统的文化课程教师进行短期进修后兼任，难以满足知识产权教学需求，这种师资的不足同时会加剧知识产权教育区域资源的失衡，引发对教育公平问题的焦虑。受益于知识产权专业教育的发展，大学阶段的知识产权教育已经较为成熟，截至2020年，我国已有93所高校开设知识产权本科专业，12所高校招收知识产权第二学士学位，开展硕士、博士阶段培养的高校亦初具规模，知识产权专业教育的发展对大学理工科学生开展知识产权通识教育提供了良好的支撑。即使部分高校未开展知识产权专业教育，但基于区内同类院校之间的教育资源流动，亦能够享受到相应的知识产权教育资源。

三、他山之石：国外知识产权教育经验借鉴

在知识产权教育模式方面，美国和芬兰的体验式教育颇具特色。1985年，美国发布《普及科学——2061计划》，提出到20世纪90年代把知识产权教育融为国民教育体系，自1985年实施的“EXCEL-LENT工程”为教师提供最大限度激发儿童创造性与发明天赋的教育手段与教育方式，建立“著名发明者殿堂”发明基地，积极开展各种活动，目的是唤起6～11岁儿童原创性知识产权意识。芬兰则主要通过项目体验方式开展青少年知识产权教育，70%的芬兰六年级学生都要参加“Me & My City Project”这一项目，学生通过模拟作为一个城市建设参与者在知识产权系统上的模拟城市完成相关体验学习了解必要的知识产权知识，通过体验，使得

学生认识到无形资产从一个小的创意、到发明、商标等蕴含的巨大价值，并以此提高学生对知识产权的认可度。①

在教育资源组织方面，英国作为最早建立知识产权制度的国家，注重知识产权的全员教育，虽然没有在中小学阶段开设专门的知识产权基础课程，但是在教育资源方面构建了多层次的知识产权教育资源体系，以英国知识产权局开设cracking idea网站为例，将教学资源按年龄分为5～7岁、7～11岁、11～14岁、14～16岁、16岁以上，不同年段的教学内容在动画图像、案例安排等方面均体现出差异性，便于学生理解。②

日本中小学知识产权教育发展以政府主导推进为主要特征，其在知识产权教育基础设施建设方面较为重视。2002年日本通过《知识产权战略大纲》提出要提供有关启蒙知识产权意识、阐述创造之重要性的教材和课外读物等来促进初、中等教育中有关知识产权的教育。日本政府也很早就关注到不同学段的知识产权教育资源于教育内容的差异性，每年分别针对小学、初中、高中免费提供差异化的知识产权教育课本和教材，保障各阶段知识产权教育目标有序衔接。此外，自2003年开始，日本版权局陆续开展"版权教育试点学校"认定，重点投入研究和开发版权教育的具体方法。

四、发展构想：统筹推进大中小学知识产权教育一体化路径

基于当前大中小学知识产权教育一体化建设的现实挑战，可以知识产权教育目标协同为引领，以教育资源共享、教育过程互动、教育内容衔接为支撑，从组织机制、协同机制和评价机制等方面统筹推进大中小学知识产权教育一体化，如图1所示：

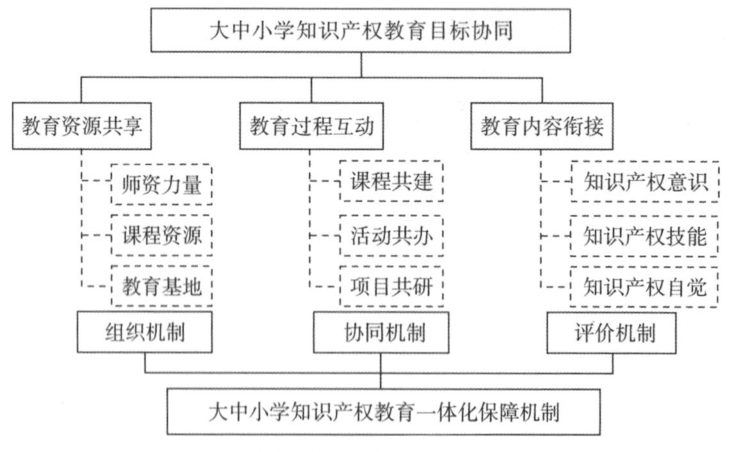

图1 大中小学知识产权教育一体化路径

① 刘华.探索知识产权基础教育的中国经验[J].中国发明与专利,2018,15(9):17-20.

② 蒋莉.英国知识产权教育的经验以及对中国的启示[J].教育教学论坛,2018(15):43-44.

（一）教育目标协同化

大中小学阶段学生思维方式和认知能力差异较大，这是确定教育目标的基础，在国家对知识产权教育的总体目标框架内，应认识到小学生尚处于对新事物的认知阶段，要求其进行高标准自主创新或有揠苗助长之虞。首先，该阶段应主要以对学生形成对知识产权创新的热情为主要目标，这种热情的形成是源于其对知识产权的价值认同，通俗而言即学生认为知识产权是有用的；其次，小学阶段还应通过知识产权教育让学生崇尚创新，即意识到作出创新是一件高尚的事情。前述两个目标实质上是解决学生的知识产权保护和创新的动力问题，为中学阶段的意识和基础能力培育奠定基础。进入中学阶段后，学生已经具备基本的科学素养，开始系统地学习科学知识，应进一步聚焦学生的知识产权保护的意识和创新的基础能力。大学阶段，理工科专业学生应当进一步通过知识产权教育形成规范创新意识和跨学科创新能力，能够自觉地运用知识产权保护创新成果。

（二）教育内容层次化

目标导向的教育理念要求教育内容为教育目标服务，应当建立分级分类知识产权教育内容体系。基于小学阶段的教育目标，应当减少晦涩的法律文本内容，可结合典型的科学家发明案例，以图文并茂的方式传达创新光荣、知识产权有用的信号，埋下知识产权创新的种子。中学阶段知识产权教育内容的核心则应包括专利、商标、版权等知识产权客体的法律要件，能够引导学生形成以解决生活实践中的具体技术问题为导向进行创新，能够从新颖性、创造性、科学和艺术美学的视角对创新成果进行评价，同时应关注利用知识产权思维拓宽视野，帮助学生突破传统的文理思维障碍，保持对创新的热情，逐步养成自主创新的意识。大学阶段，重点通过知识产权知识教育培养跨学科创新能力的培养，在通识教育过程中，可以结合知识产权信息检索、专利事务相关课程内容，使学生能够利用知识产权信息情报提高研发效率，为高效规范的研发创新提供支持。

为保障知识产权教育一体化的实现，在教育内容的评价上，应当确立统一规范化的评价标准，从对教育目标的支撑程度、对各阶段知识产权的懂法、守法、用法教育需求的相应程度建立系统科学的评价指标体系，推动通过大中小学知识产权教育一体化实现青少年从知识产权知识获取到知识产权行为自觉的养成。

（三）教育资源共享化

围绕大中小学教学内容组织教育资源的核心在于师资配置，师资是教学素材的主导者，亦是教学实施者。大学阶段的知识产权教育师资优势明显，但中小学阶段，尤其是非核心城市地区的中小学师资明显不足。在自有师资之外，一方面可通过区域联动的方式，与所在区域毗邻的高校建立互助机制，通过相关高校的专业师资、知识产权专业学生送法进校园等方式实现补短；另一方面可充分挖掘知识产权行业资源，聘请行业专家作为兼职教师承担教学工作。此外，随着教育信息技术的普及，知识产权教育数字资源已经颇具规模，国家知识产权局远程教育平台为大中小学知识产权教育资源提供了良好的补充。

知识产权教育资源共享解决的是区域资源失衡和各学段资源失衡的问题，与此同时，在共享基础上应当坚持大中小学知识产权教育互动，实现教育过程的动态衔接。应当通过对大中小学师资的共享，课程和教育基地共建等方式建立良好互动机制，在此基础上探索知识产权教育相关项目协同研究，共同组织相关专业研讨活动，减少不同学段师资之间的知识瓶颈。

（四）教育模式创新化

随着新技术新业态的发展，教育环境已经发生变化，传统的课堂教育模式在解决基本的知识需求过程中，在解决学生对实践技能和深层次的知识产权行为自觉养成需求方面已难以为支。根据大中小学不同阶段的知识产权教育目标，将知识产权知识和技能分层分类植入相应的体验项目，能够切实提升知识产权教育效果，体验式、渗透式知识产权教育模式的创新实践应成为提升知识产权教育一体化效果的重要手段。

青少年法治教育的守正创新

罗贵斌*

内容提要 我国青少年法治教育的目标经历了单一的知法守法到制度认同和法治自觉的发展过程，传统的青少年法治教育面临教育模式滞后、教育内容和服务体系支撑不足等障碍。新时代的青少年法治教育应恪守正道，以习近平法治思想为指导，确保青少年法治教育的方向和内容正确，同时应创新教育结构，践行“三全育人”，促成更加高效的青少年法治教育实施和价值认同，坚持守正创新，协同推动青少年对中国法律制度保持自信和法治实践自觉。

关键词 青少年；法治教育；守正创新

一、守正创新对青少年法治教育的指导意义

党的十八大以来，习近平总书记深刻把握新的时代特征，提出在治国理政中坚持“守正创新”的明确要求。作为推动全民守法实现依法治国的关键环节，在青少年法治教育中坚持守正创新是习近平总书记教育思想的应有之义，亦是青少年法治教育对马克思主义认识论的实践回应，守正创新对青少年法治教育意义重大。

首先，守正确保青少年法治教育的方向正确。习近平总书记指出：“要坚守正道、追求真理，立足我国国情，放眼观察世界，不妄自菲薄，不人云亦云。”青少年法治教育的守正既要求坚持党的全面领导，回答为谁培养人的问题，又要求立足于新时代国内国外实际，明确培养什么样的人，这两个要求的实质就是指明青少年法治教育应当坚持中国共产党的全面领导，将培养爱国守法的社会主义建设者和接班人作为教育输出的具体要求。其次，创新促成青少年法治教育更加高效的教育实施和价值认同。创新是引领当今社会发展的第一动力，具体到青少年法治教育，回应的是怎样培养人的问题。青少年法治教育的创新要求把握时代脉搏，创新教育手段和教育模式，提高教育实效，以更加有效的方式实现法治教育内容的认知，进而引导青少年对中国法治的价值认同和制度自信。再次，青少年法治教育并非专业教育，教育对象的普遍性和长期性是其重要特征，守正确保在长期教育过程中的方向

正确，创新支持在不同阶段的教育目标更加容易达成，守正与创新协同推动青少年法律素养和法治精神的养成。

二、新时代青少年法治教育发展的机遇与挑战

（一）青少年法治教育的内涵延伸

法治教育的内涵受到特定时期的社会法治化水平和教育实践影响，我国青少年法治教育主要经历了三个阶段。第一个阶段是以法律知识普及为主的法制教育阶段，该阶段主要目的在于全民懂法，法制副校长制度就是在这个阶段确立的。第二个阶段的特点是法治教育与德智体美劳等传统教育并重，把学生的法律素养作为一项重要的人才评价因素，教育目标更加明确具体。第三个阶段是十八届四中全会以来的青少年法治教育，该阶段总体上包括两个阶段，其一是以 2014 年 10 月《中共中央关于全面推进依法治国若干重大问题的决定》发布为标志，到 2016 年《青少年法治教育大纲》的出台，明确提出了“将法治教育纳入国民教育体系，从青少年抓起，在中小学设立法治知识课程”的要求，此时的青少年法治教育的目的不再局限于知法，已经形成从知法、守法延伸到价值认同、制度认同；其二是随着国内外发展环境的变化和疫情危机的影响，青少年法治教育被赋予新的内涵。一方面既要在前一阶段的制度认同基础上，进一步培养青少年的制度自信，另一方面又要以法治教育为核心引导青少年养成法治的实践思维，实现由外而内的自信与自觉。

（二）青少年法治教育体系面临结构性障碍

青少年法治教育体系的发展受国家发展的外部环境和法治化水平、教育环境和教育技术等诸多因素影响，随着我国全面依法治国的推进和新一代信息技术的快速发展，青少年法治教育的结构体系、内容体系和服务体系面临诸多机遇与挑战，传统的青少年法治教育体系已难以适应新时代要求。

1. 传统青少年法治教育模式下的教育效果欠佳

从青少年法治教育的结构体系看，涉及小学、中学乃至大学各个阶段。作为国民教育的重要内容，其目的并非培养专业法律人才，而是提升全民法律素养，具有诸多柔性教育的属性。传统的青少年法治教育方式主要包括课堂教学和课外法制宣传两类，前者是在思想道德修养和法律基础相关课程中，将德育与法治教育内容融合，作为专门的课程进行授课教育，这种方式对增强青少年对法律知识的理解有一定的优势，更容易促成知法懂法目的的实现，但对于法律意识的养成，其效果有限；后者作为普法宣传性质，教育的效果难以评估，教育过程亦不可控，这种教育模式的可持续性较弱。

2. 当前青少年法治教育的内容对新时代法治自信目标的支撑不足

纵观青少年法治教育的内容，我国已从零散的法制知识教育阶段完成向分阶段的法治教育内容体系阶段转变。以义务教育阶段为例，小学低年级主要接受对国家基本法律关系、标志的知识普及；小学高年级则需要提高对相关实体法律规则的认知，进入法律意识培养阶段；中学则需要强化对法律的理解，从感性认知到理性认同，涉及的教育内容更加全面、深刻。但随着国家法律制度的不断完善，法治化水平的提升，教育的内涵已经发生变化，相关内容也在不断更新，传统的本本内容已无法满足新时代青少年法治教育的需求。一方面在具体的制度内容上需要修正，另一方面围绕新时代制度自信的法治教育目标，需要适当介绍域外法律制度，形成对比优势，培养青少年的法治自信。

3. 教育资源失衡、新技术冲击等导致青少年法治教育服务体系问题凸显

青少年法治教育服务体系作为有序高效开展青少年法治教育、充分实现各阶段教育目标的重要保障，关系到教育实现的问题。教育服务体系涉及师资、技术、经费等，是青少年法治教育实施的基础。在具体实践过程中，服务体系建设往往对教育的结果起着决定性作用。近年来，我国青少年法治教育服务体系持续发展，但仍然存在诸多不足。一方面，师资水平影响教育质量，青少年法治教育实践的常态是由德育课程教师兼任，同时每个学校整体配备一名法制副校长，共同构成课内师资队伍，但对于部分欠发达地区而言，师资并不充分，法治教育教师是由智育、德育、体育、劳动等老师一并兼任，显然无法满足当前法治教育的需要；另一方面，教育技术决定教育载体和教育手段，随着信息化技术与教育的融合，教育手段越来越多元化，在传统的纸质教材之外，慕课、电子书等网络资源极大地丰富了青少年法治教育的知识载体和教育的途径，对解决区域资源失衡的问题起到了良好的效果，但也因此产生了教育内容甄别和选择障碍，相关内容质量参差不齐，甚至错误的信息容易侵蚀青少年的意识等问题。此外，青少年法治教育的普遍性和非专业性对经费的需求弹性较大，由于教育实效评价机制的灵活性和抽象性使得青少年法制教育的经费需求往往更加容易被弱化，导致对青少年法治教育的投入不足。

三、坚持守正与创新辩证统一建设法治教育共同体

在青少年法治教育中坚持守正与创新辩证统一，体现了马克思主义唯物论和辩证法对法治教育的根本要求。守正是创新的前提，青少年法治教育的守正就是要恪守正道，深刻理解中国特色社会主义制度的自信和法治自觉的目标内涵，坚持以习近平法治思想为指导；创新是守正的目的和路径，是发展的质变形式，青少年法治教育的创新就是要把握青少年发展的务实、开放和网络化生存的特点，充分挖掘、

整合新时代快速发展的信息技术、制度内容等法治教育要素资源，实现教育体系的提质增效。

（一）恪守正道，坚持以习近平法治思想为指导

习近平法治思想是全面依法治国的根本遵循和行动指南，以习近平法治思想为指导是青少年法治教育内涵，是应有之义，在青少年法治教育实践中融入习近平法治思想是尊重时代发展规律的必然选择。习近平法治思想是马克思主义中国化的成果，为中国青少年法治教育追求的法治精神之内涵作出了具体的界定，且极大地丰富了法治教育的理念内容；坚持习近平法治思想的指导地位是确保青少年法治教育方向正确的根本保障，能够确保青少年法治教育各个阶段的目标统一，对在青少年法治教育中弘扬中国特色社会主义法治精神，坚定青少年法治信念并形成对中国法治的自信和自觉提供长期指引。

（二）实事求是，聚焦时代特征和中国特色

青少年法治教育应根植于中国大地，从后疫情时代的青少年发展特点的这个关键实际情况出发，固守全民守法用法的法治教育初心，培养青少年对中国特色社会主义的道路自信、制度自信和法律自觉。一方面，当前国际政治经济格局快速变化，未来很长一段时间内中国将面临来自美国等传统发达国家的竞争挑战，青少年是祖国的未来，应在认识到当代青少年思想开放务实特征的前提下，选择性介绍国外法律制度，在青少年法治教育中通过内外比较充分展示中国法治的特色和优势，增强制度自信；另一方面，在疫情危机之下，中国制度优势和依法治国成果凸显，运用制度威力应对疫情风险和域外挑战的成效明显，全民抗疫防疫过程是对全民守法的局面基本实现的实践写照，应充分挖掘中国共产党领导下的抗疫防疫成果背后的制度优势和特色，为新时代青少年法治教育提供良好的中国样本。

（三）“三全育人”，创新青少年法治教育结构体系

教育体系是教育实施的载体，青少年法治教育的创新集中反映在教育体系的持续发展并逐步实现质的提升上。2017 年 2 月 27 日，中共中央、国务院印发的《关于加强和改进新形势下高校思想政治工作的意见》明确提出坚持全员全过程全方位的“三全育人”体系，尽管是针对高校思政工作提出的，但对于青少年法治教育而言，“三全育人”亦具有良好的实践价值。新时代的青少年知识信息来源广泛，网络化生存和实践化发展特征明显。一方面，青少年法治教育要围绕新发展阶段培养青少年法治信仰、对中国制度的自信和法治自觉之教育目标，将法治教育元素融入德智体美劳等各类课程中；另一方面，应利用现代信息技术优势把法治教育植入青少年成长的学校、家庭和社会各个环节中，贯穿教育教学全过程，增加青少年接受

法治教育知识的机会，培育青少年进行法治实践的土壤，引导青少年形成法治自觉，实现法治教育的终极目标。

（四）强化保障，创新青少年法治教育服务体系

教育服务体系涉及师资配置、技术支撑、经费投入等要素。首先，应当从青少年法治教育基础设施投入、师资人才激励等方面完善保障机制，提高青少年法治教育的服务支撑能力。其次，在欠发达地区的青少年法治教育服务保障方面，应当充分发挥信息技术和互联网的便利、共享优势，推动青少年法治教育网络课堂的普及，弥补师资的短板，实现知识信息资源的高效共享，减少信息和知识鸿沟。再次，应当强化对青少年法治教育内容的研究支持，建立校内青少年法治教育效果评价标准体系，提高青少年法治教育师资教育教学效果，保障青少年法治教育目标的实现。

交叉询问实践教学模块的设计和应用

钟明曦　陈茂华*

内容提要　交叉询问实践教学模块的设计遵循了习近平法治思想关于强化法学实践教学的具体要求。随着"以审判为中心"、"庭审实质化"等刑事司法改革的推进，交叉询问制度已开始受到极大的关注，法律实务工作者在实践中不断探索交叉询问的方法和技巧，以提高法庭上对证人证言的质证能力，法律教学也应当对"交叉询问"予以关切，以回应司法改革的要求和司法实践的需求。交叉询问模拟实训教学的基础条件包括探讨该制度理论问题并确定实践教学适用的交叉询问具体规则、构建"双师型"教学团队等；以"能力培养"为导向，可以将实训教学环节设计为"实训导课、实训准备、交叉询问模拟、评价和总结"四个部分。本教学项目既有理论指引也有实务训练，是一个自成体系的专题，具有与理论教学同步性、与不同课程的兼容性及教学目标的拓展性等特点。

关键词　习近平法治思想；交叉询问；实践教学

霍姆斯言："法律的生命不在于逻辑而在于经验"，经验是实践的产物，因此实践性是法律存在的重要特征。法律的实践性特征在习近平法治思想中有着深刻的体现，这一思想也贯穿于他对法学教育的思考。习近平法治思想的一个突出特点是将"法学教育或法治教育这一远离国家权力中心的事项"纳入其思想体系，[①] 而且将"法治人才培养"置于决定"全面依法治国"成败的决定性地位。[②] 十八届四

---

* 钟明曦，法律硕士，福建警察学院法律系教授。陈茂华，法学硕士，福建警察学院法律系副教授。基金项目：2021年度福建省社科基金公安理论研究专项课题"习近平法治思想引领公安法学教育的理论与实践研究"（项目编号：FJ2021TWGA001）；2018年度福建省本科高校教育教学改革项目"交叉询问模拟实训教学改革模块研究"（项目编号：FBJG20180074）。

① 徐祥民，王斐. 习近平"目标法治论"中的法治人才培养理论研究 [J]. 河南财政政法大学学报，2021(6):14.

② 习近平总书记在考察中国政法大学时的讲话谈道："建设法治国家、法治政府、法治社会，实现科学立法、严格执法、公正司法、全民守法，都离不开一支高素质的法治工作队伍。法治人才培养上不去，法治领域不能人才辈出，全面依法治理就不可能做好。"

中全会通过的《中共中央关于全面推进依法治国若干重大问题的决定》(以下简称《全面依法治国决定》)的相关内容、2017年5月3日习近平考察中国政治大学时的讲话，以及教育部、中央政法委《关于实施卓越法治人才教育培养计划2.0的意见》(以下简称《卓越计划2.0》)等论述系统表达了习近平关于法学教育的主要精神。关于法学实践教学，习近平总书记强调："法学学科是实践性很强的学科，法学教育要处理好知识教学和实践教学的关系，学生不仅要有良好的法学素养，同时也要强化法学实践教学。"[①]《卓越计划2.0》则提出"要着力强化实践教学，进一步提高法学专业实践教学学分比例，支持学生参与法律援助、自主创业等活动，积极探索实践教学的方式方法，切实提高实践教学的质量和效果。"[②]

作为以培养应用型法律职业人才为目标的高等学校，为贯彻习近平法治思想以及教育部关于法学教育的有关规定，我们在课程设置上十分重视实践教学的开展，近年实践教学学分占总学分比例已上升到25.46%。除了专业实习、见习、模拟法庭实训等传统实训课程外，我们尽力推行专业课程课内实训，使实训教学与理论教学同步化、常态化，以发挥实践教学的实效。因此，如何设计课内实训项目成为教学改革和研究的重点。在教学改革中，我院刑事诉讼法教学团队研究并设计的"交叉询问"实践教学模块既反映了当前司法改革的新情况、新问题，又提升了教学对象的法律思考以及法律技术性习得，是一次较为成功的课内实训设计。

一、交叉询问实践教学的缘起

近年来，刑事司法改革大刀阔斧，由点及面，已进入深水区，在庭审制度方面的改革尤为深入。为贯彻《全面依法治国决定》的要求，最高人民法院、最高人民检察院、公安部、国家安全部、司法部于2016年10月发布《关于推进以审判为中心的刑事诉讼制度改革的意见》。与此相适应，近几年，我国刑事辩护制度也取得长足发展，出台了多项改革措施，2017年10月，最高人民法院、司法部联合发布了《关于开展刑事案件律师辩护全覆盖试点工作的办法》。同时，2016年监察体制开始试点改革，2018年《监察法》通过，公诉职能逐渐成为人民检察院最重要的诉讼职能，检察院的工作重心已转入法庭指控活动。2017年11月，最高人民法院出台了《人民法院办理刑事案件庭前会议规程(试行)》《人民法院办理刑事案件排除非法证据规程(试行)》《人民法院办理刑事案件第一审普通程序法庭调查规程(试

① 习近平. 立德树人德法兼修抓好法治人才培养 励志勤学刻苦磨炼促进青年成长进步[N]. 人民日报，2017-05-04(1).

② 教育部，中央政法委. 关于坚持德法兼修实施卓越法治人才教育培养计划2.0的意见[EB/OL].(2018-10-17)[2022-01-29]. http://www.moe.gov.cn/srcsite/A08/moe_739/s6550/201810/t20181017_351892.html.

行)》(以下简称《法庭调查规程》)等三项规程、2021年《最高人民法院关于适用〈中华人民共和国刑事诉讼法〉若干问题的解释》(以下简称《最高院司法解释》)的出台,进一步为庭审实质化提供了制度保障。

上述改革背景及具体措施使"交叉询问"这一舶来品受到理论和实务界的关注。推进"庭审实质化"最重要的就是推进质证实质化。质证实质化将使证人出庭作证成为常态,而如何审查判断出庭的证人证言以发现案件真实,成为刑事诉讼面临的重要问题。源于美国的"交叉询问制度"被认为是"发现事实真相的最有效的法律装置",理论界认为可以吸收美国的交叉询问规则并进行中国化改造,实务界尤其是律师界则对其抱有更大的热情,开展了大规模的讲座和培训。最高人民法院颁发《法庭调查规程》后,学者认为其中吸收了美国许多较为成熟的交叉询问规则,并适应我国刑事司法理念及实践进行了必要的改造,可以认为我国已经建立了有自身特色的"交叉询问制度"。

交叉询问制度日益突显其重要意义,但是交叉询问具有很高的诉讼技巧,是一项复杂的、充满变数和挑战性的工作,极体现诉讼能力,从事刑事辩护的律师已经意识到它的重要性,"交叉询问"的业务培训正方兴未艾;从事公诉职能的检察官也在加强控诉技能的提升,以应对不断加强对抗的刑事审判;法官也在推进庭审质证的实质化改革,以真正实现"审判中心主义"。因此,与庭审相关的控辩审三方都应当接受关于交叉询问规则和技巧的培训,使证人出庭作证不再流于形式,而真正发挥查明案件事实的作用。法学院校作为未来司法人员的摇篮,应及时应对司法实践的此种变化,建立"交叉询问"相关课程,让学生在本科学习期间接受"交叉询问"的培训,通过实训教学让学生掌握交叉询问的理论、规则和技巧,提升其专业能力和专业素养。正是在这样的司法背景下,我们在《刑事案例分析》课程中进行了交叉询问实训教学的设计和实施,并且在习近平法治思想的指引下,对其进行了总结、修正和提升。

二、开展交叉询问实践教学的基础条件

(一)理论准备——明确实践教学中适用的交叉询问基本规则

在我国,无论在理论上还是实务中对"交叉询问制度"的争议都比较大。在理论上,有观点认为我国传统遵循的是大陆法系职权主义的诉讼模式,不需要建立像美国那样详尽的交叉询问规则;反对观点则认为美国的交叉询问制度是"为发现真情,人类迄今为止发明的最伟大的法律发动机"[①],抗辩式诉讼必然需要详尽的交叉

① 陈卫东. 论刑事证据法的基本原则 [J]. 中外法学, 2004(4):437.

询问规则，随着刑事司法改革的推进，我国应当借鉴美国的交叉询问规则，要“秉持拿来主义的精神，为我国证据立法的丰富和完善作出努力”[①]。对于我国应建立什么样的交叉询问规则，相关立法略有反复，例如2017年通过《法庭调查规程》第19条，证人出庭后，先由对本诉讼主张有利的控辩一方发问，但2020年通过的《最高院司法解释》第259条则规定，由申请通知证人出庭的一方先发问；在司法实务中，如何对待法庭质证（交叉询问）中出现的问题，法官做法不一，例如，根据《最高院司法解释》第261条第2项的规定，向证人发问不得以诱导的方式进行。但在实践中经常出现诱导式发问，法官有的时候禁止诱导发问，有的时候即使对方提出异议也不予理会。在开展交叉询问实践教学前，必须对上述理论上的争议及实务中的混乱和困惑予以梳理并明确交叉询问的具体规则。

习近平在视察中国政法大学时指出："要以我为主、兼收并蓄、突出特色"，"对世界上的优秀法治文明成果，要积极吸收借鉴，也要加以甄别，有选择地吸收和转化，不能囫囵吞枣、照搬照抄"。在此思想的指导下，课题组经研讨形成如下共识，第一，我国自1996年以来历经三次刑事诉讼法修改，已大量吸收了当事人主义诉讼模式的做法，我国刑事诉讼已经从强职权主义的诉讼模式中走出来，逐步建立起混合式诉讼模式。大陆法系完全由法官主导的法庭质证规则已经不再适应我国的诉讼模式，以审判为中心的刑事司法改革应当建立完善的法庭质证交叉询问规则，作为人证的法庭审查方式。交叉询问在我国的法律语境下即"讯问被告人""询问证人、被害人、鉴定人、侦查人员等"。第二，应当建立和完善符合我国国情的交叉询问规则。首先，不能脱离我国刑事司法传统和实践，完全吸收美国的交叉询问规则。美国的交叉询问规则适应的是英美法系当事人主义的诉讼模式，其法官是消极被动的，其交叉询问规则细致繁复，甚至使庭审成为诉辩双方的竞技场，而我国的刑事诉讼立法及司法实践要求法官仍然有发现真实的义务，应当更多地发挥法官的积极能动性；日本的交叉询问规则是职权主义和当事人主义诉讼模式的融合物，值得研究和借鉴。第三，我国现行法庭质证（交叉询问）立法中一些跟司法实践不相符合的内容，应予扬弃，例如，《最高院司法解释》明确规定不得进行诱导式提问，但是大量的法庭质证实践表明诱导式发问在交叉询问中是无法避免的，因此诱导式发问的使用规则应予明确，可以借鉴域外，包括美国、日本交叉询问制度中关于诱导式询问的相关规定。第四，模拟实践教学不是真实的法庭，面对法律发展的趋势，可先期作实验性教学，源于立法而又高于立法，采取更科学、完善的交叉询问规则，使学生既能掌握现行质证规则，又从比较法的角度对不同法系的交叉询问制度有所认知。

① 易延友. 证据法学：原则 规则 案例 [M]. 北京：法律出版社，2017:71.

根据我国司法改革的要求，结合我国法庭质证（交叉询问）的现行立法以及司法实践的具体情况，我们梳理并明确了实践教学中适用的交叉询问流程和规则如下：首先，交叉询问的流程基本遵循《最高院司法解释》第259条的规定，采取如下次序：（1）证人出庭后，一般先向法庭陈述证言，法官应当予以适时提醒，防止证人进行长篇论述时，进行不相关的陈述或者提出不符合证据规则的陈述。（2）其后，经审判长许可，由申请通知证人出庭的一方发问（主询问），发问完毕后，对方可以发问（反询问）。法庭认为适当时，经征询公诉人及被告人或辩护人的意见后，可以变更发问的顺序；发问完毕后，可以归纳本方对证人证言的意见。（3）接着由申请方再发问（再主询问），申请方发问可以根据证人陈述的情况做补充性提问；然后再由对方发问（再反询问）。（4）最后由法官发问。（5）法庭依职权通知证人出庭的，发问顺序由审判长根据案件情况确定。其次，在交叉询问规则上，明确适用如下基本规则：主询问时，除特殊情形外，一般不得采取诱导式发问，反询问时可以进行诱导式发问；禁止重复发问，禁止复合式发问，禁止以恐吓、侮辱、利诱、欺诈或其他不正当的方法发问等。

（二）师资条件——“双师型”实践教学团队

“交叉询问”是法庭调查中对各类出庭人证的质证，成功的交叉询问不仅需要较为全面的法学专业知识，也要掌握交叉询问的技巧，具备实战经验，因此教学团队需要由专职教师和法律实务人员共同组成。“刑事案例分析”这门课程由4个老师共同授课，其中教授1人，副教授2人，讲师1人，有时采取“双师课堂”的模式，针对实务典型案例从实体和程序不同角度对学生进行指导。所有教师都曾挂职或参加公安基层锻炼或为公职律师，有一定实务工作经验。

此外，我们采取务实的措施落实六部委的“双千计划”和发挥校外实践教学基地的作用，让“双千计划”的教官和实践基地的律师主要参与实践教学环节。在开展“交叉询问”实践教学时，由刑辩律师等实务教官负责为实训提供典型案例，开展若干次具体指导。习近平总书记指出要“打破高校和社会之间的体制壁垒，将实际工作部门的优质实践教学资源引进高校，加强法学教育、法学研究工作者和法治实际工作者之间的交流”；《卓越计划2.0》也提出要“在法学院校探索设立实务教师岗位”。事实上，高校与法律实务部门协同育人方案已实施多年，效果却不尽如人意，在教学设计中需要采取务实有效的措施落实该政策，发挥实务教官的专长，同时采用线上教学等更便捷的授课方式。

（三）教学对象条件——已完成先修课程学习

交叉询问虽然只是法庭调查阶段的一个质证环节，但其涉及刑法、刑事诉讼法、法理学等法学专业知识，是一个知识体系的复杂运用，该实训教学的实施要求教学对象已完成“法理学”“刑法”“刑事诉讼法”等先修课程的学习。我们先行试点的“刑事案例分析”课程安排在第六学期，学生的知识储备较充分，开展交叉询问实训教学效果较好。2019 年我们将其适用于“证据法”课程，“证据法”安排在第二学年，学生此时刚修完“宪法”“法理学”“刑法”等为数不多的专业课程，“刑事诉讼法”正在同步学习，教学的实施面临学生知识储备不足的问题。因此，建议将教学模块置于“证据法”和“刑事诉讼法”课程后期，此时学生已形成必要的知识结构，交叉询问实训教学的开展可以进一步巩固、深化理论教学。

（四）有清晰的实践教学指引——实践教学大纲、实践指导书等文书

教学大纲是对一门课程进行系统化设计的结果，是一门课程的教学实施方案。[①] 每一门课程都应该经过精心设计，形成教学大纲，实训教学的开展也不例外。经集体备课，我们根据课程内容和要求拟定了初步的实践教学方案后，在 2015 级法学 4 个区队中首次开展了“交叉询问”实践教学，在对本轮实践教学方法和教学过程进行总结的基础上，修订了教学大纲并形成了实训指导书，该教学大纲和指导书成为师生开展交叉询问实践教学的共同指引。根据《卓越计划 2.0》关于“实务部门参与教学大纲、教学计划制定”的意见，[②] 我们要求实践教官参与修订、完善实践教学大纲和实践指导书，以贯彻构建“法治人才培养共同体”的新要求。

三、以“能力培养”为导向的教学环节设计

传统的“模拟法庭实践教学”虽然在庭审中也涉及“交叉询问”，但是模拟法庭实践教学涉及面广，更关注定罪量刑等实体问题以及完整的诉讼程序安排，对某个具体的人证的质证一般未予特别关注，所以在交叉询问实践教学中，需要对各环节精心设计。一个完整的实训教学项目应当能够实现提升学生的理论知识水平、培养组织和协作能力、锻炼实践运用能力和法律表达能力的教学目标，以上述“能力培养”为导向，我们将交叉询问实践教学设计为 4 个部分，共 8 个学时。

① 郭文革. 高等教育质量控制的三个环节：教学大纲、教学活动和教学评价 [J]. 中国高教研究，2016(11):60.

② 教育部、中央政法委《关于坚持德法兼修 实施卓越法治人才教育培养计划 2.0 的意见》（教高〔2018〕6 号）：（4）深协同，破除培养机制壁垒。切实发挥政府部门、法院、检察院、律师事务所、企业等在法治人才培养中的作用，健全法学院校和法治实务部门双向交流机制，选聘法治实务部门专家到高校任教，选聘高校法学骨干教师到法治实务部门挂职锻炼。在法学院校探索设立实务教师岗位，吸收法治实务部门专家参与人才培养方案制定、课程体系设计、教材编写、专业教学，不断提升协同育人效果。

（一）实训导课——增加知识储备

实训导课为交叉询问理论教学和实务技巧指导，法学实践必然要以既有的知识与方法为基础，“脱离了法学知识与方法的所谓实践教学就只能是停留在形式上的观摩”①，通过实训导课可以构建学生的交叉询问知识体系。理论教学可以以专题讲授的方式进行，其内容是跨章节的，包括诉讼法和证据法关于法庭审理程序、证人作证制度以及相关证据规则的分析、交叉询问制度比较研究、我国交叉询问规则存在的问题及完善等法学专业知识。交叉询问实务技巧的学习途径有两个，一是实务教官的指导。由律师等实务教官结合个案分析质证的要点等，对鉴定人、被告人、被害人等不同角色的交叉询问做有针对性的辅导。二是充分利用司法信息化资源，通过对网络庭审视频的复盘，学习和掌握交叉询问的技巧和精髓，将实务案例引入课堂有利于“打破校园与法治实务部门间的时空屏障”②，增进学生对实务的感性认识，在一定程度上实现了法学实践教学的“互联网+”。

实训导课还应融合人文精神、职业伦理等课程思政内容。“法学教育要坚持立德树人，不仅要提高学生的法学知识水平，而且要培养学生的思想道德素养。”③交叉询问作为一项复杂的法律职业技能，如果脱离了法律职业伦理，可能会使法庭演变为竞技场，或者成为颠倒黑白、玩弄法律的秀场，最终背离建设社会主义法治国家的目的。《卓越计划2.0》亦强调“厚德育，铸就法治人才之魂”，要将社会主义核心价值观、法律职业伦理教育贯穿于法治人才培养全过程各环节，各门课程既要传授专业知识，又要注重价值引领，传递向上向善的正能量。就本实训项目而言，需要总结交叉询问可能面临的职业伦理问题，并有机融入理论教学和技能培养过程中，例如不得暗示证人做虚假陈述、不得为达目的故意违反相关规则等。

（二）实训准备——锻炼组织协作、资源运用能力

实训准备包括案例选取、角色安排、情节设置、制作询问提纲等，本环节以学生为主导，要求学生必须具备一定的组织能力和团队协作能力。首先是分组，一般是5～8人一组，可以根据案情调整人数，确保每个同学都能分担审判人员、公诉

① 蔡立东，刘晓林. 新时代法学实践教学的性质及其实现方式[J]. 法制与社会发展，2018(5):98.

② 教育部、中央政法委《关于坚持德法兼修 实施卓越法治人才教育培养计划2.0的意见》（教高〔2018〕6号）：（6）拓渠道，发展“互联网+法学教育”。适应教育信息化与法治建设信息化的新形势，推动法学专业教育与现代信息技术的深度融合，打破校园与法治实务部门间的时空屏障，将社会资源引进高校、转化为优质教育教学资源，建立覆盖线上线下、课前课中课后、教学辅学的多维度智慧学习环境。法治实务部门要向法学院校开放数字化法治实务资源，将法庭庭审等实务信息化资源通过直播等方式实时接入法学院校。

③ 教育部、中央政法委《关于坚持德法兼修 实施卓越法治人才教育培养计划2.0的意见》（教高〔2018〕6号）。

人、辩护人、证人、被害人、被告人、鉴定人等不同的角色，由实训小组长统筹安排具体分工。其次是实训案例的选择。案例一定要来源于实务，为了保证交叉询问对象的“亲历性”，要选择真实，有细节，甚至有现场视频的案件，交叉询问的模拟才能“言之有物”。对选取的实训案例，教师需要予以审阅，以免出现无争议证人出庭等不当案例。再次，控辩双方根据具体案情分析争议焦点，准备提问提纲，教师应对个案的提问提纲予以指导和点评，协助选取交叉询问要点。

（三）“交叉询问”模拟——培养实践能力

本实训教学的核心即学生的“分组演练”，这部分要锻炼的是学生的实践能力及临场能力，模拟内容包括庭审法庭调查阶段的讯问被告人、询问证人或被害人、询问鉴定人员以及警察出庭说明情况等。为透彻地分析案件和开展点评，可随机抽取若干小组现场模拟演练，其他组以提交视频的方式完成实训。由于交叉询问的对抗性，要求学生事先确定案件的基本事实，对于缺乏细节的案件，学生可以根据案情发挥想象力，填补事实。基本事实一旦固定下来，一般不予更改。在实训过程中，学生要在基本事实的基础上寻求案件的突破点，并在法庭上运用交叉询问技巧得以实现。

（四）总结和评价——提升表达能力

缜密的逻辑和准确的语言表达是法治人才的重要素养，也是法学专业教学过程中不可或缺的一项内容。课内实训是训练学生逻辑思维和语言表达能力的重要场域。交叉询问实践教学除了在“分组演练”过程中锻炼学生的表达能力外，还在实训演练结束时，要求每组进行实训总结，对其他组予以点评等，学生点评内容涉及对法律知识的运用、交叉询问的技巧和能力的发挥等，自由发言给学生更多理性思考和表达的空间，凸显学生主体地位的总结环节给学生带来的效益远多于教师的长篇评述。

上述以能力为导向的教学设计，使教学过程清晰地分为四个阶段：即实训导课、实训准备、交叉询问模拟以及总结与评析（见图 1）。实训结束后，各小组还需要整理实训材料并装订成册，以视频方式提交的小组要提交交叉询问模拟环节的视频资料，每个参与的学生最后都要提交实训报告，实训报告的撰写围绕实训内容、步骤、心得以及不足之处及改进方法展开。

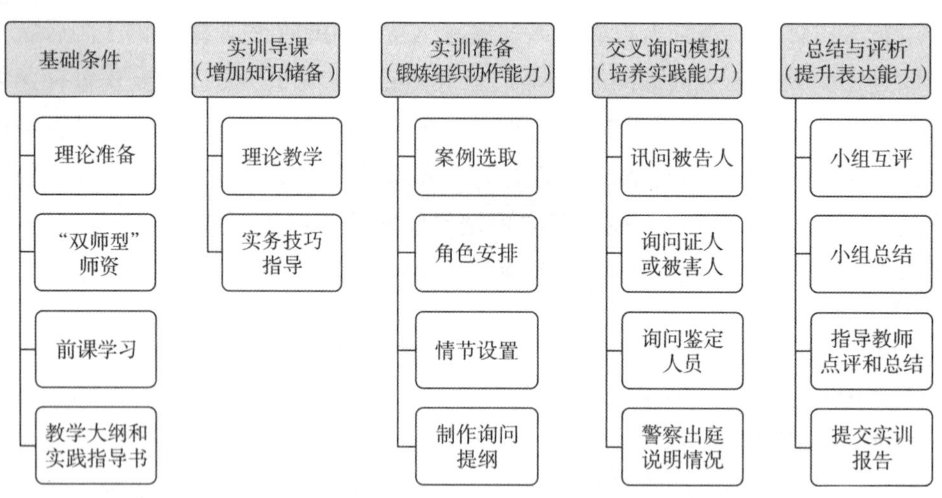

图 1　交叉询问实践教学模块全过程

四、交叉询问实训教学模块的特点

（一）与理论教学的同步性

有学者认为，我国法学教育长期以来重理论、轻实务，实践教学和知识教学是割裂的，没有真正实现二者的良性互补。理论教学与实践教学应当同步进行，知识教学可以帮助学生构建完整的知识理论体系，实践教学着重培养学生的司法实务能力，而决策能力、学习能力、职业群体适应性、公共服务等则需要二者的相互贯通。[①] 我院刑事诉讼法教学团队较早关注到实践教学与理论教学的同步问题，2014年曾立项省级教学改革项目"刑事诉讼同步仿真实训教学模式的构建与应用"，该教学法要求在刑事诉讼法教学过程中，同步开展立案、侦查、审查起诉和审判实践教学活动，对于同步教学法的实施我们积累了较丰富的经验。"交叉询问"是对刑事法律知识的综合运用，可以作为《证据法》《刑事诉讼法》等课程的课内实训项目，让学生在知识学习中感悟、发现实践问题，在实践学习中理解、提升相关知识，形成实践教学与知识教学同步的常态化、规范化的人才培养模式。

（二）与其他课程的兼容性

交叉询问实践教学仅截取法庭调查阶段中"对人证的质证"这个片段进行实训教学模拟，实训模块小，可以在较短时间内完成。在教学设计中，我们强调项目方案的模块化设计，即形成一个既有理论指引，也有实务训练的完整的专题项目。专题化设计的目的是增强该项目对其他课程的兼容性，以求实训项目能够得到更大范

① 于志刚. 法治人才培养中实践教学模式的中国探索："同步实践教学"[J]. 中国政法大学学报，2017(5): 39-44.

围的适用。在前期规划中，交叉询问实践教学面向法学专业《刑事案例分析》课程开设，2018 年《证据法》课程纳入法学专业“10+X”核心课程体系后，我们也将其作为《证据法》的实训教学项目。经过调整，它也可以适用于公安专业《刑事诉讼法》课程，公安专业法律课程课时有限，难以完成综合模拟实训，对交叉询问实践教学目的、教学内容做适当调整后，可以适用于各公安专业，例如侦查专业可以选择“非法证据排除”等警察出庭作证的案例作为教学内容。本教学模块还可以嵌入《民事诉讼法》和《行政诉讼法》教学领域。

（三）教学目标的拓展性

在交叉询问实践教学实施过程中，有的学生对该制度产生浓厚的研究兴趣，相继有两位同学撰写了相关研究论文。这使我们意识到实践教学的另一优势，即实践是法学研究的源泉，在实践中可以发现真问题，激发人的探究欲。因此，深入开展实践教学可以推动研究性、探索式的法学教育，实现创新型法治人才培育的目标。本项目经过调整还可以适用于其他研究性课题的教学培养，例如，刑事诉讼法修改后，专家辅助人的出庭是个新鲜事物，如何发挥专家辅助人在法庭上的质证作用，在司法实践中尚处于摸索阶段，这个值得探讨的问题，可以在实训过程中引导学生进行探讨，提高学生发现、研究和解决问题的能力。[①]

五、结　语

法学研究和法学实践范畴的不断更新是法学教育前行的源泉和动力，创新法治人才培养机制要契合法治实践的新需求。“交叉询问模拟实践教学”正是法学教育对“以审判为中心”的诉讼模式改革的回应。在法学教育模式中，“情境法”教学无疑是具有魅力的教学方法，它通过教学对象“浸入”式的主体参与，在角色扮演中获得知识的“高峰体验”，这种对知识的认知和掌握远超教师单方的课堂讲授，“交叉询问实践教学”符合了教育心理学认知结构上的这种最优的认知策略。当然，该实践教学改革仍在继续发展和完善之中，由于“交叉询问”目前在刑事诉讼理论上尚有争议，在实践中，控辩双方也尚处于摸索阶段，成熟的可借鉴的典型案例不多，在法学院系如何开展交叉询问实训更没有可以借鉴的经验。因此，本教学项目的研发、实施的过程中面临理论的困惑、实践的矛盾，以及交叉询问本身难以模拟等困难。教改项目实施以来，课题组坚持改革精神，师生积极发挥主动性、创造性，不断改进、修正、填补项目细节，多数问题得以圆满解决。现在该项目已经成为一个常规的实践教学项目，拓展了相关课程的教学内容，丰富了法学专业课程实

① 丁翠英，刘铭. 警察出庭作证实训教学单元规划论要 [J]. 辽宁警察学院学报，2016(40):112.

践教学的形式。随着司法改革的推进，我们的教学方法、教学内容还要时刻关注“交叉询问”立法和司法动态，并适时予以调整。我们将守正创新，不断丰富和完善法学实践教学体系，提高法治人才培养质量。

新时代法治人才培养目标下习近平法治思想“1+2+3”教学模式

——以厦门大学嘉庚学院法学专业习近平法治思想教学设计为例

侯莎　姜宇　陈雪琴*

内容提要　新时代法治人才培养目标下习近平法治思想“1+2+3”教学模式，即在新时代法治人才培养目标指引下，将习近平法治思想贯穿于法学专业教学始终的模式，围绕“一点、两端、三阶”展开。“一点”即以学生为中心点，培养新时代法治人才，立足“一点”，法学专业的教学工作应思考和回应“如何让学生系统有效地学习和掌握习近平法治思想”与“如何让学生将习近平法治思想的核心要义、精神实质、丰富内涵、实践要求自觉融入法学专业学习与法治实践全过程与各方面”两大命题展开。“两端”即良性互动下的教师端与学生端，教师端的“因教促学，以学促研，学研助教”的学术“飞轮”、法学院全体教师“共教共研”良好氛围，以及于学生端立足新时代法治人才培养目标下师生共研式教学是塑成师生两端良性互动的重要条件。“三阶”即从习近平法治思想概论课到具体法学专业课，再到法治实践的教学三阶梯，通过第一阶梯的固本奠基，第二阶梯的有机相融，第三阶梯的践行深化形成习近平法治思想完整的教学链条，最终实现习近平法治思想的有效教学。

关键词　习近平法治思想；新时代法治人才；以学生为中心；互动教学；教学三阶梯

一、总体框架：一点、两端、三阶

根据《教育部办公厅关于推进习近平法治思想纳入高校法治理论教学体系的通知》，我院及时认真地修订了《法学专业人才培养方案》，将习近平法治思想贯彻于法学专业人才培养体系中，并于2021—2022学年第一学期开设了“习近平法治思想概论”。其间，在法学院教学指导委员会的指导下，法学院全体教师积极开展教研活动，认真进行教学设计，立足新时代法治人才培养目标，初步探索出符合自身

* 侯莎，法学博士，厦门大学嘉庚学院法学院副院长（主持工作）、副教授。姜宇，法学博士，厦门大学嘉庚学院法学院法学专业主任、副教授。陈雪琴，法学硕士，厦门大学嘉庚学院法学院副教授。

学情与教情的习近平法治思想教学模式，即“新时代法治人才培养目标下习近平法治思想‘1+2+3’教学模式”。

所谓“新时代法治人才培养目标下习近平法治思想‘1+2+3’教学模式”，是指在新时代法治人才培养目标指引下，将习近平法治思想贯穿于法学专业教学始终的模式，具体围绕“一点、两端、三阶”展开。“一点”即一个中心点，以学生为中心，以培养新时代法治人才为目标，将习近平法治思想贯彻于我院法学专业教学体系中。“两端”即教师端与学生端，塑成师生两端良性互动、深度共研之势，以实现习近平法治思想的有效教学。“三阶”即习近平法治思想教学的三阶梯，形成从习近平法治思想概论课到具体法学专业课，再到法治实践的完整教学链条。“一点”“两端”“三阶”分别从目标、理念与路径的维度对习近平法治思想教学建设进行全面规划，形成立足“1”点，“2”端互动，“3”阶递进的习近平法治思想“1+2+3”教学模式。

二、一点：以学生为中心点，培养新时代法治人才

“以学生为中心”是厦门大学嘉庚学院自建院起，始终坚持并认真贯彻的办学理念，其在教学层面上即体现为整个教学活动要紧紧围绕人才培养这一核心目标。根据《法学类教学质量国家标准》(2021年版)，“适应建设中国特色社会主义法治体系，建设社会主义法治国家的实际需要”是培养新时代法治人才培养的要义，而习近平法治思想是马克思主义法治理论中国化的最新成果，是习近平新时代中国特色社会主义思想的重要组成部分，是全面依法治国的根本遵循和行动指南，其系统地阐述新时代中国特色社会主义法治思想，深刻回答了新时代为什么实行全面依法治国、怎样实行全面依法治国等一系列重大问题。[①] 因此，在新时代法治人才培养目标下，习近平法治思想不仅是法学专业学生应当掌握的核心内容，也是其深化法学专业课程学习的法宝，更是其深入理解并参与中国特色社会主义法治实践的指导思想和行动指南。

习近平法治思想内涵丰富、论述深刻、逻辑严密、系统完整，其深刻阐明了全面依法治国的政治方向、重要地位、工作布局、重点任务、重大关系、重要保障。[②] 从新时代法治人才培养的角度，法学专业的教学工作不仅应思考和回应“如何让学生系统有效地学习和掌握习近平法治思想”的命题，而且应以更高的思想站位围绕“如何让学生将习近平法治思想的核心要义、精神实质、丰富内涵、实践要

① 详见《教育部办公厅关于推进习近平法治思想纳入高校法治理论教学体系的通知》。

② 中共中央宣传部、中央全面依法治国委员会办公室. 习近平法治思想学习纲要 [M]. 北京：人民出版社，2021:7-9.

求自觉融入法学专业学习与法治实践全过程与各方面”的命题展开。于此，需注意的是，“以学生为中心点”的教学理念要求教师应从“学端”而非“教端”出发，紧紧围绕新时代法治人才培养目标，着重关注学生是否真正学深悟透做实，换言之，我们教学的着眼点应从“我教了什么”转变为“学生学到了什么”。因此，不同于传统法学专业课以“知识教学”为主的教学模式，习近平法治思想的教学应加强“意义教学”“理念教学”，让学生真正在心里产生对习近平法治思想的政治认同、思想认同、理论认同、情感认同，真正在心底坚定中国特色社会主义法治的道路自信、理论自信、制度自信、文化自信，从而从“被动学”中解放出来，形成“主动学”“主动用”的自觉。于此，切忌将“意义教学”“理念教学”理解为一种直接的、僵化的“意义宣讲”。笔者认为开展“意义教学”“理念教学”以帮助学生获得学习和运用习近平法治思想的“意义感”绝不能离开师生之间的良性互动、与具体法学专业课程的充分融合、与法治实践的紧密结合，如此，“缺少互动的灌输”“缺乏融合的孤谈 ”与“脱离实践的宣教”是我们在开展教学设计与教学实施过程中应避免的大忌。

三、两端：良性互动下的教师端与学生端

习近平法治思想的教学过程应呈现为教师端与学生端展开充分互动的过程。诚如前论，单向度的从“教”到“学”并不能实现习近平法治思想的有效教学，即无法让习近平法治思想入脑入心，因此，“互动教学”是教师在开展习近平法治教学过程中应秉持的重要理念。

就教师端而言，互动教学对授课教师提出了更高的要求，教师需要做好随时与学生深入探讨专业论题与衍生论题的准备。因此，我们要求授课教师首先自己要认真学习、领悟和研究习近平法治思想，将习近平法治思想真正学实学深学透。为此，法学院通过法学院教工党支部专题学习会、法学院学术交流平台“学者茶座”、法学院教师集体学习会等各类集体备课活动与主题教研活动，赋能每一位授课教师，帮助其搭建自己“因教促学，以学促研，学研助教”的学术“飞轮”，并促成法学院全体教师“共教共研”的良好氛围。以“学者茶座”为例，这是我院教师共同体的专业学术交流平台，各位教师在此平台上结合自己的研究专长与法律实务经历，通过主题报告和与谈研讨方式分享自己的研究成果与新近思考；法学院通过此平台将专业研究与习近平法治思想教研有机结合，让老师们可以在中国特色社会主义法治的具体实践中学习、挖掘、研究习近平法治思想核心要义、精神实质、丰富内涵与实践要求，例如，在“国家治理现代化目标下基层综合行政执法的理念与实践”“地方立法论证咨询工作漫谈”两期学者茶座中，主讲教师、与谈人即结合自

己学术研究、立法咨询工作经历、律师执业经历等深入讨论了习近平法治思想作为全面依法治国根本遵循与行动指南的重大意义，并从中汲取智慧，持续推进研究，不断优化教学。

就学生端而言，互动教学的主要目标就是要激发学生主动学习的意识，同时通过师生互动让学生真正学深悟透。因此，互动教学不是为互动而互动，而是立足新时代法治人才培养目标下师生共研式教学。以习近平法治思想概论的教学为例，我们要求在每个章节授课前都要有教学引入环节，以让学生能够置身于具体的问题场景去主动思考，并与授课教师共同探究以获得真知。例如，在讲授“正确处理政治与法治的关系”时，授课教师即首先抛出“党大还是法大”这一重要问题，引导同学们在从政治和逻辑上揭示这一问题背后的政治陷阱，并以此引出对“没有脱离政治的法治”与“党和法的关系是政治和法治关系的集中体现”两节内容的学习和讨论；同时，我院于课程末尾还专门安排了四个课时的“习近平法治思想经典研读与社会调研”，以学生为主导将整个学期之所学进一步内化、深化与升华，真正实现有效教学。

四、三阶：从习近平法治思想概论课到具体法学专业课，再到法治实践的教学三阶梯

习近平法治思想的教学绝不等于也不能止步于习近平法治思想概论课的教学。在新时代法治人才培养目标之下，习近平法治思想要融入法学专业教学与法治实践全过程与各方面，因此，我院构建了从习近平法治思想概论课到具体法学专业课，再到法治实践的教学三阶梯。

于第一阶梯，我院将习近平法治思想概论课开设于本科第一学年第一学期。如此安排的原因有二：其一，在“1+10+X”的法学核心专业课程体系中，习近平法治思想概论位居核心中的核心地位，让学生于本科第一学年第一学期学习习近平法治思想，有利于树立科学的、全局的中国特色社会主义法治观，为后续具体法学专业课的学习与法治实践的开展奠定基础并提供指引；其二，带着于第一阶梯所学到的内容，学习具体法学专业课并开展法治实践可以进一步深化学生对习近平法治思想的理解，并增强学生对习近平法治思想的政治认同、思想认同、理论认同、情感认同。

对于习近平法治思想概论的教学，我院采用“全员参与，分章教学”的方式展开。如此安排是因为习近平法治思想的教学不能是空洞的、孤立的，各位教师基于自己在研究与实务上的比较优势以及多年对中国特色社会主义法治实践的思考可以为学生提供贴近现实的、生动的、深刻的教学；同时，教学相长，通过对习近平法治思想的教学，可以让各位老师进一步深化对习近平法治思想的领悟，为后续将习

近平法治思想更好地融入其所主讲的具体法学专业课奠定基础。

于第二阶梯，在通过习近平法治思想概论开展系统教学后，教师端与学生端都为将习近平法治思想融入具体法学专业课奠定了良好的基础。习近平法治思想在第二阶梯中重在“融”，要避免“两张皮”式的教学，要通过融入式教学提升教师和学生自觉运用习近平法治思想指导具体法学专业课教学与学习的意识和能力。以民法总论课为例，过往在讲述民法典的体例时，授课教师常常注重比较法层面上与德国民法典、法国民法典体例的对比；将习近平法治思想融入教学后，授课教师可以进一步在学生对我国首创的人格权独立成编的民法典设计思路有了初步认识的基础上，运用习近平法治思想关于全面依法治国的根本立场——“以人民为中心”阐释《民法典人格权编》作为人之自由与尊严“中国宣言”的重要意义，深化让学生对中国特色社会主义法治的理解。

于第三阶梯，我院历来重视通过具体的法律实践深化理论教学的成果，力求让学生在“学到”基础上“会用”，为此，我们聘请了一批业界广受好评、平均执业年龄在二十年以上的，具备法官、检察官、律师等执业背景的资深实务专家为同学们开设案例讨论课与法律实务课程，并与法院、检察院、公安局、律师事务所等建立了三十余家法律实践基地。接下来，我们将研究如何利用现有的实践教学资源，将习近平法治思想的教学有机融入学生们的法治实践中，这是我们未来深化习近平法治思想教学的重点。目前，我们已在国家宪法日、宪法宣传周、全民国家安全教育日中，通过法学院法律援助中心等学生组织宣传习近平法治思想，形成了以学生为主体的“因宣再学，以宣促学”的良好学习方式。

五、结　语

习近平法治思想是全面依法治国的根本遵循和行动指南，在新时代法治人才培养目标下，其不仅是法学专业学生应当掌握的核心内容，也是其深化法学专业课程学习的法宝，更是其深入理解并参与中国特色社会主义法治实践的指导思想和行动指南，因此，我们应将习近平法治思想的教学贯穿于法学专业人才培养的全过程与各方面，并实现习近平法治思想的有效教学。对此，厦门大学嘉庚学院法学院进行了积极探索，初步形成了立足将学生培养为新时代法治人才的中心点，塑筑能良性互动的师生两端，打通从习近平法治思想概论课到具体法学专业课，再到法治实践的教学三阶梯的“1+2+3”教学模式。

新建本科高校法学教育的误区与转型进路研究

——以国家统一法律职业资格考试为视角

涂富秀*

内容提要 习近平总书记指出，高校是法治人才培养的第一阵地。“培养什么样的法律人、怎么培养法律人”是摆在所有高校面前的重要课题。新建本科高校存在应用型定位不清晰、地方性特征不突出等问题，导致其法学教育存在教育目标模糊、以法律职业资格考试为指挥棒、地方特色不突显等误区。新建本科高校应当在保持高等教育基本品质的基础上，重视法律职业资格考试对法学教育的正向作用。国家层面应当分类设立法学专业建设标准，明确新建本科高校法学教育与法律职业资格考试之间的关联性；地方政府应当调整资源配置，创新协同育人的长效机制；新建本科高校作为转型发展的主体，应当重点通过充分发挥地方性优势、创新课程结构、强化职业技能训练等方式完成转型发展。

关键词 法律职业资格考试；法学教育；新建本科高校

1999年高校扩招以来，各地通过将专科院校或成人高校合并、升格等方式组建了一批新建本科高校。根据教育部披露的数据，截止到2019年，全国新建本科院校702所，占全国普通本科高校的56.48%。[①] 新建本科高校大多设有法学本科专业，在我国法学教育体系中占有较为重要的地位。法律职业资格考试制度的实施使得法律职业化进入制度构建和实践操作层面，法学教育和法律职业资格考试产生了更紧密的互动，对新建本科高校法学教育的改革发展产生重要影响。党的十八届四中全会决定提出，要“完善法律职业准入制度，健全国家统一法律职业资格考试制度”。2015年中共中央、国务院《关于完善国家统一法律职业资格考试制度的意见》(以下简称《法考意见》)作出具体规定，将司法考试调整为国家统一法律职业资格考试（以下简称法律职业资格考试）。为贯彻落实《法考意见》,《国家统一法

* 涂富秀，法学硕士，福建江夏学院法学院副教授。

① 吴岩. 2019年，打好全面振兴本科教育攻坚战 [EB/OL].（2019-01-28）[2020-04-03]. http://www.moe.gov.cn/s78/A08/moe_745/201901/t20190128_368232.html.

律职业资格考试实施办法》规定法律职业资格考试改革方案于 2018 年起正式实施，考试的内容、方式突出强调法学专业性与法治实践性，凸显了法治人才选拔的新方向。2018 年教育部、中央政法委启动卓越法治人才 2.0 计划，开启了新一轮高等法学教育教学改革。2020 年 11 月，中央全面依法治国工作会议首次提出了习近平法治思想，习近平法治思想中的法学教育理论为新时期我国法学教育提出了更加明确的要求，为我国法学教育改革提供了根本遵循。新形势下，有必要以习近平法治思想为引领，重新审视新建本科高校法学教育的目标定位，探索构建新建本科高校法学教育转型发展的路径。新建本科高校存在多层次的法学教育，本文所称法学教育仅指本科层次法学教育。

一、新建本科高校法学教育的误区

（一）“应用型”办学定位不清晰导致法学教育目标模糊

《国家中长期教育改革和发展规划纲要（2010—2020 年）》指出，建立高校分类体系，实行分类管理，引导高校合理定位。为解决高等教育同质化倾向严重的问题，2015 年 10 月教育部等三部委联合制定出台《关于引导部分地方普通本科高校向应用型转变的指导意见》，推动地方普通本科高校向应用型高校转型发展。2019 年 2 月国务院颁布的《国家职业教育改革实施方案》提出，“到 2022 年……一大批普通本科高等学校向应用型转变……推动具备条件的普通本科高校向应用型转变”。上述规定为新建本科高校的应用型定位提供了重要依据和转型契机。然而，现实情况是，尽管国家大力推动本科高校向应用型转型，但新建本科高校转型的热情不高。“在国家政策指引下，新建本科院校在理念层面普遍确定了应用型的办学定位”[①]，但这只是一种遵从“合法性机制”的象征性定位，其事实定位仍趋同于传统的学术型大学。[②]“人才培养方案也大多是单纯地复制和套用普通大学的，而没有从自身的特色出发，制定符合自身发展的人才培养方案，致使其办学定位模糊不清。”[③]

新建本科高校的办学定位不清，直接导致其法学专业教育的目标定位不清。法学教育的目标在很大程度上决定了人才培养的模式，是法学教育改革和发展的核心问题。新建本科高校本来应当根据自身的情况对其教育目标进行科学定位，采取不同的教育模式，制定不同的培养目标。受学校定位不清的影响，新建本科高校应用型人才的培养目标并未得到落实，在办学方向上仍然偏好于基础研究，与学术型高

① 王红. 我国新建本科高校应用型发展问题与对策 [J]. 西南大学学报（社会科学版），2017(6):80.

② 刘玉方. 应用型人才培养应处理好的几对关系：以新建本科院校为例 [J]. 中国高校科技，2017(6):52.

③ 董立平. 地方高校转型发展与建设应用技术大学 [J]. 教育研究，2014(8):67-74.

校没有形成明显的区分度。比如，人才培养方案参照学术型大学的人才培养方案；在教材、教学内容、教学方法、毕业论文等方面缺乏科学定位，未能体现出鲜明的应用型特点；在课程设置方面，与学术型高校的做法类似，以部门法作为课程设置的主要依据；在学生就业路径上，鼓励学生考研，并将考研录取率作为评估教育质量的重要佐证数据；在对教师的考核方面，将科研作为重要考核指标；在办学思路上，热衷于提高办学层次，将申报硕博办学点作为新建本科高校提升办学层次的主要着力点。

由于新建本科高校办学定位不清晰和法学专业建设的目标模糊，不少新建本科高校在法学教育与法律职业资格考试的关联性上陷入两种截然相反的趋向。一方面，大部分新建本科高校以法律职业资格考试作为法学本科教育的指挥棒。鼓励学生在校期间报名参加资格考试，并将资格考试通过率作为检验办学质量的重要依据。为提高通过率，在课程设置、课时分配等方面均与法律职业资格考试的科目保持相对一致，出现了法学教育向应试教育发展的倾向。[①] 另一方面，一些新建本科高校的法学教育与法律职业资格考试之间明显疏离。这类学校普遍认为，参加法律职业资格考试是学生个体的事项，学校没必要予以专门关注。

（二）"地方性"办学特色不突出导致趋同化明显

新建本科高校是在我国区域经济迅速发展和高等教育从精英化向大众化转型的情况下大量组建的，在办学资源、招生指标等方面与其办学所在地有着天然的联系。因此，"地方性"是新建本科高校的必然属性。但在实践中，大部分新建本科高校的"地方性"不突出，导致其法学教育的"地方性"特色也不明显，与地方经济产业发展需求的耦合性差。从总体上看，相当数量新建本科高校的法治人才培养未与地方产业、行业需求对接，课程设置未与法律职业标准和要求对接，教学过程未与法务岗位技能训练对接。尚未建立地方紧缺的应用型、创新型法律人才培养机制，法律人才培养的质量和结构与地方经济结构、产业发展脱节，直接导致新建本科高校法治人才结构性矛盾突出，同质化倾向严重。新建本科高校法学专业之间以及新建本科高校法学专业与学术型高校法学专业之间差异化、特色化不凸显。新建本科高校在课程设置、学生就业路径等方面缺乏对地方经济社会发展足够关注，未形成区域比较优势和鲜明特色。一方面，法学本科毕业生就业率连续多年偏低；另一方面，地方经济社会发展紧缺的创新型法治人才供给严重不足。即使新建本科高校的法科学生通过了法律职业资格考试，但是仍然存在就业难题。其原因在于，法律职业资格考试采取全国考生一张卷的做法，通过法律职业资格考试仅说明学生具

① 陈金钊，杨桐桐. 法治思维、法治能力的考查需要法律方法 [J]. 扬州大学学报（人文社会科学版），2017(2):6.

备了基本的职业技能，但无法填补“地方性”的特色欠缺，无法满足地方经济社会发展的个性化需求。在我国全面推进依法治国的背景下，如果新建本科高校的法律人才培养目标、培养模式与地方传统产业、优势产业和新兴产业得以紧密结合、深度融合，地方经济发展和法治建设所需的法治人才供给将得到极大满足，法科学生的就业难题也将迎刃而解。

二、新建本科高校法学教育的定位与模式选择

（一）新建本科高校法学教育的价值和功能

法学教育与法律职业资格考试相关联，但二者有各自独立的价值和功能。法学教育是学科教育和专业教育，是国家法治建设基础性工程的重要组成部分，是法治人才的培养机制。法学教育注重学生的法学理论素养、法律思维和职业技能的养成。法律职业资格考试的基本功能是检验考生是否具备基本的职业技能，是国家选拔法治人才的基本制度。新建本科高校法学教育与法律职业资格考试之间有什么关联性？法律职业资格考试通过率能否作为检验新建本科高校法学专业教学质量的重要指标？回答这些问题，需要对新建本科高校法学教育与法律职业资格考试二者进行对比（见表1）。

表1　新建本科高校法学本科教育与法律职业资格考试对比表

对比内容	新建本科高校法学教育	法律职业资格考试
性质	法治人才的培养机制。《普通高校法学本科专业教学质量国家标准》规定，法学教育是素质教育和专业教育基础上的职业教育，培养复合型、应用型、创新型法治人才及后备力量。	国家统一组织的法治人才的选拔机制。
对象	法学本科学生	初任法官和检察官；律师和公证员；初任法律类仲裁员；初任与行政处罚、行政裁决、行政复议、法律顾问相关工作的公务员。
目标	教育目标是学生法学理论体系的构建、法律思维的养成和职业技能的全面掌握。	考核目标是考生从事法律职业的政治素养、业务能力和职业伦理。
内容设置	根据《普通高校法学本科专业教学质量国家标准》，法学本科课程设置主要根据部门法划分，设置10+X课程。新建本科高校有自主权的是“X”课程的设置。	考试内容包括宪法法律知识、法治思维、法治能力，以案例分析、法律方法检验考生在法律适用和事实认定等方面的法治实践水平。
考核方法	各高校自行组织，按课程进行考核。	全国统一命题，分为客观题考试和主观题考试。客观题考试成绩在两年内有效，客观题通过后方才有资格参加主观题考试。

资料来源：作者搜集整理。

从表 1 可知，新建本科高校法学教育与法律职业资格考试在性质、目标、内容、考核方法等方面存在明显差异。当前，我国新建本科高校法科学生的文凭不如名牌大学毕业生，实践能力不如高职院校毕业生，就业前景严峻。学生就业难的深层次根源在于新建本科高校对法学教育的价值与定位存在认识上的误区，对法律职业资格考试的功能也存在错误认识。法学教育指向具体的法律职业，通过法律职业资格考试对法科学生就业有较大的帮助。因此，无论是改革前的司法考试还是改革后的法律职业资格考试，都对新建本科高校的法学本科教育造成较大冲击，导致新建本科高校法学教育功利化的倾向越来越明显。“2008 年司法部允许应届法学本科生参加司法考试之后呈愈演愈烈之势，从根本上将法学本科生和教师的注意力转向了司法考试”[①]，出现了以为导向的教育趋向，司法考试变革为法律职业资格考试后，考试导向型的法学教育并未有所改观。

新建本科高校应当坚守法学本科教育的育人功能和在高等教育体系中的定位，培养的法治人才必须满足本科人才的要求。第一，法学本科教育是职业教育。长期以来，关于法学本科教育的定位有素质教育、通识教育、职业教育之争。[②]《普通高等学校法学本科专业教学质量国家标准》明确规定，法学教育是素质教育和专业教育基础上的职业教育。从报考条件可以看出，法科本科生经过系统训练后应当掌握基本的职业技能。因此，法学本科教育应关注学生的职业能力、职业核心素养、职业伦理。第二，法学教育作为高等教育，要满足素质教育、专业教育的要求。法学教育不是一般意义上的职业教育，而是建立在专业教育和素质教育基础上的职业教育。法律职业资格考试强调专业性，本科阶段是对法科学生职业技能进行培训的重要时期，法学本科教育应适应法律职业资格考试的新要求，凸显专业性，培养学生扎实的法律知识体系和核心素养。

（二）新建本科高校法学教育与法律职业资格考试的互动关系

《法考意见》要求做好法律职业资格考试与法学教育的衔接工作。法学教育与法律职业资格考试都承担着实现法律职业正规化与专业化的功能，[③]二者的良性互动有助于实现新建本科高校法学教育的基本功能和法律职业资格考试的基本目标。“法律职业资格考试制度是检验大学法学教育培养模式和定位的一种方式，更是检验法律职业资格考试制度本身是否成功的标准。”[④]因此，法律职业资格考试与新建

---

① 葛龙. 我国法学本科教育与司法考试的辩证分析 [J]. 黑龙江高教研究，2010(1):150.

② 葛先园. 法律职业资格考试背景下本科法学教育改革研究 [J]. 东北林业大学学报（社会科学版），2016(2):68.

③ 姚朝兵. 法律职业资格考试“新政”与法学本科教育改革刍议 [J]. 广西职业技术学院学报，2017(12):38.

④ 张文显. 张文显法学文选（卷 10）[M]. 北京：法律出版社，2011:36.

本科高校法学教育的良性互动具有重要意义。

一方面，新建本科高校应摒弃考试导向型的教育模式。虽然通过法律职业资格考试对法科学生从事法律职业具有重要意义，但是新建本科高校不能因此把法律职业资格考试作为教育教学的指挥棒。否则，法学教育将失去高等教育的基本品质，重蹈应试教育的覆辙。法律职业资格考试确立了法学教育对法律职业共同体的基础性作用，对新建本科高校法学教育的开展和改革具有一定的正向作用。但本科教育作为高等教育的重要组成部分，如果以应试作为唯一目标，围绕考点安排教学，集中精力使学生通过法律职业资格考试，那么法学教育将沦为考试培训教育，失去大学教育应有的功能。

另一方面，新建本科高校也应当重视法律职业资格考试对法学教育的影响。新建本科高校应将法律职业资格考试融入专业教育和素质教育的多重目标之中。法律职业资格考试的性质是法律职业的从业资格考试，检验考生水平的同时，也对法学教育水平进行检验。法律职业资格考试的方法、内容、命题趋势等方面也会直接影响到法学教育的变化和趋势。基于法律职业专门化趋势的加强，法律职业资格考试以其特有的一套甄别机制使得大学教育与司法实践变得更加直接和密切。从这一角度看，新建本科高校将学生通过法律职业资格考试作为法学教育的基本要求之一是可行的。当然，反过来讲，法律职业资格考试制度基本功能的有效发挥，也离不开法学教育的支撑。为此，新建本科高校应当重视法律职业资格考试对法学教育的积极影响，将其作为教育改革的一个着力点，使法学教育能够达成法律职业资格考试的基本要求，总体上与法律职业资格考试保持基本的协调性，克服法学教育与法律职业长期脱节的问题，发挥法律职业资格考试对法学教育的促进作用，创新新建本科高校法治人才的培育机制。

三、新建本科高校法学教育的转型进路

党的十八届四中全会决定提出的“创新人才培养机制”、党的十九大报告关于“实现高等教育内涵式发展”的要求，为新时期新建本科高校法学教育改革和发展指明了方向。《普通高等学校法学本科专业教学质量国家标准》对高等法学本科教育的目标和课程设置等方面作出了新的规定。教育部、中央政法委联合发布的《关于坚持德法兼修实施卓越法治人才教育培养计划 2.0 的意见》对法学教育改革和法学实践教育注入新的内涵。新建本科高校应当主动对标新时期法治人才队伍建设的新要求，以构建法律职业共同体为努力方向，克服现行法学教育的局限性，探索适合新建本科高校的法治人才培养模式，提高法治人才培养质量。

（一）国家层面：明确新建本科高校法学专业建设的规范和标准

标准是教育理念的具体化，决定法学教育的基本方向。迄今为止，无论是法学教育的国家标准还是法学专业的评估标准，都未针对新建本科高校另设一套标准。《普通高等学校法学本科专业教学质量国家标准》虽然规定该标准为基本标准，各校可以制定自己的标准。但由于该标准并未对高校的类型进行区分，新建本科高校和其他高校一样对基本要求都应当予以遵循。为推动法学教育内涵式发展和法治人才培养能力的提升，建议国家层面建立与分类型分层教育相对应的教育质量评判标准和评价体系，保障新建本科高校转型有章可循。主要内容包括：建立新建本科高校法学专业建设基本标准；明确新建本科高校法学课程设置基本标准，赋予新建本科高校更多的自主权，明确课程设置与法律职业、地方产业对接的基本要求；建立新建本科高校法学专业认证标准；建立差异化的评估制度。在各项标准中，尤其需要明确新建本科高校法学专业教育与法律职业资格考试的关联性和评价标准，以矫正新建本科高校法学专业建设的误区。

（二）地方层面：建立地方政府、法律实务部门参与的协同育人机制

《关于坚持德法兼修实施卓越法治人才教育培养计划2.0的意见》提出，要“深化高等法学教育教学改革……完善协同育人机制……”。《统筹推进世界一流大学和一流学科建设总体方案》规定，省级政府应统筹推动区域内有特色高水平大学和优势学科建设，积极探索不同类型高校的一流建设水平。因此，地方政府应在协同育人机制中起主导作用。一是要打破教育主管部门和新建本科高校封闭的办学系统。构建地方政府主导的、法律实务部门共同参与的法律职业人才培养机制。二是推动地方优质资源的重新配置和整合。地方政府应通过政策扶持等多种方式加大对新建本科高校法学教育的支持力度，调配办学资源。建立地方法治人才需求预测机制和调整机制，实现新建本科高校就业与招生相统一、法学教育与地方经济社会发展统一。三是地方政府大力推进本地高校资源共享。新建本科高校与传统名牌高校的各项办学资源存在较大差距，而新建本科高校之间也存在差距问题。地方政府应顺应“互联网+”新形态，推动利用“互联网+”实现资源共享。受新冠肺炎疫情的影响，2020年以来教育部推动各类教学、科研资源的开放和共享。地方政府可以借鉴教育部的经验做法，建立常态的校际资源共享机制。

（三）学校层面：凸显新建本科高校法学教育的区域特色

1. 充分发挥“地方性”的优势

高等教育是专业教育。学科与专业建设问题既是高等教育的基本理论问题，又是当前建设本科高校整体性转型发展中所面临的现实问题。新建本科高校应当充分

发挥“地方性”的优势：一是人才培养目标要立足地方，面向行业。为地方经济社会发展输送合适的“地方型”法治人才，既是新建本科高校法学教育的办学职责所在，也是地方经济发展的客观需求。地方经济社会发展为法治人才提供广阔的实习实践平台和就业空间，新建本科高校的人才培养方案应关注当地发展情况，深化产教融合，推动人才培养与就业的深度衔接，提升新建本科高校法学教育与地方经济社会发展、法律职业之间的契合度。新建本科高校能够为地方发展输送“用得上”的法治人才，地方多渠道支持新建本科高校法学教育，形成良性循环。长期以来，涉外法治人才培养未得到新建本科高校的重视。目前，我国能够熟练从事涉外业务的律师仅有 7000 余名，其中可以从事“双反双保”业务的律师仅 500 余名，可以在世界贸易组织（WTO）争端解决机制中独立办案的律师只有 300 余名。[①]《关于发展涉外法律服务业的意见》、《关于实施卓越法律人才教育培养计划的若干意见》和《关于坚持德法兼修实施卓越法治人才教育培养计划 2.0 的意见》将涉外法律人才的培养列为重点方向，建议有条件的新建本科高校将涉外法治人才培养作为新的着力点。二是立足地方性法治人才的培养目标，培育特色法治人才。新建本科高校应当以为地方经济社会发展服务作为专业发展的动力，将区域经济社会发展中的特有问题以及地方法治发展作为主攻方向，对标卓越法治人才培养目标和区域特点、地方优势，结合区域特点和当地中长期发展规划，对接产业链、创新链，形成新建本科高校各自的优势和人才培养特色。

2. 创新专业课程结构

科学的课程设置是提高教育教学质量的关键因素。课程是教学客体，也是教育主体的活动对象，是实现教育目的的手段和培养法治人才的客观保证。因此，课程改革是新建本科高校转型发展需要解决的重要问题。

第一，调整课程模块，构建法律理论课程、法律伦理课程和职业技能课程并重的课程模式。根据《法考意见》，考查重点增加法律职业伦理，法律职业资格考试的适用范围也更加广泛。新建本科高校应根据法律职业资格考试的基本要求相应调整课程安排，在专业课程中重点增设以下两类专业课程：（1）法律职业教育类课程。加强职业伦理教育，增设法律职业伦理的课程。充分发挥“三全育人”的育人作用，培养法科学生的职业伦理规范体系，掌握不同法律职业伦理的共性与差异，增强学生对未来法律职业的荣誉感、使命感、责任感。（2）法律方法类课程。法律方法类课程注重实践技巧的传授，有助于帮助学生通过实践训练具备法律职业人所需的法律方法和法律技巧。为此，在法学本科课程体系中增设法律方法课程是很有必要的。

① 新昊. 涉外法治人才，你的舞台无比广阔 [N]. 光明日报，2022-01-15(005).

第二，开设地方性的特色课程。我国各地发展不平衡，在不同的地区呈现出各具特色的法律问题。因此，各地需要擅长不同领域法律问题的人才，新建本科高校应重点培养地方紧缺的法治人才。这就需要新建本科高校的法学教育结合学科优势和地方特色，开设特色专业课程，在国家规定的10门专业核心课程之外的“X”课程中构建地方性课程体系。课程设置应当与地方产业结构、行业发展对法治人才的需求点相结合。比如，福建的高校可结合自贸区建设、“一带一路”倡议、涉台法律问题等方面设置特色课程体系。

第三，开设与新产业、新业态发展相关的课程。新产业、新业态作为地方经济社会发展的新增长点，对新建本科高校人才培养形成新的支撑点。新建本科高校应当予以跟踪关注，并及时调整人才培养方案，增设相关的课程。

3. 强化职业技能训练

习近平总书记在考察中国政法大学时指出，法学学科是实践性很强的学科，法学教育要处理好知识教学和实践教学的关系。[①] 法学专业的职业背景决定了法学是一门应用型学科，具有较强的实践性和应用性，这一特点与新建本科高校的应用型特征高度契合。法律职业资格考试的内容和考查方式反映了各类法律职业的基本要求，为法律职业共同的构建提出了新标准、新要求。因此，新建本科高校应当强化“专业—平台—团队”三位一体的架构，多途径加强技能训练。一是创新师资队伍组建模式。以案例为主要考核方式的法律职业资格考试倒逼新建本科高校提高法科学生理论与实务的对接能力。法律职业技能的养成是一个培育、积累和训练的长期过程，这就要求师资队伍具有丰富的实践经验。由于提升办学层次所需，近年来新建本科高校新进教师主要从博士中直接招聘，注重学历层次和科研能力，忽略实践能力。学校和专业体制也不鼓励存量教师实践能力的提升。今后，新建本科高校应当矫正这样的做法，形成制度化的实践师资解决机制。比如可借鉴“双千计划”[②] 的做法，与立法机关、律师事务所、法院、检察院等实务部门通过互聘方式实现人员交流。二是制定科学的实践教学体系。重构实训课程、专业见习、毕业实习、毕业论文等模块构成的实践教学体系，根据新建本科高校的实际情况调整课时比重。创新毕业论文的标准和要求，强调论文选题和对策建议的实践价值。三是搭建实践平台。当前，新建本科高校主要通过模拟法庭、法律诊所等常见的模式完成校内法学实践教育，同时也通过校外教学实践基地完成专业见习、实习等实践活动。为强

① 习近平在中国政法大学考察 [N]. 人民日报，2017-05-04(001).

② 根据《实施卓越法律人才教育培养计划的若干意见》，教育部决定实施高等学校和法律实务部门人员互聘计划。从 2013 年 -2017 年选聘 1000 名左右有较高理论水平和丰富实践经验的法律实务部门专家到高校法学院系兼职或挂职任教；选聘 1000 名左右高校法学专业骨干教师到法律实务部门兼职或挂职。

化新建本科高校实践技能训练，应搭建更多的实践平台。比如，充分利用立法基地、人文社科基地等创新平台育人；开设案例研讨课，完善专业案例库建设；通过虚拟仿真实验平台等系统强化实践技能。有条件的新建本科院校还可以组建律师学院、仲裁学院等产业学院。

结　语

法学教育在法律职业共同体建设中处于举足轻重的地位，不仅是国家高等教育的重要组成部分，也是建设法治国家的核心环节。法律职业资格考试制度确立了法学教育在构建法律职业共同体中的基础性地位，这对新建本科高校而言既是机遇也是挑战。在推进全面依法治国的新时代，法学教育面临着许多新任务、新要求、新挑战，新建本科高校应当抓住发展契机，科学定位和创新法治人才培养目标和路径，实现法学本科教育的应有价值，推进我国地方法治人才队伍的建设，为地方经济社会的发展输送德法兼修的高质量法治人才资源。

践行习近平法治思想 坚持做党和人民的律师

黄重取*

一、学习习近平法治思想，全面认识律师行业和律师职业

2020年11月16日至17日，在北京召开的中央全面依法治国工作会议上首次提出了习近平法治思想，深刻地回答了新时代为什么要实行全面依法治国、怎样实行全面依法治国等一系列重大问题。具体来说，就是习近平总书记重要讲话中精辟概括的“十一个坚持”。这“十一个坚持”，是习近平总书记关于法治国家建设所提出的从理论到实际、主客观相结合的重大工作部署和重大战略思想。

近年来，律师行业坚持政治统领、党建引领，积极履行职责使命，努力服务经济社会发展、保障人民群众合法权益、维护社会公平正义、促进社会和谐稳定，取得了丰硕成果，也得到了党和人民的充分肯定。律师队伍已成为中国特色社会主义法治工作队伍的重要组成部分，成为依法治国的一支重要力量。有同行说过，当下，律师应当是一个比以往任何时候都令人骄傲的职业。

根据司法部2022年1月24日发布的《全国公共法律服务体系建设规划（2021-2025年）》，2016年全国律师32.8万人，到2021年9月，全国律师人数已增加到了62万，预计到2025年全国执业律师将达到75万名。笔者于1999年12月辞职开始从事律师职业时，全国律师大约11万人，截止到2021年底，全国律师人数大约62万元，全行业营业收入2000亿元以下，人均营收33万元左右，福州市人均数是38万元左右。

短短几年内如此大幅度的增加律师从业人数，加剧了律师行业的内部竞争，对行业的冲击是不言而喻的。伴随着律师业务的不断市场化，律师队伍的思想政治素质、业务工作能力、职业道德水准与时代发展要求和人民群众期待还存在一定的差距，个别律师甚至成为大众眼中“皆为利来”的“讼棍”，以至于整个社会对律师行为评价不高，甚至有少数法学学者提出一个国家太多律师是危险的看法。同时也

---

* 黄重取，北京市京师（福州）律师事务所律师。

有相当多的当事人、法官、检察官对提高律师的整体水平、作用有很高的期待，认为律师能够发挥的空间很大。

对此，习近平总书记明确指出：总体而言，这支队伍是好的，但也存在不少问题，有的热衷于“扬名逐利”，行为不端、诚信缺失、形象不佳；极个别法律从业人员政治意识淡薄，甚至恶意攻击我国政治制度和法治制度。这些问题的出现，不仅造成了律师队伍整体形象的贬损，更为实现全面依法治国，建设社会主义法治国家带来了严重的负面影响。

党和人民迫切需要一支政治坚定、业务精湛、维护正义、恪守诚信的高素质人民律师队伍，这支队伍的根本属性必然是人民性。

二、贯彻习近平法治思想，坚持正确的政治方向

习近平总书记深刻指出，坚持党的领导，是社会主义法治的根本要求，是全面推进依法治国题中应有之义，要把党的领导贯彻到依法治国全过程和各方面。习近平法治思想的“第一个坚持”就是坚持党对全面依法治国的领导。作为律师事务所的创立者、管理者，我始终旗帜鲜明地拥护中国共产党领导，坚持“党建＋公益”的办所思路，把政治建设摆在首位，推动建立律所党支部，带领全所律师参加党建活动，组织全所律师认真学习贯彻习近平新时代中国特色社会主义思想，邀请省委党校教授在全省律师行业率先开展习近平法治思想的教学，引领全所律师拥护“两个确立”、增强“四个意识”、坚定“四个自信”、做到“两个维护”。

三、践行习近平法治思想，做党和人民的律师

著名律师张思之老前辈曾经说过，律师应具有“哲人的智慧，诗人的激情，法学家的素养，政治家的立场，四者统一于科学使命、职业良心与社会主义之中”。23 年前刚踏入律师行业之初，笔者常以此自醒自勉。党的十八大以来，中国律师迎来了新的发展阶段、新的历史机遇。总结过去 10 年，展望未来，做好律师工作，核心要点就是一条：践行习近平法治思想，坚持做党和人民的律师。这些年笔者做了如下一些工作：

1. 服务法治政府。习近平法治思想科学回答了全面依法治国实现什么目标的问题，提出了建设中国特色社会主义法治体系、建设社会主义法治国家的总目标，实现国家治理体系和治理能力现代化的各阶段目标，形成了涵盖各层面、贯穿各阶段的法治建设目标体系，为法治建设规划了路线图。

2021 年 10 月笔者和本所律师同仁受聘担任罗源县委县政府的常年法律顾问，

应邀出席县委专题会、县政府常务会、专题会，对会议议题及拟发布的规范性文件发表合规性审查意见。2022 年 3 月 1 日，笔者参加了罗源县政府召开的专题会议，讨论研究《罗源县海域法实施前码头用海项目申报用海手续实施方案》，会上笔者提出了该实施方案不宜颁布的法律意见，县政府领导当场采纳该意见，并当场决定暂时搁置该实施方案。这些实例充分表明了，律师工作应当主动适应立足新发展阶段、贯彻新发展理念、构建新发展格局对律师工作提出的新要求，积极服务法治政府等重大战略实施，为推动高质量发展贡献自己的力量。

2. 参与人民调解。习近平法治思想科学回答了法治建设为了什么、怎么推进的问题，强调要更好地发挥法治固根本、稳预期、利长远的保障作用，坚持法治建设为了人民、依靠人民、造福人民、保护人民，为法治建设实践指明了主攻方向。作为福州市鼓楼区人民调解员协会首届会长，通过与各类调解组织、调解员建立紧密联系，动员本所律师积极参与各类商会、协会的案件调解，积极回应人民群众对法律服务的需求，发挥自身专业优势，积极依法化解矛盾纠纷，有效维护了人民群众的合法权益，促进了社会的和谐稳定。

3. 投身法律公益。积极参与公益法律服务，认真办理法律援助案件，使接受公益服务的人民群众能共享全面依法治国的成果，取得获得感、幸福感、安全感，是律师坚持执业为民、落实以人民为中心的发展思想的具体实践。笔者担任律所主任以来，积极带领律师参与社会公益，全所律师共参加福建广播影视集团“律师在现场”公益节目 15 期；全所律师共参加省市侨联公益法律顾问、宪法宣传周、国际志愿者日、公益普法等各项公益活动 210 多人次；响应各类倡议组织新冠疫情捐款、2021 年国家“定西”计划捐款、律所困难同事家属重症捐款等 10 多万元；积极支持本所律师为福州市慈善总会提供法律服务，并获其授牌感谢。

四、践行习近平法治思想，擦亮优秀青年的底色

2021 年是中国共产党建党 100 周年。2022 年是共青团建团 100 周年。共青团中央在全团部署开展“喜迎二十大、永远跟党走、奋进新征程”主题教育实践活动，团结引领广大青年坚定跟党走、建功新时代，以优异的成绩迎接党的二十大召开。“青年兴则国家兴，青年强则国家强。”作为一名已走过少年、青年时代，正值中年的老律师，笔者以人生经历与在座各位作些分享：

一要团结向上。人是一切的核心，唯有团结，才能聚合能量。从大家离开学校的那一天起，每个人都会逐步褪去青春的生涩，经历社会大熔炉的锤炼。在炼狱般的锤炼中，有的人会成功，有的人会掉队，有的人会沉沦，有的人会失败。胜者风光无限，败者一无所有。团结就是力量，奋斗开创未来。请大家记住，成事者，唯

有团结向上可永远立于不败之地。

二要坚守底线。我们是法律从业者。学成毕业以后，是要以我们的专业、技能、经验服务国家、服务社会、服务人民。通过我们的服务，先解决谋生问题，然后才谈得上发展。从生存过渡发展，这一过程，因人而异，有人快速达到，有人穷其一生也难达到。在追逐梦想的道路上，必须坚守底线，坚持长期主义，这样的人生才是安全的。

三要保持敬畏。法律是各种矛盾的解决办法，是社会公平正义的最后守护神。但法律不是万能的。因此，必须对规则、权力、财富、智慧等保持敬畏。唯有敬畏，才能控制自我，少犯错误。每日精进，日久天长，终能小有成就。

四要终身学习。大学时都是敬爱的老师们给我们青年学子传道授业解惑。离开学校，是新的赶考的开始。在社会大学中，有更多的知识、经验需要我们去学习。有位大佬说过，既要读有字的书，更要读无字的人和事。一个人从幼儿园到大学毕业，学习时间近 20 年。大学毕业以后到退休，则是近 40 年的学习时间，有足够的时间让每个人打造各具特色的知识体系，并凭借自己的知识体系在激烈的竞争中奋力拼搏、扬帆前行。

习近平总书记常说，奋斗者最美。在以习近平同志为核心的党中央坚强领导下，在党中央全面依法治国的战略部署下，在加快建设社会主义法治国家新征程上，法律人的使命光荣、责任重大，大有可为、大有作为。

从规范主义到功能主义

——研究生涉外法治人才培养的福大叙事与未来展望

唐士亚　张巍瑜*

内容提要　福州大学研究生涉外法治人才培养先后经历了早期摸索阶段（1993—2003年）、中期规范化阶段（2004—2017年）和当前凝练特色阶段（2018年至今）的三阶段发展历程，初步形成了以国际法学科为主导、多学科为根基的“厚基础、多学科、显特色”的发展态势。当前福州大学研究生涉外法治人才培养仍处于从规范主义导向转型为功能主义导向的过渡阶段，更加突出涉外法治人才培养的实用性、针对性与地方特色。在功能主义培养导向的指引下，福州大学研究生涉外法治人才培养将继续促进“模块—课程—创新团队”联动，打造跨学科师资队伍；推进教学与科研结合，以科研带动涉外法治人才培养的可持续发展；充分利用福建区位条件，突出研究生涉外法治人才培养的“台湾元素”。

关键词　福州大学；研究生；涉外法治人才；规范主义；功能主义

一、福州大学研究生涉外法治人才培养的历史进程与现实图景

要理解福州大学研究生涉外法治人才培养模式的演进路径，首先需要“追本溯源”，厘清福州大学研究生涉外法治人才培养的历史进程，总结前期经验，并以当下福州大学研究生涉外法治人才培养的现实图景展开分析，凝练出特色鲜明的涉外法治人才培养方向。

（一）福州大学研究生涉外法治人才培养的历史进程

福州大学研究生涉外法治人才培养经历了“早期摸索阶段”、“中期规范化阶段”和“当前凝练特色阶段”的三阶段发展过程。

第一，早期摸索阶段（1993—2003 年）。福州大学法学专业始创于 1993 年，

---

*　唐士亚，福州大学法学院副教授、硕士生导师，法学博士；张巍瑜，福州大学法学院硕士研究生。本文是福州大学研究生教育教学改革项目“新文科建设背景下福州大学研究生涉外法治人才培养模式研究”的阶段性成果。

最初隶属于人文社会科学系。2001 年 5 月，福州大学成立了包括法律系和人文社会科学系在内的法学院。2003 年 6 月，福州大学将法律系与人文社会科学系分离，成立法学单一学科的福州大学法学院。在这一阶段，福州大学于 2001 年和 2003 年分别设立环境与资源保护法学硕士学位点与经济法学硕士学位点，为研究生涉外法治人才的宽口径培养奠定了基础。

第二，中期规范化阶段（2004—2017 年）。2005 年，福州大学获批法律专业学位硕士授予权。2006 年，福州大学法学院设立国际法学硕士学位点，并于同年获得环境与资源保护法学二级学科博士学位授予权。2009 年，福州大学国际法研究所成立，成为福州大学国际法学科和涉外法治人才培养的标志性事件。此外，随着“国际体育自治法治化路径研究”“网络安全国际合作法律制度研究”“贸易自由化与人权保护关系研究”等国家级课题的相继立项，福州大学涉外法治领域的科研能力得到了长足发展。2017 年，福州大学法学高原学科入选福建省一流学科建设项目。

第三，当前凝练特色阶段（2018 年至今）。2020 年 12 月，福州大学法学院举办“百年未有之大变局背景下的国际法法理”学术研讨会暨“法理研究行动计划”第十六次例会，全国数十位专家学者围绕大变局背景下的国际法法理问题进行研讨交流。2021 年，福州大学法学专业入选国家级一流本科专业建设点并获批法学一级学科博士学位授予权，同年设置国际法学方向的二级学科博士点。至此，福州大学在涉外法治人才培养上形成了“本科—硕士—博士”的完整培养体系，并在国际环境与海洋法治、国际体育法治、国际金融法治等领域进行了前期积累与方向凝练。

（二）福州大学研究生涉外法治人才培养的现实图景

当前福州大学研究生涉外法治人才培养以国际法学科为主导，环境与资源保护法学科、经济法学科和民商法学科为补充，初步形成了“厚基础、多学科、显特色”的良好发展局面。

第一，注重研究生学科基础知识能力的培养。《关于坚持德法兼修实施卓越法治人才教育培养计划 2.0 的意见》中对涉外法治人才提出了“具有国际视野、通晓国际规则，能够参与国际法律事务、善于维护国家利益、勇于推动全球治理规则变革”的培养要求。这需要高校在研究生培养中强化学生对法学基础知识的全面掌握，以及包括但不限于对经济学、历史学、国际关系等学科知识的了解。福州大学法学院在研究生课程设置中以法学知识为主干，融合了历史学、经济学、国际关系、环境科学等不同学科知识，有助于培养宽口径、厚基础的涉外法治人才。

第二，院内多学科共同参与涉外法治人才培养。涉外法治人才培养离不开国际法学科的主要贡献，但实际上，几乎每个部门法都有涉外性。[①] 因此，涉外法治人才培养需要形成以国际法学科为主导，多学科协同培养的“1+N”模式。福州大学法学院充分发挥在环境与资源保护法学科、经济法学科和民商法学科的前期积累，开设了“国际法的生态化”“国际环境法学”“比较环境法专题”“世界贸易组织法专题”“国际体育法专题”“国际海洋法专题”“国际金融法专题”等交叉学科课程。

第三，形成若干特色鲜明的涉外法治人才培养方向。福州大学法学院在进行研究生涉外法治人才培养时，针对本院师资力量与区位条件，凝练出国际环境与海洋法治、国际体育法治、国际金融法治等特色培养方向，围绕这些特色培养方向开设了相关课程（见表1）。同时，针对人工智能、数据科学在法学发展中日益凸显的重要性，福州大学法学院将继续探索跨境数据流通法制课程在涉外法治人才培养中的可行性。

表1　福州大学法学院开设的研究生涉外法治系列课程

培养类别	开设课程
博士研究生	“比较环境法专题”“国际环境法学”“比较宪法专题”
硕士研究生	“金融法与投资法”“国际贸易法”“比较法研究”“专业英语”“比较环境法”“国际环境法”“海洋资源环境法”“WTO与环保”“国际法的生态化”“生态环境保护与国际法”“德国私法原著选读”“国际公法研究”、“国际私法研究”“国际经济法研究”“国际金融法专题”“外国民商法专题”“世界贸易组织法专题”“国际人权法专题”“国际税法专题”“国际海洋法专题”

二、从规范主义到功能主义：福州大学研究生涉外法治人才培养模式的转型探索

目前福州大学法学院在研究生涉外法治人才培养中已开设了较为完整的涉外法治相关课程，形成了多个具有一定特色的培养方向。但总体而言，福州大学研究生涉外法治人才培养仍处于从规范主义导向到功能主义导向的过渡阶段。

（一）规范主义导向下的研究生涉外法治人才培养模式

规范主义强调形式法治在研究生培养中的作用，具体而言，包括研究生涉外法治人才培养的理性化教学模式、受训对象的法学院主体性和就业导向中法律岗位的狭义理解。

1. 理性化教学模式

理性化教学模式旨在向学生传授法律知识，培养学生的法律理性。在涉外法治人才培养的理性化教学模式中，教学内容主要是现行的国际法律制度体系和法学理

① 贺赞. 涉外法治人才培养机制创新—以课程体系建设为中心 [J]. 中国法学教育研究，2017(2):3-11.

论，教学方法以课堂讲授、课堂讨论和案例分析为主。这种教学模式往往侧重于理论素养的培养，而忽略了涉外法律实务能力的训练，以至于许多培养出来的人才无法满足涉外法律实务的市场需求。

2. 受训对象的法学院主体性

在当前研究生涉外法治人才培养中，主要是以法学类研究生，特别是以国际法学科的研究生作为培养主体，表现出培养对象教育背景的纯法学化特点。受招生规模的限制，国际法专业的研究生培养数量有限，加剧了涉外法治人才的短缺。并且，将培养主体局限于法学类研究生会导致涉外法治人才来源固化，不利于具有国际视野、多学科背景的涉外法治人才的培养，与宽口径、多层次的人才培养原则不符。

3. 就业导向中的法律岗位狭义理解

在当前的涉外法治人才培养中，存在将从事涉外律师、涉外企业法务、国际组织任职等纯涉外法律岗位等同于涉外法治人才就业方向的思维。而实践中涉外法治人才所从事工作的范围较为广泛，包括在律师事务所、企业、司法机关、政府部门和国际组织与机构中从事涉外或国际法律事务，以及在高等院校和研究机构中从事国际法、比较法和外国法教学与科研工作等。

（二）功能主义导向下的研究生涉外法治人才培养模式

功能主义是与规范主义相对应的一种法律模式。[①] 功能主义导向下的研究生涉外法治人才培养更强调实用主义价值的体现，并对受训对象和就业范围进行广义的扩大理解。

1. 功能导向的教学模式

功能导向的教学模式强调在涉外法治人才培养中，强化学生的法律技能培养。教学内容除了法律知识的传授外，还设置了关于涉外诉讼、涉外仲裁、涉外法律检索、法律文书制作、法律谈判、法庭论辩技能等实务课程。涉外法治人才培养不仅要求学生对涉外法律规则进行熟练掌握与应用，还要求能将国内法律规则与涉外法律规则进行灵活融合应用。[②] 因此，功能导向的教学模式强调涉外法治课程是建立在掌握坚实的国内实体法与程序法基础上的拓展型课程。

2. 研究生涉外法治人才培养对象的扩大化

除了法学院全日制研究生外，外语学院、经管学院、工科学院中对涉外法治有兴趣的研究生，同样可以参与法学院研究生涉外法治类课程学习。具体而言，福州大学外语学院的口译、笔译专业研究生，具有“外语 + 法律”的培养基础；福州

① 马姝. 论功能主义思想之于西方法社会学发展的影响 [J]. 北方法学，2008(2):34-38.

② 刘坤轮.《法学国标》与涉外法治人才培养关系辨析 [J]. 法学教育研究，2021,34(3):37-52.

大学经管学院的国际贸易专业研究生，具有“经贸＋法律”的培养基础；福州大学理工科专业研究生，具有从事涉外知识产权业务的培养基础。这种扩大校内研究生涉外法治人才的人口基数的做法，有利于在更大范围内培养出不同学科背景的涉外法治人才。同时，法学院非全日制硕士研究生中有部分学生本身是从事涉外法律实务工作的，这部分学生同样也是研究生涉外法治人才培养的重要对象，即开展职业导向型涉外法治继续教育。

3. 就业导向的“泛法学”化

涉外法治人才培养的就业方向，除了涉外律师、涉外企业法务、在国际组织中任职之外，如在国内政府部门中从事涉外法律事务岗位、在智库中从事涉外法律研究等，都可以被认为是涉外法治人才适宜的就业岗位。即只要所从事的岗位或工作内容与涉外法律事务有关联，都可以认为是广义上的涉外法治工作岗位。（见表2）

表2　两类不同导向研究生涉外法治人才培养模式对比

	教学体系	培养对象范围	就业导向
规范主义导向	注重涉外法治课程教学的全面性与体系性	法学院全日制研究生	涉外律师、涉外企业法务、国际组织工作人员
功能主义导向	突出涉外法治课程教学的实用性，注重教学体系与本校优势、区位特色的契合度，强调培养有单项业务优势的涉外法治人才	法学院全日制研究生与非全日制研究生；外语、经管和部分工科院系研究生	一切与涉外法律事务具有相关性的工作岗位，包括但不限于涉外商务法律岗位、涉外政务法律岗位、高校涉外法律教学岗位等

三、以功能主义为导向的福州大学研究生涉外法治人才培养具体举措

未来福州大学研究生涉外法治人才培养将以功能主义为导向，创新涉外法治人才培养的路径设计，通过整合教学、科研资源以更好发挥其在涉外法治人才培养中的基础性作用，并充分利用福建区位条件，最终形成具有地方特色的涉外法治人才培养模式。

（一）促进“模块—课程—创新团队”联动，打造跨学科师资队伍

福州大学法学院将研究生涉外法治人才培养的教学课程分为四个方向模块，并由此组建师资队伍进行教学。第一模块是国际环境与海洋法治课程模块，主要由“国际法的生态化”“国际环境法学”“比较环境法专题”“国际海洋法专题”等课程构成。第二模块是国际体育法治课程模块，主要由“国际体育法专题”构成。第三模块是国际金融法治课程模块，主要由“国际金融法专题”“法与经济学专题”“国际税法专题”“世界贸易组织法专题”构成。第四模块是跨境数据流通法制课程模

块，主要由“数据法学”课程构成。通过对全院研究生课程进行创新性地模块划分，并进一步配齐师资，实现了福州大学法学院研究生教育资源与涉外法治人才培养需求的匹配。

同时，福州大学法学院成立了福州大学哲学社会科学创新团队重点团队——涉外法治研究创新团队，集中不同学科师资力量进行涉外法治教学与科研的集体攻关，并申报立项校级研究生教育教学改革项目“新文科建设背景下福州大学研究生涉外法治人才培养模式研究”。

（二）推进教学科研结合，以科研带动涉外法治人才培养的可持续发展

涉外法治人才培养除了培养实务型人才之外，科研型人才培养同样也是重要任务。因此，以参与课题研究和发表高水平论文作为有效抓手，以科研带动高水平的研究生涉外法治人才培养，是福州大学法学院拓展涉外法治人才培养的新思路。近年来，福州大学法学院积极鼓励研究生参与导师的涉外法治相关课题申报和论文撰写，先后有研究生在《体育科学》《北京体育大学学报》《上海体育学院学报》《中国海商法研究》等核心期刊上发表学术论文，并有多位硕士研究生考入清华大学、武汉大学、厦门大学等知名高校攻读国际法方向的博士学位。

（三）充分利用福建区位条件，突出研究生法治人才培养的“台湾元素”

福建省与台湾地区隔海相望，是台胞台企登陆的“第一家园”。因此，福州大学开展研究生法治人才培养可以突出“台湾元素”，打造具有地方特色的法治人才培养模式。具体而言，一是增加台湾地区法律知识在相关课程中的比重，合理选用台湾地区优秀的法学教材，提升学生对台湾地区法律制度的深层次理解；二是开设涉台专题讲座，注重从学科交叉角度引导学生理解台湾地区特殊的政治经济文化环境，从而辅助学生对涉外法律法规和台湾地区法律实务的学习；三是充分利用福建省丰富的涉台资源，针对涉台法治人才未来可能从事的涉台律师、涉台企业法务、涉台公务等不同职业方向，加强相应的实践类课程的设计。[①]

① 曾丽凌. 涉台法务人才培养模式创新研究 [J]. 海峡法学，2012(3):46-50.

人工智能对法律职业的影响程度及法学教育的应对

郑丽清　李正凝*

内容提要　人工智能在法律实务界的运用方兴未艾，在法律服务与活动领域总能见到人工智能活跃的身影，此乃得益于人工智能在对法律风险和潜在违规行为的评估、合同的审查、文件的起草、法律检索等方面表现出强大的优势，但是它不可能也无法完全替代法律人，因为无论是在价值判断还是在比较或跨学科的法律分析、创造性思维和社会背景连接能力上，人工智能都无法与人类相提并论。不过，人工智能已经部分取代法律职业的事实，需要法学教育积极应对，未来应适时调整法治人才的培养以顺应时代需要，掌握人工智能技术，强化法律人特有技能的培养，并强调法律职业伦理教育。

关键词　人工智能；法律职业；法学教育；职业伦理

一、问题的提出

2019年5月16日，国家主席习近平在致信第三届世界智能大会时指出，由人工智能引领的新一轮科技革命和产业变革方兴未艾。在超级计算、传感网、脑科学等新理论技术的驱动下，人工智能呈现出深度学习、跨界融合、人机协同、群智群放、自主操控等新特征，正在对经济发展、社会进步、全球治理等方面产生重大而深远的影响。①

随着法律实践的不断改革与人工智能技术的日益成熟，法律机器人、人工智能律师助理等开始在司法实践和法律服务领域运用，人工智能技术正在并将继续改变法律实践。在理论上，自从计算机甫一普及，国外法学界就开始讨论机器能否进行法律推理和能否进行法律思维。如学者Buchanan于1970年在《人工智能与法律推

* 郑丽清，法学博士，福建师范大学法学院副教授；李正凝，福建师范大学法学院硕士研究生。本文为国家社会科学基金项目“危难救助的民法困境及其应对研究”（项目批准号：16BFX155）的成果。

① 习近平．推动新一代人工智能健康发展更好造福世界各国人民[N]．人民日报，2019-5-17(1).

理的若干设想》一文中分析运用计算机编程建立法律推理模型的可行性，以提出司法建议。[①]1987年首届人工智能与法律国际会议在美国东北大学举办，为了推动人工智能在法律领域的研究和应用，1991年成立国际人工智能与法律协会，并创办刊物《人工智能与法律》。近几年，人工智能逐渐进入我国法律人的研究视野，学者对人工智能的研究热情与日俱增。以“人工智能”为题目和“法律”为主题在中国知网搜索，不难发现，在2017年之前还只是以个位数计的研究论文，2019年已高达658篇。在既有的相关研究成果中，关于人工智能的法律主体资格、无人驾驶汽车的侵权责任以及人工智能生成作品的版权是研究的热门话题。同时学界重视对人工智能引发的各种风险分析，有的提出对人工智能的挑战进行法律规制，有的从民法视角讨论人工智能法律问题，有的从刑法角度分析人工智能的风险。[②]随着智慧法院、智能公安、机器人律师、智慧检务等的不断探索和推广，肩负为法律实务界输送卓越法治人才任务的法学教育必须作出相应的回应，研究人工智能技术的发展不仅对教学方法还对教学内容提出挑战。[③]

既有研究对该问题的关注呈现鲜明的特征，即在承认人工智能将给法律职业带来极大冲击的前提下，大多注意到了法学教育对于回应法律人工智能发展的重要性，提出通过掌握法律人工智能技术来应对这一问题。虽然也有研究提到法律职业者的不可替代性，但很少从法律人具体特殊技能或优势以及如何强化这方面技能教育的角度进行解读，以迎接人工智能的挑战。毋庸置疑，人工智能能够比人类更好地完成某些法律活动，但是，法律职业和法学教育必须也应该重视那些人类的独特技能，若不这样做，将顾此失彼，不仅极不利于未来几代法律人的培养，还无法满足社会对有能力人类法律专家的需求，因此，本文将从人工智能在法律职业领域运用现状及原因出发，分析人类对法律人工智能的应有态度，并对人工智能背景下法学教育的应对作出展望。

二、莫轻视：法律人工智能拥有人类无法比拟的优势

2014年底，国外一位不服停车罚单的司机通过DoNotPay机器人简单地回答网

① BRUCE G. BUCHANAN, THOMAS E. HEADRICK. Some Speculation about Artificial Intelligence and Legal Reasoning[J]. Stanford Law Review, (1970):40-62.

② 如吴汉东. 人工智能时代的制度安排与法律规制 [J]. 法律科学，2017(5):128-136；杨立新. 用现行民法规则解决人工智能法律调整问题的尝试 [J]. 中州学刊，2018(7):40-49；刘宪权. 人工智能时代机器人行为道德伦理与刑法规制 [J]. 比较法研究，2018(4):40-54.

③ 周江洪. 智能司法的发展与法学教育的未来 [J]. 中国大学教学，2019(6):34-37.

上的几个问题后便成功推翻处罚，DoNotPay 因此成为法律“自助”服务的开始。[①]“世界第一个人工智能律师”（ROSS）是由 IBM 研发的，服务于纽约 Baker & Hostetler 律师事务所，协助处理公司破产等事务。[②]澳大利亚一家由律师创办的律师事务所，其员工全部都是人工智能法律信息研究助理（Ailira），提供税务和房地产法律服务。在英国的一场比赛中，一名法律人工智能与 100 名经验丰富的商业律师对决，律师和人工智能被给予数百个案例的真实场景，并被要求预测索赔成功与否，结果人工智能 Case Cruncher Alpha 预测的准确率高达 86%，高出人类律师预测准确率 20% 以上。未来几年，法律人工智能领域的竞争将十分激烈，传统律所将与初创企业、汤森路透（Thomson Reuters）等非传统法律服务提供商以及彭博 (Bloomberg) 和普华永道 (PwC) 等法律局外人争夺技术和法律方面合格的人才和抢夺市场份额。[③]为此，越来越多的律师事务所如 Linklaters、Riverview Law 开始研发、部署法律人工智能系统，帮助提高工作效率，或者以低成本模式提供法律服务，提高自身的竞争力。国外法律人工智能主要源起于律师职业，在律师事务所和企业中运用较为频繁，慢慢扩展至司法领域。如利用人工智能预测判决，且研究表明预测准确率不低。欧洲人权法院利用伦敦大学、谢菲尔德大学和宾夕法尼亚大学的研究人员开发的人工智能方法，作出的司法判决预测准确率为 79%；[④]被用来预测美国最高法院行为的人工智能算法，利用 1816 年到 2015 年美国最高法院的数据库建立了一个称之为随机森林的统计机器学习模型，算法正确地预测了法院 2.8 万件决定中的 70.2%，法官 24 万次判决中的 71.9%，而法学家的预测准确率只达到 66%。[⑤]

在中国，为抢抓人工智能发展的重大战略机遇，国务院于 2017 年制定了《新

① 实际上，DoNotPay 服务既不像机器人，也不像律师，并不是典型的法律服务交易。司机没有与任何人互动，没有查阅任何法律，也没有填写任何表格。相反，司机回答了“机器人”在网上提出的几个问题，然后机器人会自动填写必要的表格，并免费将它们提交给当地政府相关部门。但这一做法很快受到效仿推广，2017 年 DoNotPay 将其服务扩展到所有 50 个州，到 2017 年 7 月，这项服务已经为用户节省了 930 万美元，争议了 37.5 万张停车罚单。［详见 DREW SIMSHAW. Ethical Issues in Robo-Lawyering: The Need for Guidance on Developing and Using Artificial Intelligence in the Practice of Law. Hastings L. J. 2018(70):174-175.］

② IBM 人工智能进入法律行业：推世界首位 AI 律师 ROSS [EB/OL].（2016-05-16）[2018-11-22]. https://tech.china.com/news/11146418/20160516/22659248. html.

③ ALEXANDER ROSS DAVIS. Artificial Intelligence and the Future of Legal Practice[EB/OL]. [2018-12-20]. http://insight. Thomsonreute rs com. au/posts/artificial-intelligence-future-legal-practice.

④ Al PREDICTS. Outcomes of Human Rights Trials, UCL NEWS[EB/OL]. [2019-4-1]. http://www.ucl.ac.uk/news/news-articles/1016/241016-Al-predicts-outcomes-human-rights-trials.

⑤ DANIEL MARTIN, MICHAEL J. BOMMARITO II, JOSH BLACKMAN. General Approach for Predicting the Behavior of the Supreme Court of the United States, SSRN [EB/OL]. [2018-12-29] https://journals.plos.org/plosone/article?id=10.1371/journal.pone.0174698.

一代人工智能发展规划》，将人工智能发展置于国家战略层面予以系统布局。最高人民法院与最高人民检察院提出建设“智慧法院”与“智慧检务”的行动规划，司法部提出司法行政应该“主动拥抱大数据人工智能新时代”。与国外法律人工智能起源于律师职业不同，我国法律人工智能运用开始于司法实践。近年来在司法实践中开始积极运用大数据、人工智能，为司法改革注入了推动力和创造力，积极转变观念，改变工作方式，探索“人工智能＋检察”、“人工智能＋司法”等人机结合新模式。浙江省杭州市下城区法院启用虚拟的人工智能法官助理“小智”参与庭审民间借贷就是一个典型的例证，从发问、汇总证据、还原案件事实、计算返还数额到判决书初稿均由“小智”完成，提高审判效率。人工智能在法律服务领域也开始出现，如声称能提供人工智能技术的一站式营销解决方案的“法狗狗”，借助图像、语音识别、知识图谱以及证据指引等媒介，为客户提供分析报告、案情预测等法律咨询服务，还有“简法 AI”智能合同审查平台，“吴小角”、“法蝉”律师管理协作系统等等人工智能的运用，勾勒出国内法律人工智能的基本蓝图。

人工智能为何在法律职业中能被大力推进，本文认为主要有两个方面的原因。

一是得益于不断提升的技术，主要缘于数据的可获得性和开发算法的可行性。法律是一个特别注重文本的行业，不少国家积累了大量表述严谨、逻辑明确、标注详细的文本数据，为人工智能的应用提供了极大的便利。目前已经有大量关于旧合同、判例（法院判决、仲裁裁决）等的数字化数据可供机器学习。同时算法能力的不断进化，使得人工智能能够识别法律概念、相关的含义和上下文等内容，这已经在实践中得到验证。如哈佛大学法学院图书馆创新实验室的“判例法获取项目”，该项目致力于将美国法院意见的全部历史记录数字化，并使这些数据可供法律算法阅读和训练。① 随着自然语言处理技术的加入，法律检索变身智能检索，人们可以运用在线法律机器人轻松收集资料，人工智能打破了获取法律服务的成本壁垒，以较低的成本提供法律服务，为人们提供法律咨询等。根据案例相关事实、信息、模板，机器可以自动输出备忘录、起诉书、上诉状等法律文件。比如，当事人只要到法院选择操作智能诉状一体机，完成机器的问题引导，系统依据大数据和人工智能分析，很快就会生成当事人想要的诉状。通过对案件信息的学习，机器甚至可以预测案件结果。②

二是基于提高效率并更好实现司法公正的需要。近年来，随着社会矛盾的增多，全国法院受理的案件数量在逐年递增，法官人均办案量也不断攀升，压力非常大。在西方，专业性很强的律师在诉讼过程的重要性不言而喻，尤其在重视判例法

① ERIN WINICK. Lawyer-Bots Are Shaking Up Jobs, MIT Technology. Review [EB/OL]. [2018-12-02]. https://www.technologyreview.com/s/609556/lawyer-bots-are-shaking-up-jobs/.

② 人工智能，能为法律做什么？ [EB/OL]. [2020-01-29]. https://www.huxiu.com/article/304921.html.

的英美法国家，案件律师的大量工作是查找历史上大量的相关法律文件，进行汇总和分析，并从中寻找最佳解决方案。有的案件涉及上百万份的历史文档和法律文件，因此若想得到优质的法律服务，当事人通常需要支付高昂的诉讼费，且耗时长。人工智能凭借其强大的信息处理能力，无疑能更快地完成对案件的处理，且其速度远超过法官、检察官与律师，大幅度节约成本，提高工作效率，缓解办案压力。“未来 5 年，律师工作时间每年减少 2.5% 左右，工作效率每年提高 2.5% 左右。”[①] 人工智能在法律中的应用，除了提高效率这一目的外，还有一个十分重要的推动力就是实现司法公平。运用人工智能可以避免人类认知中非理性引起的偏差或错误，毕竟法律规范具有一定的相对模糊性，不同裁判者对法律规范的解读不尽相同，通过人工智能的应用提供法律查询技术或意见参考，减少人为误差，无疑有助于类案类判，有利于提高司法统一。面对极其丰富的知识、复杂的社会，即便是学富五车的法官，其掌握的知识也是有限的，人工智能可以帮助法官裁判胜任相对复杂的案件，降低法官的误判率。

根据目前法律人工智能在国内外运用的情况以及对未来进展的预测，与法律人相比，人工智能在某些领域的运用优势凸显，这些领域的工作特别适合人工智能来完成，主要有以下几个方面：

1. 法律风险和潜在违规的评估

毫无疑问，对于公司来说，评估诉讼和违规风险是其风险管理的重要组成部分，若能将此种风险独立出来分析，并将其参数输入到公司承担的更大的风险（包括公司面临的声誉、商业、政治等风险）分析模型，势必对公司的整体风险防御策略大有裨益。而将一个风险的客观数值运用到整个决策过程，很可能会对决策产生重大的影响。在作出某个决策之前，该决策会产生什么诉讼风险，或者在诉讼发生后，是否继续诉讼还是和解、撤诉等问题，人工智能都会加以考虑。因为数据的可获得性和开发算法的可能性，基于大量过去行为和判决的数据，人工智能的预测和风险评估技术日益成熟。如总部位于首尔的宇川律师事务所 (Yulchon) 开发了一个名为“AlgoCompliance”的以客户为中心的数字合规系统，其算法可以监测政府网站的日常监管变化，并确定这种改变是否可能引发不合规。[②] 这对于跨国企业降低风险、遵守不同司法管辖区的国际法规。爱丁堡大学国际银行法与金融学教授 Emilios Avgouleas 表示，当一个国家（如美国）对另一个国家实施制裁时，企业要确保自己遵守相关规定，不这样做可能会付出巨大的代价。2012 年汇丰国际银行

① DANA REMUS, FRANK LEVY. Can Robots Be Lawyers: Computers, Lawyers, and the Practice of Law[J]. Journal of Legal Ethics, 2017(30):536.

② B RUCE LOVE. The lawyers using Al to keep tabs on new global sanctions, Financial Times[EB/OL]. [2019-03-06]. http://www.ft.com/content/0c2bda9e-4caf-1e8-97e4-13afc22d86d4.

集团 (HSBC) 因违规为墨西哥贩毒集团洗钱逾 8.8 亿美元，而不得不斥 19 亿美元巨资与美国达成暂缓起诉协议。[①]

2. 合同文本审查和尽职调查

同样基于数据的可获得性和算法开发的可行性，人工智能越来越有可能参与合同审查及其他尽职调查任务。2018 年初法律人工智能平台 LawGeex 公布了一项具有里程碑意义的研究成果，该研究将 LawGeex 人工智能与在美国接受专业培训并具有 10 多年从业经验的 20 名顶级律师进行审查标准商业合同比赛，双方各审查 5 份保密协议（保密协议是商业中最常用的法律协议之一），结果人工智能完胜律师。评价指标主要有耗时和准确率，人工智能 LawGeex 只用了 26 秒就完成所有审查，准确率平均达到 94%；律师却平均花费 92 分钟才完成，准确率平均为 85%。[②] 这个实验是在对 LawGeex Al 系统进行了 3 年的培训之后进行的，事先让 LawGeex 对数万份合同进行机器学习和深度学习，建立了一种算法，从而使算法能够识别和区分不同的法律概念。又如，据 2017 年媒体报道，摩根大通 (JP Morgan Chase) 使用一种名为 "COIN" 的新软件来审查商业贷款协议，"COIN" 能在几秒之内完成律师和信贷员每年约 36 万小时的审查文件工作。[③] 人工智能工具还可以帮助法律专业人员更有效、更准确地进行尽职调查，因为这项工作对人类来说往往是乏味的。[④] 如 Luminance 公司开发的用于并购尽职调查的"思维计算机系统"；eBrevia 使用业界领先的人工智能，包括机器学习和自然语言处理技术，从合同中提取数据，旨在提高合同分析和尽职调查等带来前所未有的准确率和速度；[⑤] Kira Systems 是一个直观、易用的软件，可以从合同和相关文件中发现相关信息，使每个人都可以访问强大的机器学习人工智能，该界面具有实时协作和灵活的项目管理功能，因此不仅使机器学习合同分析成为可能，也使机器可被用于并购尽职调查的执行，[⑥] 等等。人工智能软件的运用可以很容易地提取数据并阐明合同的内容，可以让公司更快地审查合同，更容易地组织和定位大量的合同数据，减少潜在的合同纠纷，增加能够

① DESSISLAV DOBREV. The Human Lawyer in the Age of Artificial Intelligence: Doomed for Extinction or in Need of a Survival Manual [J]. Journal of International Business and Law, 2018(39):49.

② AL VS. Lawyers, LAWGEEX[EB/OL]. [2019-01-12]. https://www.lawgeex.com/AlvsLawyer/.

③ DEBRA CASSENS WEISS. JPMorgan Chase Uses Tech to Save 360,000 Hours of Annual Work by Lawyers and Loan Officers, A. B. A. J [EB/OL]. [2019-01-12]. http://www.abajournal.com/news/article/jpmorgan_chase_uses_tech to_save_360000_hours_of_annual_work_by_lawyers_and.

④ BERNARD MARR. How AI and Machine Learning are Transforming Law Firms and the Legal Sector[EB/OL]. (2018-05-23) [2018-12-10]. https://www.forbes.com/sites/bernardmarr/2018/05/23/how-ai-and-machine-learning-aretransforming-law-firms-and-the-legal-sector/#60f4950d32c3.

⑤ EBREVIA[EB/OL]. 2018-11-10. https://ebrevia.com/#overview.

⑥ KIRA[EB/OL]. 2019-11-10. https://www.kirasystems.com/how-it-works/.

谈判和执行的合同数量。

3. 法律检索

一直以来，通过梳理判例来寻找法律是英美法系国家法律工作（特别是律师工作）的重要组成部分。法律检索量非常大，而且十分复杂。之前数据库搜索的主要工具如 Lexis 或 Westlaw，搜索的结果必须由法律专业人士阅读、分析和解释等，人工智能可以帮助提高搜索的效率。正如麦金尼斯和皮尔斯所言，“在过去的四十年里，计算机程序只完善了法律关键词搜索。然而，由于技术的加速发展，计算机在更短的时间内能够为自己选择最好的判例，并做简短的引文。即使计算能力每两年才翻一番，未来十年的增长速度也将是前十年的三十多倍。因此，尽管机器只是刚刚开始执行法律任务，但我们可以预期，未来十年将取得重大进展，未来几十年可能会更大进展。”[①] 如利用IBM沃森技术的ROSS智能，在法律检索方面已经被证明是非常有效的。这些法律检索的进步使律师可以与人工智能技术讨论法律概念，并让人工智能根据这些概念分析案件。其中一个重大转变就在于不仅可以使用关键字匹配，还可以通过语义匹配类似的概念。这些人工智能不仅能匹配相关案例，还能根据其他案件依赖该案例的频率衡量其说服力，以及哪些法院或法官已经这样做。可以预期，这项技术将从根本上改变法律检索的方式。人工智能不仅能发现先例，还能引导法律工作者对先例的使用作出判断，因为大多数法律工作者既不能全面评估先例的效力，也不能记住所有可能的先例。

4. 起草文件

在过去，使用法律文件模板有助于降低这些法律服务的成本。人工智能将可以满足个人特定需求的文档。当这些文件在法庭上被审查时，人工智能将能够通过跟踪这些文件的有效性，使用其学习能力来改进这些文件。如 LegalZoom 的客户已经可以向 LegalZoom 提交关于其资产和其处理资产意图的信息，LegalZoom 通过几个简单的步骤，便可以快速、简便、经济地生成一份完整的遗嘱。又如上文提到我国法院利用人工智能为当事人自动生成诉状。随着计算机和软件功能越发强大，计算机生成的表单将在法律实践中具有更广泛的应用范围，能够审查合同文本的法律人工智能，具备理解合同中的法律概念、发现合同中的问题并与其他合同相比较的能力，因此法律人工智能具有起草合同文本的能力，这在标准化形式合同领域更具有可行性。以国际掉期和衍生品协会（ISDA）提供的协议为例，它为衍生品开发了标准文档，依据人类律师设定的最初基本规范和偏好，设计一种能够生成协议初稿的人工智能驱动方法，这些初始属性可以采用预先设置的标准化选项菜单的形

① JOHN O. MCGINNIS, RUSSELL G. PEARCE. The Great Disruption: How Machine Intelligence Will Transform the Role of Lawyers in the Delivery of Legal Services[J]. Fordham Law Review, 2014(82):3046.

式。[①] 又如像 KIIAC 公司开始尝试使用机器能帮助客户分析合同模型，为起草合同创建模板和子句库，该技术分析每一类合同，并自动确定它们包含哪些条款，这些条款如何组织的，以及每个条款中使用的标准和非标准语言的范围，将生成的模板和子句库称为“参考标准”。然后，由使用者选择最适合他们需要的条款，以及与这些条款相关的语言。[②] 在未来，随着文档与结果的联系越来越紧密，随着数据的互联性日益增强，机器可以将特定的合同与所有与之相关的法院判决联系起来，法律文件也将得到不断地改进。

当然，人工智能的优势远不止上述这些，在法律上可能还存在广泛的潜在用途。从理论上说，只要有足够可数字化的数据，就可以通过预测或其他认知方法在“输入 – 输出”过程中进行标记和映射。因此，人工智能在法律上的应用势必越来越广泛。

三、毋高估：人类具有法律人工智能无法复制的能力

自从人工智能应用被首次引入以来，人类就对这种技术感到恐惧，而电影和媒体的宣传加剧了这种恐惧。担忧人工智能机器将融入社会和隐藏在我们中间，担忧机器将具备自我意识并破坏人类，担忧机器会缺乏同情心等等。最大的也是更容易理解的担忧是，人工智能程序最终会消除工作场所对人类的需求。[③] 不可否认，无论是司法活动还是法律服务，运用人工智能将极大提高工作效率，甚至有利于更好地实现司法公正，尤其对于提供法律服务而言，合理利用人工智能无疑可以增加收入、扩大市场份额和降低成本等，法律人工智能能替代法律职业者完成不少的工作，因此也引发法律职业者被取而代之的担忧。德勤 (Deloitte) 曾预测：“到 2036 年，将有超过 10 万个法律工作岗位实现自动化。”[④] 但无论恐惧是什么，重要的是每个人都要明白，人工智能只是工具和起点，它们的目的是让法律职业变得更容易和更高效。因为“无论从哲学角度还是从法学角度，都不应当赋予机器人以与人相

① Scope of the ISDA Master Agreement and Schedule-overview, LEXiS NEXIS[EB/OL]. [2018-10-13]. https://www.lexisnexis.com/uk/lexispsl/ankingandfinance/document/391289/57X4-8841-F185-X2H3-00000-00/Scope _of_the_ISDA_Master_Agreement_and_Schedule_overview#.

② Automating Template Creation and Document Benchmarking: Q&A with Kingsley Martin, CEO of KIIAC. [EB/OL]. (2009-03-24)[2018-10-13]. https://www.adamsdrafting.com/kiiac-q-and-a.

③ MELANIE REID. A Call to Arms: Why and How Lawyers and Law Schools Should Embrace Artificial Intelligence[J]. University of Toledo Legal Review, 2019(50):478.

④ DELOITTE. Insight:Over 100,000 legal roles to be automated[EB/OL]. [2018-10-13]. https://www.legaltechnology.com/latest-news/deloitte-insight-100000-legal-roles-to-be-automated/.

同的法律主体地位。”[①] 人工智能永远不能取代法律人的全部工作，“未来就业市场的完全自动化是不可能的，相反，将会出现一种新的分工：人类专注于某些任务，而机器则从事其他任务”。[②] 人工智能时代法律职业人员应消除对人工智能的恐惧，利用好人工智能，专注于机器无法复制的人类活动，挖掘特有的竞争技能，以迎接挑战。

（一）价值判断能力

可以说，在今后很长的一段时间，至少在人工智能具有自我意识、自我设定目标、自我合理化行为的感知之前，人工智能将主要遵循嵌入算法代码中的严格逻辑路径。然而，这种逻辑仅仅是程序性的，而非解释性的。人工智能对于其输出的法律结果，无法像人类那样提供解释理由，尤其是面对复杂竞争的因素或利益时，机器更无法为决策进行价值判断。即使人工智能通过对大数据的案例进行深度学习，能够在一定程度上模仿法律人思维，但是也只能是简单的逻辑推理，人工智能很难模拟法律人直觉、经验、价值权衡等法律分析方法，且人工智能所进行的归纳无法涵盖所有可能的情形，因此，对于个案中出现的新情况新问题，人工智能无法像法律人那样运用各种法律解释方法去分析解决。“人工智能无论多么强大，都只表现于对规则理性的推理方面，而无法像人类一样去运用超越规则之上的价值判断。”[③] 对于人工智能是如何通过深度学习训练的数学模型来预测、推荐或决策的，人们很难得知，如一个算法是如何达到它的推荐值，以及在特定情况下为什么是这些因素（而不是其他因素）如此关键。从本质上讲，不论是法律意见背后的论据，还是法院判决的推理，抑或是替代行动方案的法律意见，如何使其合理化是逻辑分析的一个基本要素，也是法律人的一项基本技能。具言之，即能够辨析和以清晰且连贯的术语阐明一组前提（这组前提可能是事实认定、法律规定或其他因素）与从这些前提中得出的法律结论或建议之间的逻辑关系。对此，目前人工智能的算法逻辑与人类认知逻辑在基本原理的解释上存在着一定的差异，人工智能输出的算法路径是正向逻辑，也就是基于一组数据，理解什么是最优决定或最有效的操作过程，人工智能缺乏逆向逻辑能力。

（二）比较和跨学科的分析能力

人工智能的能力依赖于潜在算法，因此，其潜在角色取决于算法本身的发展能

---

① 赵万一.机器人的法律主体地位辨析：兼谈对机器人进行法律规制的基本要求 [J]. 贵州民族大学学报（哲学与社会科学版），2018(3):147.

② KLAUS SCHWAB. The Future of Jobs Report 2018, WORLD ECONOMIC FORUM[EB/OL]. 2019-03-10. https://www.weforum.org/reports/the-future-of-jobs-report-2018.

③ 李晟.略论人工智能语境下的法律转型 [J]. 法学评论，2018(1):105.

力。与传统线性思维的信息技术相比，人工智能确实可以帮助人们处理复杂的法律条文和案例分析，但是再怎么发展，算法都是相对的、有限的，人工智能算法较易于设计出更线性的任务，而“法律的过程是非线性的”[①]。在处理法律问题时，经常需要跨学科、交叉连接或多层次性的知识，需要跨多个法律体系或知识领域的分析才能得以实现。这种比较和跨学科的法律分析方法在一个不断全球化和相互联系的世界中的重要性不言而喻，法律人越来越有必要了解法律制度之间的区别，并通过比较分析提炼出一些基本的法律原则，对应然的法律架构进行指导。更重要的是，在追求构建一个满足日益复杂世界的迫切需要的法律时，这种相互联系不仅存在于不同地理位置或不同国家之间，更存在于不同的知识领域之间。很难想象算法能够识别出什么时候以及应该输入多少其他的信息或数据，这些信息或数据来自不同的法律领域，甚至是不同的学科，但是可能与法律任务息息相关。即使人工智能在技术上完全可以获取大量的信息，对于那些来自不同法域的无法简单叠加或相互适应的数据，如何安排、标记、分类和使用，都是大难题。算法很难做到正确把握和处理那些看起来相似但在不同的法律体系中的范围和适用都不同的法律规则。

（三）创造性思维能力

在创造性思维能力方面，人工智能也不能与人类相提并论。从人工智能工作原理来看，人工智能的创造力受到一开始机器学习时所接触的资料和任务范围的极大限制。在可预见的未来，在没有大量投入的情况下人工智能想要实现创新输出的可能性是非常有限的。为了实现创造性，人工智能本质上需要学习如何编程并极大程度地修改自己的算法，即使存在这种可能性，未来也有很长的路要走。在人工智能时代，法律领域的创造性将是一种极具价值的能力。作为一种分析技能，它的重要性将超过特定学科知识的重要性，这些知识将比以往任何时候都变化得更快，但是容易被人工智能处理，在未来法律技能的核心将是与人工智能创造能力的竞争，因此，为法律问题设计新的、迄今未知的解决方案的能力将比以往任何时候都更重要。当然，每个人的基本创造力水平不一样，且从某种程度上说，一个人创造力水平是很难改变的，创造力与求知欲、开放性和非传统的性格特征息息相关，但遗传学研究表明，基因只决定 10% 的创造性潜质，因此仍然可以通过有目的地干预来培养创造力。有学者提出培养人的创造力可以从以下四个方面考虑：给予大量反馈，反馈对于帮助人们缩小自信和能力之间的差距至关重要；提供创造性思维的培训，如教人们发现新的想法，接受具有挑战性的任务，探索专业领域之外的知识；给人们分配他们喜欢的任务，以增加个人动机（特别是内在动机——与任务相关的享

① 高奇琦，张鹏. 论人工智能对未来法律的多方位挑战 [J]. 华中科技大学学报，2018(1):92.

受、兴趣和参与)；帮助他人发展专业技能，同时必须以新的方式重新排列它们。[①]

(四)社会背景连接能力

迄今为止，人工智能的发展轨迹表明了人工智能在背景理解方面存在明显局限性。法律不是静止的、绝对的规范，很难不受时间和空间的影响。某项制度在过去被认为是一项基本法律原则，而现在不再具有这样的地位；同样地，某项制度之前并不是一项基本法律原则，如今可能上升为基本原则。法律的解释也必须在具体的社会、经济和法律发展的时间范围内进行。有人将法律比喻为“新种植成活的树”，它势必随着时间的推移而生长并不断调整。要理解一项法律规则，首先必须理解该规则产生的社会背景及其应用环境。法律解释的原则就是通过审查立法意图来体现这一点的。然而，人工智能的算法往往是一些绝对的、尽管可变但与社会背景无关的标准值，背景在人工智能传输数据过程中往往被移除，而人类具备法律背景的连接能力优势，从而使法律职业者在分析策略方面的能力更突出。如通过人工智能输入法院判例，即使类型多、范围广，但是与人们所处的或已经发生的各种社会、经济或政治环境之间还是存在很大区别的。

与法律人工智能相比，法律人的优势远不止这些，还有人际交往、沟通能力、管理能力、领导能力和质疑能力等，不难想象，若法律人只是掌握简单的知识技能，只会从事重复性的法律活动，在未来很容易为人工智能所取代，而那些价值判断、创造、交往沟通和领导管理等能力较强的法律人则不容易被取代。

四、宜聚焦：人工智能背景下法治人才培养的三维向度

通过上文的分析不难发现，随着人工智能技术在法律实践中的运用，一方面，将在经验丰富的法律人才和那些能更好地利用人工智能优势的初级法律人才之间创造公平的竞争环境；另一方面，未来提供给初级助理律师、法官等的职位可能会减少，如律师助理之前在没有技术帮助的情况下需要花大量时间进行法律检索和文档审查等，而利用人工智能只需要花很少的时间，人工智能将取代过去通常由初级律师完成的普通任务，导致未来提供给初级律师的机会减少。因此，法律人应该理性应对人工智能带来的知识、能力、思维方面的挑战，尤其在法学人才培养上更需要适应人工智能时代的社会需求。《新一代人工智能发展规划》提出打造“人工智能+法学”复合专业培养新模式，为未来法治人才的培养指明了方向，本文认为，应主要从以下三个方面入手。

① THOMAS CHAMORRO-PREMUZIC. You Can Teach Someone to Be More Creative[EB/OL]. [2018-10-13]. https://hbr.org/2015/02/you-can-teach-someone-to-be-more-creative.

（一）技术之维：顺应时代需要掌握人工智能技术

未来的法学教育需要根据新的发展形势进行调整，整合教育资源，实施法治人才的协同培养机制，推动法学专业教育与现代信息技术的深度融合。法学院需要提供与法律实践相符的具体技术和软件的教育课程，比如让学生了解人工智能的基础知识：一般的人工智能和特定领域的人工智能有什么区别；人工智能机器如何思考、行动或行为；算法是如何与人类互动的；人工智能如何通过引入扩展的或新的数据集不断学习和改进；什么是算法、聊天机器人和机器人顾问；等等。以美国法学教育为例，有学者认为，尽管法学院欢迎所有的申请人，而无论其学术背景如何，但只有顶尖的申请人才会被选择。在未来，最热门的候选人可能是具有工程、数学、科学或信息技术背景的学生。随着高等教育的发展，计算机工程学位可能比文科学位更好地为法律实践作准备。与入学考试成绩相比，高技术背景可能是法学院学生未来成功的重要前提，当然这并不意味着学生必须具备计算机工程或编程背景，但是这样的学生能够更适应先进的技术，也更能适应人工智能的发展并进行创新。四川大学法学院作出了积极尝试，通过引进统计学和计算机科学方面的教师人才，在学院开设法律大数据、法律人工智能等相关课程，实现跨学科的互动交流。①

为了在这个快速发展的法律环境中具备竞争优势并取得成功，学生们不仅需要了解这些技术，还需要为未来的技术开发创新内容。例如，美国杨伯翰大学法学院法律设计实验室 LawX 开发了一个名为 SoloSuit 的应用程序，帮助那些因债务催收诉讼需要应诉的人和无法负担法律服务费用的人在应诉或提出诉求时简化法律程序。在过去几年，犹他州已经有超过 33 万起债务催收诉讼，其中超过 98% 的被告没有聘请律师。而且大多数都未进行答辩。② 通过为人工智能开发新的应用程序，使得那些原本无法负担律师服务费的当事人能在法律下得到平等待遇，这是十分有益的创举。的确，如何才能更好地利用人工智能，如何让法律程序对当事人和法律人而言变得更容易，是非常重要的问题。如果法学院学生被教育适应这种人工智能技术，那么未来的创新如 SoloSuit 和类似的软件将会变得司空见惯。

此外，未来的法学教育还要教育学生学会质疑数据和算法。对于人工智能来说，算法至关重要，法律人工智能同样如此。法院学学生应该被教导具备质疑人工智能程序产生的数据的能力，避免过分依赖技术。人工智能技术也有缺点，与此类技术相关的算法偏见（毕竟机器是容易犯错的人类编程）可能会强化法律人的偏见。这就要求法律人认识到人工智能的判断可能存在错误，需要法律人的理性判断与解读。法学院学生需要学会质疑他们在使用这些程序时收到的数据，并以怀疑的眼光

① 左卫民. 热与冷：中国人工智能的再思考 [J]. 环球法律评论, 2019(2):64.

② SOLOSUIT[EB/OL]. [2018-10-14]. https://www.solosuit.com/about.

看待这些数据。而且任务要求过于宽泛的人工智能程序可能导致结果的不准确，因此，这类的操作需要审查和严格的人力监督。法学院学生需要意识到他们作为这些项目和输出的监督者角色。

（二）能力之维：强化法律人特有技能的培养

第一，培养学生严谨的法律思维能力。作为法律人，严谨的法律思维是其必备的基本素质与能力，法律人必须学会认识、理解、应用、丰富和发展法律等多种能力。从某种意义上说，法律人的思维方式比专业知识更为重要。虽然法律专业知识无法穷尽，任何学生都无法在学校习得全部法律知识，但是人工智能机器很容易做到。而人类特有的法律思维能力是决定法律人认识和判断的基本因素，无论是现在还是未来的人工智能时代，拥有严谨的法律思维能力是法律人执业的重要条件。没有“良心”的机器人法官，无法判断证据的真假以及是否有用，“内心确认”无法形成。上文述及人工智能的司法运用有助于更好地实现司法公正，但是机器人法官要做到“铁面无私”，其前提必然要求法律条文足够完善，如果法律条文有多重解读，由于缺乏解读法律的能力，机器判断容易失真。因此，当事人很难信服机器人法官判决的案件，对于机器人的判决结果人们也很难服从。①

第二，培养学生创造性思维和跨学科思维的能力。2011 年我国出台的《关于实施卓越法律人才教育培养计划的若干意见》指出，法学教育的现状呈现“培养模式相对单一，学生实践能力不强”的特征。培养一名合格的法学人才，仅掌握法律规范知识体系是远远不够的，必须拥有法律职业者独特的批判性和创新性思维。在人工智能背景下，法学院应该比以往任何时候都更注重培养学生的创造力和创新精神，需要经常向学生普及在法律实践或法学理论中从未出现过的新问题，注重建设课程、教学和评分方法，以法律的本质、法律原则为基础，与其他法律体系或知识学科进行类比，教育学生运用社会情境连接解释以及思考和分析法律问题等方法，如此才能应对日益复杂的、超越已有法律规定的世界。同时法学院应该合理设置比较法、跨法律体系和跨学科课程，法律问题并非线性或一维的，在面对跨学科、交叉连接或多层次性的法律问题时，只有掌握比较和跨学科等分析技能，才能合理解决许多法律问题。

第三，培养学生的领导能力、管理能力和人际交往能力。随着人工智能技术接手一些初级法律人过去的工作，初级法律人在办公室的角色正在发生变化。初级法律人需要扮演监督角色，领导或协助负责人工智能部门的员工。人工智能部门必须保证质量，认真监管和评估数据输入、分析报告和最终产品。法学院需要找到具体方法，在课堂上强调这些技能，鼓励项目小组或团队开展案例研究和讨论，因此，

① 贾引狮.人工智能对法律职业的影响与法学教育面临的挑战 [J]. 法学教育研究，2018(3):102.

需要转变做法，采用全新的讲授模式。美国哈佛大学法学院已开始在其案例研究项目中使用商学院模式，而不是传统的法律教育中的讲授和“苏格拉底”模式，“在这模式中，给学生一个特定的基于情境的问题，要求识别关键挑战问题，并制定适当的策略来解决它们”[①]。这就迫使学生们像团队一样工作，以应对现实生活中的情况，找到自己的位置，并试图领导一个团队想出一个可行的解决方案。这些正是初级法律人在实际工作中监督人工智能团队项目时会遇到的问题。

人工智能及与电脑沟通能力的不断发展并不会减少对人际交往技巧的需要。法学院必须继续强调培养学生个人有效交往技能的课程。培养学生在评估诉讼风险时，对当事人表现出适当的同理心，或作出合理的判断，了解当事人当时的需要，并作出适当的反应；培养学生应付棘手的客户会议、与对方律师的谈判和在陪审团和法官面前的法庭表现。虽然法学院应该要求学生利用和拥抱新技术，但现实是，年轻一代可能会发现与人的互动更具挑战性，因为他们已经更习惯于花更多时间与技术而非人类打交道。心理学家发现，科技使用的增加使人与人之间产生了一种虚拟的距离，“一种心理和情感上的超然感，这种超然感是在潜意识或无意识的层次上一点一点积累起来的，因为人们要用‘滑屏幕’的时间来换取与他人互动的时间。这种虚拟距离的影响是人们对他人越来越不信任，不愿帮助他人，感到孤立”[②]。法学院通过教授学生同理心和沟通技巧的价值，来对抗“虚拟距离”的影响，这可以通过设置谈判、调解和客户面谈课程来实现，重点是发展学生的人际交往技能。

（三）道德之维：培养法律人的职业伦理

人工智能既是一个技术问题，也是一个法律问题，还是一个伦理问题。每一个国家在运用法律对某一项科技活动进行规范时，都具有强烈的目的性，其中以一个目的性要求就是要符合人类伦理是基本要求。要求法律对人工智能技术具有价值引领功能。如何在人工智能发展过程中保持充分的警惕性，使这种技术不被滥用，不会对人的生存产生根本的威胁，这也是法学教育工作者应有的使命。法学教育的功能是育人而非制造机器，因应人工智能时代的需要，法学教育不仅要重视教学理念、内容和组织形式改革，还要重视法学学生社会情感能力的发展。根据《关于坚持德法兼修实施卓越法治人才教育培养计划 2.0 的意见》的要求，必须将中国特色社会主义法治理论和核心价值观教育贯穿于法治人才培养的全过程和每一环节，培

① The Case Development Initiative, Harvard Law School[EB/OL]. [2019-06-14]. https://casestudies.law.harvard. edu/thecase-development-initiative.

② KAREN SOBEL LOJESKI, MARTIN WESTWELL. Technology Is Rewriting the Rulebook for Human Interaction, PHYS. ORG[EB/OL]. [2019-10-14]. https://phys.org/news/2015-03-technology-rewritingrulebook-human-interaction.Html.

养出德法兼修的法治人才。因此，“我国当前教育政策重视关键能力和必备品格的核心素养，可以说是对学生伦理情感和价值观的深刻观照”[①]。

人工智能是人的智性结晶，而人类则不同，不光有智性，还有心性和灵性，具有道德、良心、良知、伦理、规矩和习惯等基本人性内核是人类的重要标志，机器人法官、机器人律师等没有法律人所具有的道德、良知、伦理等。道德感不仅是社会维持正常运转的基础，而且也是人类获得尊严感和存在感的前提，然而人工智能只有功能的强弱之别，只有通过反复程序和预先设计总结出的规律，而没有道德的高低之分，人工智能不可能有道德感。因此法律人工智能的产品无法像人类那样出于内心良知作出善恶评判和行为选择，无法像人类那样通过对不道德行为作出否定性评价而抑制或矫正其行为。正因为如此，作为一项影响面广的颠覆性技术，人工智能将给人类带来挑战，它的发展可能影响到人类自身的发展，带来就业结构改变；可能带来安全风险挑战，冲击法律与社会伦理；可能带来网络犯罪集团智能化和司法管辖问题；可能侵犯个人隐私，例如泄露人脸识别储存数据；可能挑战国际关系准则；等等。机器人伦理、人机关系伦理、人文精神充满挑战，这些问题都要求我们对人工智能进行法律规制和政策约束，“一方面，我们要坚决把违背公序良俗和有可能挑战人类伦理底线的人工智能技术产品排除在法律的保护之外，另一方面则通过政策或法律对那些有可能影响人类伦理的技术进行严格的管控和必要的限制，以防止因技术的失控可能给人类带来的毁灭性打击。”[②]

虽然公平、正义的法治思维不仅要赋予人，同时也要赋予机器人，但是法律人工智能的运用都是在人的设计、指挥和命令下完成的，正如哈耶克所说：“对正义的实现而言，操作法律的人的质量比其操作的法律的内容更为重要。”[③]所以法学教育过程应当注重法学伦理教育，尤其是在人工智能时代下，更应坚守法律共同体对法律的信仰，培养德法兼修的法治人才。2017 年 5 月习近平总书记在中国政法大学考察时发表的重要讲话，强调法学教育要坚持立德树人、德法兼修，抓好法治人才培养。2018 年初，教育部发布实施《法学专业类教学质量国家标准》将“法律职业伦理”课程列入法学专业核心必修课程之一。法治人才的德育工作受到了重视。2018 年 10 月，《教育部、中央政法委关于坚持德法兼修实施卓越法治人才教育培养计划 2.0 的意见》明确将“厚德育，铸就法治人才之魂”作为法学教育改革的首要任务和举措，加大法律职业伦理的培养力度，实现法律职业伦理教育贯穿法治人才培养的全过程。必须将中国特色社会主义法治理论和核心价值观教育贯穿法

① 梁洪霞，杨自意. 人工智能时代的法学教育 [J]. 高等教育评论，2019(1):26.

② 赵万一. 机器人的法律主体地位辨析：兼谈对机器人进行法律规制的基本要求 [J]. 贵州民族大学学报（哲学与社会科学版），2018(3):147.

③ 王利民. 司法改革研究 [M]. 北京：法律出版社，2000:20.

治人才培养的全过程和每一个环节。在法学课程中将立体化地渗透中国特色社会主义核心价值观，每堂课都回归教书育人的功能，每位法学教师都担负育人的使命和责任，通过浸润式演绎，润物无声地引导和教育学生，实现培养德法兼修法治人才的目标。

五、结　语

人工智能在重塑法律职业和实践领域的同时，也孕育着新的法学人才培养模式，无论是法官、律师，还是法学教授，都需要仔细研究人工智能趋势对教育和法律职业的影响。如果我们预期人工智能将能够比人类更好地完成某些活动，那么我们就有责任关注那些使人类独特的能力。可以预见在未来的十几年或几十年里，人工智能将是法律工作的增长领域，法律人需要决定是否想成为这个新的、充满活力的法律行业的重要组成部分。如果是这样，法律人尤其是肩负培养卓越法治人才的法学教育者，需要清楚认识人工智能给法律带来的影响和冲击，努力把握人工智能带来的机遇，同时发挥人类特有的技能。正确的做法是：一方面，充分肯定科技发展对法律职业发展的巨大促进作用，使法律人从繁杂的劳动中解放出来，节省时间，提高效率；另一方面，应坚持法律人不可能被人工智能完全取代的信念，未来的法学教育应有效回应人工智能时代的人才需求变化，让法学教育插上智能科技的翅膀，走学科交叉融合之路，重视法律人特殊技能的培养，同时加强法律职业伦理教育，以应对人工智能的挑战，培养德法兼修服务国家治理现代化的卓越法治人才。

但求适应社会需要

——产教融合促进企业法务人才培养

王冬*

内容提要 当前企业法务人才供需矛盾突出。一方面，社会对企业法务人才需求量大，对其职业素养要求高；另一方面，不少法学院校缺少明确的企业法务人才培养目标，缺少相关的培养方案和课程设置，缺少企业法务相关的理论教学、职业技能训练和职业道德培养，缺少培育企业法务人才的师资。因此应明确企业法务人才的培养目标，调整培养方案和课程设置，改革理论教学，加强企业法务职业技能训练和职业道德培养，以及建设培养企业法务人才的师资队伍。

关键词 企业法务；产教融合；教学改革；人才培养

习近平同志在兼任闽江职业大学校长期间提出“不求最大、但求最优、但求适应社会需要”的办学理念，为地方应用型高校的发展指明了方向。近些年，不少法学院校为更好地培养适应社会需要的法治人才，进行了多项有益的教学改革，例如借助法律援助站点推广诊所法律教学、针对地方经济发展的情况开设实验班、定期开展演讲比赛、模拟法庭辩论赛，等等。这些实践教学改革巩固了学生的法学理论知识，提高了学生的法律职业技能，培养了学生的法律职业精神，为学生毕业后更好地适应社会，成为符合社会需求的法治人才打下了坚实的基础。根据近些年地方高校法学毕业生的就业情况，结合近期项目团队对法律人才市场的调研，我们认为，通过产教融合促进企业法务人才培养，有助于进一步完善地方应用型高校法学人才培养路径，值得大胆尝试。

一、企业法务人才需求与法学专业毕业生就业现状

本文所说的企业法务是指企业内部专门负责处理法律事务的工作人员，主要的工作职责包括对企业的各种经营行为进行法律审查，预防企业的法律风险以及对企

* 王冬，法学硕士，闽江学院法学院讲师。

业的法律纠纷进行处理。[①] 企业法务以企业合规经营为己任，以预防纠纷产生为目的，还要为企业的领导层出谋划策，更好地实现企业的经营目标。从 2021 年 12 月份起，笔者对我国几个主要的就业求职网站进行了持续的跟踪调研，发现当前我国企业法务人才需求有以下两个特点。

（一）对企业法务人才的需求量大

企业法务被视为现代公司法人治理的三驾马车之一。[②] 近些年，越来越多的企业认识到合规经营、加强企业的法律风险管理是企业生存和发展的关键。依法治企不再是句口号。很多企业不断健全自身的法律风险防控体系，吸收优秀法律人才建设法务部门。现阶段我国的国有企业、民营企业、外资企业等对法务人才都有很大的需求，这一点从各大就业网站的招聘信息可以看出来。例如，从 2021 年 12 月 23 日起至 2022 年 1 月 11 日，51job 网站就发布了招聘公司法务专员岗位 6816 个，其中民营企业人才需求量最大，岗位的基本要求是本科学历、1～3 年的工作经历。

（二）对企业法务人才的要求高

市场经济对于企业法务提出了更高的要求。知识的复合性、能力的创新性是企业法务人才必须具备的素质。首先，企业法务既要懂法律，又要懂经营管理。其次，企业所处的市场环境、经营状况不断发生变化，面对新情况、新问题，企业法务需要及时作出应对，对于一些法律模糊地带还需要创新性地提出解决办法。我们经过调研发现，人才市场中的企业法务岗位对法学毕业生提出了较高的要求，通常都要求有一定的工作经验，要求能够处理商务谈判、合同审核、人事管理等事务。

（三）法学专业本科毕业生就业情况

近些年，法学专业本科生的就业率一直不好。一方面，大量的毕业生选择通过考公务员进入法院、检察院系统、政府部门，或者通过法律职业资格考试（以下简称法考）后进入律师事务所工作，但实际上公务员考试和法考都有着较高的门槛，部分地区的司法法务[③] 就业岗位接近饱和。另一方面，如前所述，随着我国社会主义市场经济的发展，国有企业完成公司制改革，民营企业崛起，大量外资企业涌入，整个社会法律意识不断增强，企业对法务人才的需求越来越大。可以说，目前企业法务人员严重短缺。但是，根据部分地方高校毕业生近些年的就业统计，仅有一小部分学生选择进入企业从事法务工作。究其原因，除了毕业生自身选择偏好外，很重要的一点是很多法学院校缺乏系统的企业法务人才培养的教学方案：导致

---

① 邵培樟，梁美英. 基于产教融合的企业法务人才培养模式研究 [J]. 特区经济，2018(9):158-160.

② 王宗正. 跨学科培养卓越企业法务人才的探索 [J]. 法学教育研究，2020(10):142-153.

③ 本文提到的司法法务主要是指法官、检察官、律师等传统的法律职业。

法学院校培养的法学专业毕业生还不能完全胜任企业的需要。培养企业法务人才和国家提倡的要培养适应社会需求的、应用型、复合型的法律人才的目标是相契合的。为此，我们需要直面法学毕业生的就业现状和人才培养困境，找到企业法务人才培养的正确路径。

二、企业法务人才培养的困境

（一）缺少明确的企业法务人才培养目标、培养方案和课程设置

在培养目标上，很多高校将法律人才的培养目标设定为培养优秀的司法法务人才，包括法官、检察官、律师等，缺少培养卓越企业法务人才的目标。有些高校的法学专业的培养方案中虽然提到了培养学生在企业从事法律服务的能力，但在具体的培养方案和课程设置中，却没有针对性的安排。例如，在法学专业本科的课程安排中，设置了民事诉讼法、刑事诉讼法、行政诉讼法、模拟法庭等课程，这些课程主要是讲授和训练诉讼业务的，而企业法务的工作大部分属于非诉讼业务。有关非诉讼业务的理论和实践实训课程很少。

此外，许多高校的法学专业培养方案，也缺少复合型人才培养的计划。为了让学生顺利地通过法律职业资格考试，法学专业的课程除了专业必修课外，选修课程的设置主要是参考教师的研究领域和法考考试范围等，一些与企业法务关系密切的其他学科的课程，例如法务会计、企业管理、劳动人事管理等课程都没有开设。缺乏企业管理方面的理论知识，毕业生自然无法胜任企业的法务工作。

（二）缺少企业法务的理论教学、职业技能训练和职业道德培养

传统的法学本科教育，在具体的课堂理论教学过程中，教师往往侧重于诉讼业务的讲授，而忽略非讼业务。例如在公司法课程学习中，法人人格否认之诉、决议的无效可撤销之诉、解散公司之诉、股东代表诉讼等内容往往都是教学和考试的重点，而公司设立实务、章程的起草修改、公司的合并分立实务、公司的解散清算实务等等内容往往很少涉及。在其他的法学专业课程中，同样存在这种情况，即教学的重点在于如何解决纠纷，而不是预防纠纷。

法律是一门实践性很强的学科。近些年各高校都越来越注重实践教学，重视训练学生法律职业技能，培养学生的职业道德。但是，企业法务有别于其他传统的法律职业。企业法务的职业技能要求与司法法务有很大的区别，职业道德的内容与司法法务也有所不同，这要求教师在课堂教学和课外实习实训方面有针对性的培养。但是，目前在很多法学院校的实践教学基地名单中，往往没有公司企业。由此导致的结果是一些有志于从事企业法务工作的学生，很难在学校安排的实习实训课程中得到锻炼。

（三）缺少培养企业法务人才的师资

培养企业法务人才，对教师的要求较高。教师不但要有深厚的法学、企业管理学方面的理论知识，还要有一定的企业工作经验。如今各法学院校都非常重视“双师型”人才的培养，不少专业教师也取得了法律职业资格，但是依旧无法适应企业法务人才的培养需求。因为“双师双能型”教师需同时具备教学能力和实践能力。对于一个培养企业法务人才的教师，如果缺乏企业的工作经验，就不能真正了解企业的需求，培养出来的人才也就不能适应企业的需求。

不少法学院校聘请了一些校外专家以充实教师队伍，取得了一定的成效，但在教学实践中仍存在不少问题。首先，很多知名校外专家，如一些经验丰富的律师、法官往往只是具有名誉教授头衔，鲜有真正参与到本科生的教学中去。其次，有些校外导师虽是公司法专家、合同法专家，但对企业法务并不熟悉，因此教学效果并不理想。

三、企业法务人才培养的路径

我们培养应用型、创造型、复合型的人才，培养满足社会需要的人才，当前应当坚持校企合作、产教融合，以人才需求为导向，调整人才培养模式，建设企业法务实践教学基地和师资队伍。对此，笔者提出以下具体建议：

（一）明确培养目标，调整培养方案和课程设置

首先，学校应该明确企业法务人才的培养目标。现如今，企业法务人才的需求越来越大，大有赶超法官、检察官、律师的趋势。高校法学人才的培养目标中自然不能缺少对企业法务人才的培养。

其次，为了减少法学人才培养的同质化。高校应当根据各自的实际情况，包括师资力量、生源情况、地方经济发展情况等确定自己的人才培养特色。例如我国经济发达的东南沿海，外资企业、民营企业发达，企业法务人才需求旺盛，法学院校应及时制订具体的企业法务人才培养方案，在现有的专业方向基础上增设企业法务专业方向。

再次，学校要调整现有的课程设置。除了那些法学专业的必修课程外，选修课程应增加企业法务方面的内容，让学生可以自由选择兴趣的课程。此外，教师也应建议有志于从事企业法务工作的法学专业的学生多多选择企业管理类的课程学习，以充实其理论知识。

（二）改革理论教学，加强企业法务职业技能训练和职业道德培养

首先，在法学理论课程的教学过程中，教师应更加重视非讼业务的指导。当

前，从事非讼业务的法学毕业生人数已超过从事诉讼业务的毕业生。非讼业务不再是法学专业的边缘课程。我们有很多课程与企业法务相关，例如公司法、合同法、劳动与社会保障法、财税法等等，在教学的过程中，应针对企业的需求增加非讼法律知识的传授和实训，包括合同的审核、草拟、公司规章制度的制定、公司设立、劳动合同的签订实务等等。

其次，增加实践教学基地，与一些企业联合培养企业法务人才。许多法学院校现有的实践教学基地，主要是一些法院、检察院和律所。但是据统计，法学毕业生最后在企业工作的占比并不低。因此学生在校学习阶段，除了学习司法法务外，企业法务也是必不可少的。法学院应该建立作为锻炼企业法务人才的实践基地。我们建议应该选择那些已经建立完善的法务部门、有较高法务需求、运作良好的单位联合培养企业法务人才。

再次，增加企业法务的技能训练和职业道德的培养。无论是课堂教学还是课外实习实训。教师都应当重视企业法务的技能训练和职业道德的培养。我们应充分利用企业的实践教学基地，让学生在毕业前就接触到企业法务实操，养成高尚的职业道德，使毕业生能够尽快地适应和胜任工作。

（三）建设企业法务人才师资队伍

首先，企业法务人才的培养对于教师有较高的要求，不但要有较强的法学专业知识的支撑，也要有企业管理等方面的知识和技能。学校应鼓励承担企业法务人才培养任务的法学专业教师跨学科深造，学习的重点是会计、企业管理、劳动人事管理等专业知识和实务。其次，学校应定期派遣优秀的教师赴企业锻炼，对企业的法务需求进行深入的调研，进而不断调整教学方案和内容。再次，产教融合，学校可以和作为实践教学基地的一些企业联合办学，吸收企业优秀的法务人才为校外导师以丰富教学队伍。当然，对于校外导师的聘任，除了专业能力方面的考量外，人品和职业素养也是重要的一个方面。

结　语

当前我国地方应用型高校培养法学人才，应将就业目标也定位于广阔的企业法务领域。以社会需求为导向，培养企业法务人才，已是我国法学教育的当务之急。我们要在充分研究企业法务岗位人才需求的基础上，通过产教融合，充实提高法学生从事这一职业必须具备的专业知识、基本技能和基本素养，为企业输送卓越的法务人才。

习近平法治思想在法治教育中的重要地位研究

刘巧兴*

内容提要 习近平法治思想的提出，是中国法制史上的重大事件。分析习近平法治思想产生及面对的“百年未有之大变局”的历史背景，厘清习近平法治思想在马克思主义理论中的地位，研究习近平法治思想与宪法精神的互动关系，是我们领会并在法治教育中践行习近平法治思想的关键。从宏观方向指引到微观正义体验，习近平法治思想在我国法治教育中具有重要指导地位。

关键词 习近平法治思想；法治教育

一、习近平法治思想是马克思主义法治思想的最新理论成果

马克思主义在指导中国革命、建设和改革开放的过程中，与中国具体实际相结合，实现了马克思主义中国化。作为马克思主义基本原理的组成部分，马克思主义法治理论中国化是马克思主义系统中国化的逻辑必然，马克思主义的系统中国化的过程，也是马克思主义法治理论中国化的过程。从文化路径上看，中国化过程意味着马克思主义法治理论必须与中国优秀传统法律文化相结合，以获得中华民族文化观念上的认同，具体表现为用本土化的语言进行表述，从法律意识与法律制度的建构、理论形态的本土化这三个层面，展现中国化马克思主义法治理论的成果。①

中国共产党在领导中国革命、建设和改革开放的过程中，尤其是自党的十一届三中全会以来，在探索建设社会主义法治国家的过程中，与马克思主义中国化三次历史性飞跃的历程相适应，也实现了马克思主义法治理论中国化的三次历史性飞跃，形成了三次历史性飞跃的理论成果，即中国化的马克思主义法治理论。第一次历史性飞跃是毛泽东思想的法治理论的创立，第二次历史性飞跃是邓小平理论、

* 刘巧兴，法学博士，闽江学院法学院法律系主任。

① 蒋传光．习近平法治思想发展与马克思主义中国化的三次历史性飞跃 [J]. 东方法学，2021(4):5-17.

“三个代表”重要思想、科学发展观的法治理论的形成，第三次历史性飞跃是习近平法治思想的创立。

习近平总书记指出：“我国正处于实现‘两个一百年’奋斗目标的历史交汇期，坚持和发展中国特色社会主义更加需要依靠法治，更加需要加强党对全面依法治国的领导。”①无论是实现“两个一百年”奋斗目标，还是实现中华民族伟大复兴的中国梦，全面依法治国既是重要内容，又是重要保障。在新时代全面推进依法治国的过程中，习近平总书记基于马克思主义的世界观、方法论和法治的一般原理，结合现阶段中国国情、推进国家治理体系现代化和建设法治中国的丰富实践，对全面依法治国作出了一系列重大决策、推出了一系列重大举措，并提出了一系列全面依法治国新理念新思想新战略，即习近平法治思想，创新和发展了中国特色社会主义法治理论。

在 2018 年 8 月 24 日召开的中央全面依法治国委员会的第一次会议上，习近平总书记对全面依法治国新理念新思想新战略概括为 10 个方面，明确了全面依法治国的指导思想、发展道路、工作布局、重点任务。2020 年 11 月 16 日至 17 日，中央全面依法治国工作会议在北京召开，会上习近平对当前和今后一个时期推进全面依法治国要重点抓好的工作提出了 11 个方面的要求。

习近平总书记指出：“推进全面依法治国是国家治理的一场深刻变革，必须以科学理论为指导，加强理论思维……不断从理论和实践的结合上取得新成果，总结好、运用好党关于新时代加强法治建设的思想理论成果，更好指导全面依法治国各项工作。”②习近平法治思想是顺应实现中华民族伟大复兴时代要求应运而生的重大理论创新成果。党的十八大以来，中国特色社会主义进入新时代，顺应实现中华民族伟大复兴的时代要求，面对当今世界百年未有之大变局、错综复杂的国际形势和国内发展改革稳定的艰巨繁重任务，针对全面依法治国在国家治理体系和治理能力现代化中地位更加突出、作用更加重大，习近平总书记对全面依法治国，加快建设社会主义法治国家面临的重大理论和实践问题进行了全面论述和阐释，明确提出了全面推进依法治国的指导思想、总体目标、基本原则和具体措施与路径。

习近平法治思想开辟了马克思主义法治理论不断中国化的新境界，体现了我们党持续不断地理论创新，为新时代创新和发展中国特色社会主义法治理论体系作出了重大贡献，是全面依法治国的根本遵循和行动指南。

---

① 习近平. 加强党对全面依法治国的领导 [J]. 前线，2019(3):4-9.

② 习近平. 坚定不移走中国特色社会主义法治道路 为全面建设社会主义现代化国家提供有力法治保障 [J]. 中国民政，2021(6):4-9.

二、习近平法治思想是我们处于“百年未有之大变局”中法治建设的根本指导思想

2017年12月，习近平总书记在接见回国参加驻外使节工作会议的使节时发表重要讲话指出：“放眼世界，我们面对的是百年未有之大变局。”[①]以后，在国内国际多个重要场合讲话时，他都反复提出“百年未有之大变局”问题，引起党内外、国内外广泛关注。

“百年未有之大变局”是国家间加速权力再分配的国际权力结构的“大变局”。“百年未有之大变局”是世界战略格局正在出现重大调整进程中的全球秩序“大变局”。“百年未有之大变局”是经济全球化、政治多极化和国际力量多元化过去30年来引发的全球治理结构的“大变局”。新一轮科技革命加速重塑世界，正在带来人类经济活动、生活方式和国家间竞争形态的“百年未有之大变局”。世界形势变化的基本内容主要涉及秩序、发展与社会等方面：秩序，主要包括国家之间的力量对比和相互关系、地区与国际机制等；发展，主要是指经济增长、技术进步以及推动增长与进步的机制；社会，主要是指人口、社会制度、社会结构、社会思想的变迁等。

在近代以来的百年间，无论在革命战争年代、社会主义建设时期，还是改革开放岁月，在社会和时代发展发生重大变化和重要转折时期，中国法治将选择什么方向，始终会被提出来引起中国共产党人和中国人民的思考和探索。中国特色社会主义进入新时代后，以习近平同志为核心的党中央坚持和发展中国特色社会主义，创造性地提出了习近平法治思想，深刻阐明了深入推进新时代全面依法治国的重大意义，系统阐述了新时代中国特色社会主义法治思想，科学回答了中国特色社会主义法治建设一系列重大理论和实践问题，对当前和今后一个时期全面依法治国工作作出了战略部署，具有很强的政治性、思想性、理论性，是指导新时代全面依法治国的纲领性文献。

习近平法治思想的提出，为我国处于“百年未有之大变局”中如何坚定地走中国特色社会主义法治道路，指明了方向。习近平法治思想指明的中国法治道路，是按照中国的特点去实践应用马克思主义法治理论。所谓“中国的特点”，当然包含着中华优秀传统文化。只有内在地融入中华优秀传统文化的智慧，马克思主义法学理论在中国才能真正获得“一定的民族形式”，才能创造真正“行”的中国马克思主义。否则，马克思主义就只能是一种“抽象的空洞的”东西，就会在中国“水土不服”，也不可能发挥任何作用。习近平总书记指出，“……中国优秀传统文化中

① 习近平. 在2017年度驻外使节工作会议上的讲话[N]. 人民日报，2017-12-29(01).

蕴藏着解决当代人类面临的难题的重要启示，比如，关于道法自然、天人合一的思想，关于天下为公、大同世界的思想，关于自强不息、厚德载物的思想，关于以民为本、安民富民乐民的思想，关于为政以德、政者正也的思想，关于苟日新日日新又日新、革故鼎新、与时俱进的思想，关于脚踏实地、实事求是的思想，关于经世致用、知行合一、躬行实践的思想，关于集思广益、博施众利、群策群力的思想，关于仁者爱人、以德立人的思想，关于以诚待人、讲信修睦的思想，关于清廉从政、勤勉奉公的思想，关于俭约自守、力戒奢华的思想，关于中和、泰和、求同存异、和而不同、和谐相处的思想，关于安不忘危、存不忘亡、治不忘乱、居安思危的思想，等等”[①]。充分汲取这些能够助益“解决当代人类面临的难题”、更能帮助中国共产党人化解新的征程上各种艰难险阻的中华优秀传统文化的思想资源，不仅能够深入推进马克思主义法学理论中国化，使习近平法治思想具有更加鲜明的中国特色、中国风格和中国气派。

三、习近平法治思想蕴含深刻的宪法精神，引领我国的宪法与法治的实施

习近平法治思想内涵丰富、论述深刻、逻辑严密、系统完备。习近平法治思想中蕴含着深刻的宪法精神，对于推进依宪治国、推进全面依法治国意义深远。理解习近平法治思想中蕴含的宪法精神，有助于理解中国特色社会主义宪法，进一步将我国的宪法理论与实践发展到新的高度。

习近平法治思想蕴含“党的领导”的宪法精神，习近平法治思想强调，要坚持党对全面依法治国的领导。“党的领导”是宪法一以贯之的精神，是宪法自身规范性的要求。坚持党总揽全局、协调各方的领导地位，能更好地维护人民的根本利益。这与国家尊重和保障人权的宪法精神内核相契合。习近平法治思想蕴含“一切权力属于人民”的宪法精神。习近平法治思想强调，要坚持以人民为中心，全面依法治国必须坚持为了人民、依靠人民。其中，“依靠人民”是坚持人民主体地位的体现，与《宪法》第2条所体现的“一切权力属于人民”的宪法精神相契合。习近平法治思想蕴含“国家尊重与保障人权”的宪法精神。习近平法治思想中“以人民为中心”的理念，除了体现为全面依法治国必须坚持“依靠人民”，还体现为全面依法治国必须坚持“为了人民”。这恰恰与“国家尊重和保障人权”的宪法精神相契合。“以人民为中心”除了体现习近平法治思想中权利保障的价值导向外，还体现了“现实回应性”与“人民性”相结合的理论创新与理论优势。习近平法治思想强调，“要积极回应人民群众新要求新期待，系统研究谋划和解决法治领域人民群

---

① 习近平. 在纪念孔子诞辰2565周年国际学术研讨会暨国际儒学联合会第五届会员大会开幕会上的讲话 [N]. 人民日报，2014-09-25(01).

众反映强烈的突出问题”。习近平法治思想蕴含“依法治国”的宪法精神。习近平法治思想中对全面依法治国的深刻论述，既体现了“依法治国”的宪法精神，也丰富了“依法治国”的宪法精神之内涵。习近平法治思想明确依法治国的前提是依宪治国；明确依法治国的要求是完备的法律规范体系，以及良法善治；明确依法治国的系统内容，即习近平法治思想对依法治国的内容进行了系统性建构，通过法治国家、法治政府、法治社会一体化建设，实现建设社会主义法治国家的目标明确依法治国的效力。习近平法治思想使“依法治国”这一抽象的宪法精神产生了具体的约束力。

习近平法治思想强化宪法意识达到了一个新高度。习近平总书记一贯高度重视宪法，在主政地方时，就发表过专门论述宪法的讲话文章，以及在有关讲话中涉及宪法问题。党的十八大以来，习近平就宪法问题作出一系列讲话、文章、指示、批示等，向全党全国释放出必须从战略上高度重视宪法在全面依法治国、推进国家治理体系和治理能力现代化中的重大作用。这是实现宪法理论和实践大步前进的重要前提，标志着我们党在推动全党全国强化宪法意识上达到一个新高度。习近平法治思想发展宪法理论达到一个新高度。习近平法治思想不仅高度重视宪法，而且在继承马克思主义宪法理论的基础上，对宪法有关重要问题作出了发展和创新。这是我们党带领人民更好发挥宪法作用的重要前提，标志着我们党对宪法的规律性认识达到一个新高度。习近平法治思想推动宪法实践达到一个新高度。习近平法治思想不仅具有鲜明的理论特质，而且具有鲜明的实践品格，在推动宪法全面实施的时代进程中展现出强大的指导力量，宪法被越来越多地学起来、讲起来、用起来、捍卫起来，我国宪法从理念走向现实、从制度深入实践达到一个新高度。

四、法治教育中践行习近平法治思想的路径

法治教育是公民素养教育的重要组成部分，既包括大中小学在校生的宪法法治教育，也包括普通成年公民的法治素养教育。同时，法治教育还特别包含在高等教育领域，针对法学专科、本科以上专业人才培养的教育。对于作为公民素养教育重要组成部分的法治教育，宣传学习宪法、普及宪法法律知识、鼓励教育公民遵法守法、努力让每一位公民在每一个司法案件中感受到公平正义是践行习近平法治思想的主要路径。对于高校法学专业人才，理解并实践以习近平法治思想为指导的具有中国特色社会主义法治体系事关我国法学人才培养是否成功。

具体而言，法治教育应当通过宏观道路建构与微观案例体验来践行习近平法治思想。首先，习近平法治思想是马克思主义法治理论与中国实际相结合的最新理论成果，即总结了我国悠久的民族历史，又吸收了丰富的传统文化，并且将在当下

“百年未有之大变局”中指引我们国家法治建设道路的未来具体走向。因此，对于习近平法治思想的教育学习，宏观道路视野至关重要。习近平法治思想为我国建设成为富强民主文明和谐美丽的强国提供了法治道路的大方向，也为中华民族的伟大复兴指明了本土的法治道路。百年来，中华民族多次抬头仰望西方；现在，我们将在习近平法治思想的指引下，深耕华夏民族的沃土，为人类命运共同体的建立贡献来自东方的法治智慧。其次，必须重视用具体的法律知识、司法案例来阐述习近平法治思想。习近平法治思想不是高高在上的、不是空洞无物的；相反，习近平法治思想应当也必须是接地气的、具象的。习近平法治思想不仅有宏观叙事的方向性，更有法安天下的润心无声。习近平法治思想与宪法精神的深刻互动，使其能够成为我国法律体系中每一部门法的法理基础。从立法、执法、司法、守法和法律监督，再到法运行的每一个环节，都应当体现习近平法治思想的运用。

以习近平法治思想为旗帜引领新时代的法学教育

江伟*

内容提要 习近平法治思想蕴含着法学教育的精髓，是新时代法学教育的根本遵循。目前我国法学教育存在着法治人才培养与新时代要求不相适应的问题，对此要坚持以习近平法治思想为指导，完善科学系统的中国法学教育体系，聚焦法学教育核心问题，切实推进我国法学教育高质量发展。

关键词 习近平法治思想；法治教育；法治人才

习近平法治思想是习近平新时代中国特色社会主义思想的重要组成部分，是新时代中国特色社会主义法治思想的系统阐释，从理论和实践结合上系统回答新时代坚持和发展什么样的中国特色社会主义法治、怎样全面推进依法治国、建成法治中国等重大理论、制度和实践问题，不仅涵盖了国家机关和相关工作人员在立法、执法和司法工作的领域，也包括了公民守法等方面。

法治人才培养是习近平法治思想的重要组成。习近平总书记在中央全面依法治国工作会议上概括的“十一个坚持”，归根结底离不开德才兼备的高素质法治人才和工作队伍，本质上必须建立适应新时代要求的中国特色法学教育。

一、要深刻理解习近平法治思想中蕴含的法学教育精髓

“百年大计，教育为本”，法学教育发挥着基础性关键性作用，它不仅为中国特色社会主义法治事业输送人才，而且为社会长远健康发展培育规则意识与法治观念，关系着全面依法治国的实现。在此意义上，社会主义法治社会的构建和发展与法学教育事业息息相关。

2017 年 5 月习近平总书记在中国政法大学考察时，指出法学学科是实践性很

* 江伟，法学学士，闽江学院法学院副教授，北京中银（福州）律师事务所兼职律师，福建省人民政府行政复议机构第一届行政复议咨询委员会委员。

强的学科，法学教育要处理好法学知识教学和实践教学的关系。要打破高校和社会之间的体制壁垒，将实际工作部门的优质实践教学资源引进高校；强调坚持以马克思主义法学思想和中国特色社会主义法治理论为指导，立德树人，德法兼修，培养大批高素质法治人才，法学专业教师要坚定理想信念，成为马克思主义法学思想和中国特色社会主义法治理论的坚定信仰者、积极传播者、模范实践者，带头践行社会主义核心价值。①

总书记对法学教育的重要论述，为构建新时代法学教育体系，提供了科学指南和明确答案，是新时代法学教育的根本遵循，必须深刻理解其内涵、牢牢把握其精髓，才能学以致用一以贯之。

（一）要坚持法治人才培养的正确方向

总书记在全国教育大会上对“为谁培养人”这一根本性问题进行了理论阐释，强调我国是中国共产党领导的社会主义国家，决定了我们的教育必须把培养社会主义建设者和接班人作为根本任务。②

我国的法学教育事业必须高举马克思主义法学思想和中国特色社会主义法治理论的伟大旗帜，沿着中国特色社会主义法治道路坚定前行。这是建设社会主义法治中国唯一正确的道路，包含了坚持党的领导，坚持中国特色社会主义制度，贯彻中国特色社会主义法治理论的“核心要义”。在这条伟大的道路上，法学教育就是要为党育人、为国育才，这既是法学教育体系建设的出发点，也是法治人才培养的落脚点。

（二）要坚持新时代法治人才培养目标

中国特色社会主义法治道路要坚持依法治国和以德治国相结合，习近平总书记指出法律是成文的道德，道德是内心的法律，法律和道德都具有规范社会行为、维护社会秩序的作用。治理国家、治理社会必须一手抓法治、一手抓德治，既重视发挥法律的规范作用，又重视发挥道德的教化作用，实现法律和道德相辅相成、法治和德治相得益彰。③

法学教育培养的是未来治国理政和服务社会的人才，他们在全面推进依法治国的进程中担负着重大责任、发挥着重要作用，“人无德不立”，法律职业蕴含的正义性，要求从业者具有高于常人的伦理道德，而法治人才培养目标直接决定着高校培养什么样的法治人才，坚持“立德树人，德法兼修”的目标要求把社会主义核心价值观、法律职业伦理等作为法学教育的重要内容，引导学生明大德、守公德、严私德，扣好人生的第一粒扣子；同时还应具备优秀的法律职业能力，“德才兼备，方

① 习近平在中国政法大学考察 [N]. 人民日报 . 2017-05-04(1).

② 习近平 . 习近平关于全面依法治国论述摘编 [M]. 北京：中央文献出版社，2015:34.

③ 习近平 . 论坚持全面依法治国 [M]. 北京：中央文献出版社，2020:165.

堪重任”，必须加强法学基础理论、前沿交叉学科知识、法律实践案例的教育教学，帮助学生掌握扎实的法学理论功底，提高运用分析解决实际问题的能力。

（三）要坚持抓住法学教师这个群体

人才培养，关键在教师。法学教育的特殊性，更决定了法学师资队伍建设的重要性，对法学教师必须高标准、严要求。法学教师要全面系统准确地理解习近平法治思想的核心要义、精神实质、丰富内涵、实践要求，要真正信仰社会主义法治，要让有信仰的人来讲信仰，才能做好新时代法治建设事业的传承。

青年学子是法学教育的核心对象，面临难得的国家民族发展机遇期，担负着天将降大任于斯人的时代使命，他们“可爱、可信、可贵、可为”，但是能否成为我国法治建设事业的传承者和接续奋斗者，关键在如何引导，其中法学教师就是其人生中步入社会前极其重要的学业和精神导师，很难想象一个自己不信奉法治、不敬畏法治的教师，能培养出合格的法治人才，因此法学专业教师要以德立身、以德立学、以德施教，增强理论引领和实践教学能力，更好地发挥言传身教的示范作用。

二、目前我国法学教育存在的主要问题

新时代是一个对法治高度依赖、需要法学发挥更大作用的时代，既为法学教育的发展与繁荣提供了巨大机遇，也面临着法治人才培养与新时代要求存在巨大差距的问题。

（一）新型法学人才的培养不能满足现实法治实践需求

随着科学技术的不断进步以及经济社会的持续发展，各种新型的法律问题不断出现，特别是随着我国经济社会高速发展和国际国内局势的日益复杂，面临“百年未有之大变局”，解决复合性、跨学科、涉外性法律需求日益成为法治建设中必须直面的困难，中国法学研究和教育必须提供理论滋养、回应现实需要，必须回答法学教育究竟能为争取国家权益、治国理政、实现中国梦贡献什么样法治人才的问题。

但是，我们的法学教育虽然规模庞大但存在结构性失衡、严重同质化，办学特色鲜明的不多，经验型、技术型、复合、涉外型法律人才缺乏等问题。法学学科设置结构不够合理，偏重于传统法学学科，对于教育法学、党内法规学、人工智能法学、生命法学、体育法学等跨学科和交叉性的新兴法学学科关注不足，传统法学教育越来越难以适应法治建设和实践的需要，是困扰法学教育发展的突出问题。

（二）法学教育过于倚重西方法学理论，缺乏中国话语

法学教育应当培养了解中国国情、解决中国问题、走中国特色道路的法治人

才，但是目前法学教育过于倚重西方法学理论，与中国特色社会主义法治的理论要求、中华法系优秀传统的融合不够，法治话语体系缺乏中国特色、中国风格、中国气派。

法学理论的形成与政治、社会、经济、文化、传统等因素密切相关，正如总书记指出的那样，每一种法治形态背后都有一套政治理论，每一种法治模式当中都有一种政治逻辑，每一条法治道路底下都有一种政治立场。①

西方法学理论推崇个性，强调权利本位，过于注重个人利益，基本价值观与我国社会主义核心价值观存在不一致的地方。社会主义核心价值观强调以人民为中心，突出集体主义、社会责任和家国情怀，不但契合中国特色社会主义法治道路的根本方向，而且符合中国人的传统定位与认知。

在这方面，总书记指出“要注意研究我国古代法制传统和成败得失，挖掘和传承中华法律文化精华，汲取营养、择善而用”，“照抄照搬他国的政治制度行不通，会水土不服，会画虎不成反类犬，甚至会把国家前途命运葬送掉”，②因此照抄照搬他国的法学理论、法律制度同样行不通。

三、构建具有中国特色的法学教育体系

新时代的法学教育必须坚持以习近平法治思想为指导，努力完善科学系统的教育体系，聚焦法学教育的核心问题，科学应对、精准施策，切实推进我国法学教育高质量发展。

（一）明确习近平法治思想在法学教育中的核心地位，加强思想政治教育

法学教育培养的人才，往往是治国理政的中坚力量，这决定了法学教育不是单纯的知识教育、职业教育，而是培养可靠的接班人和素质全面的建设者，必须把法治人才的政治素质、道德品行与专业能力培养有机结合。

习近平法治思想已经为新时代法学教育奠定了根本性的政治立场，即坚持党的领导、立德树人、德法兼修。要对标习近平法治思想要求，建设具有中国特色的法学理论体系和学科体系，围绕社会主义法治建设重大理论和实践问题，推进法治理论创新，发展符合中国实际、具有中国特色、体现社会发展规律的社会主义法治理论；要将思想政治工作贯穿法学教育全过程，促进法学专业教育与思想政治教育深度融合，使思政课与法学专业课相向而行，要建立法学专业教师“一课双责”模

① 习近平. 习近平关于全面依法治国论述摘编 [M]. 北京：中央文献出版社，2015:34.

② 习近平. 习近平谈治国理政：第 2 卷 [M]. 北京：外文出版社，2017:286.

式，引导学生增强法治观念，建立尊法守法的规则意识和诚实守信的契约精神。

（二）优化人才培养结构，注重法学理论与实践相结合

提升法学教育的质量，要根据法治国家建设的实际需要，优化调整法治人才培养结构，解决法治人才过剩与紧缺并存的现象。法治国家不仅需要高层次法律研究人才，也需要基层法律实用人才，因此高校应当结合自身办学条件、办学基础、办学资源，服从国家大局，主动适应经济社会发展需要，科学设置不同层次、不同类型法律人才的培养方案，合理配置法学教育资源，夯实人才结构基础。特别是在中国积极融入国际社会和产业链分工体系的背景下，企业和个人参与国际商事活动日益增加，加之我国面临的国际斗争形势空前复杂，更需要有熟练掌握国际规则、通晓国际法律的专门人才，以满足参与国际规则制定并发挥主导作用，善于运用国际法律解决国际冲突的需要，而这方面人才恰恰是当前法学教育的短板和弱项。

法学是面向实践的学科，应改变以理论性教学为主的传统教学模式，进行实践性教学改革，才能使培养的人真正适应社会需求，而不是只会空谈理论不接地气、只会言必称西方不懂国情的书呆子。

对此，高校应当在法学教育中真正贯彻实践导向，一方面要改革法学专业课程教学方法，加强符合法治实践的案例教学法和法学思维训练法，深化与政府、司法机关、行业、企业协同育人，增强教学的针对性和开放性。切实加强法律实训课程体系建设，着力培养学生的法律职业技能。另一方面要加强法学教育的融合性和交叉性，不仅要培养学生深厚的法学功底、娴熟的法律技能，更要培养学生具备多学科知识，持续、快速的学习能力，以及国际化视野与跨文化交流的能力等，探索促进多学科基础和能力培养的教学模式。

新时代呼唤更多优秀法治人才投身国家法治建设，高校作为法学教育的主阵地，更应坚守为党育人、为国育才的初心使命，在习近平法治思想引领下，努力构建和探索德法兼修、明法笃行的高素质法治人才培养模式，不断推动新时代法治人才培养向更高层次迈进。

应用型法律人才培养模式下“环境法学”教学改革与创新

许冬琳*

内容提要 环境法作为法学本科核心课程之一，有其独特的学科特点。在应用型法律人才培养模式下，环境法教学面临课时少、内容多且交叉性强、传统教学方法难以适应新型人才培养要求等困境。通过厘清应用型法律人才培养与法律职业资格考试之间的关系，进而寻求环境法教学方法、教学内容等方面的改进措施，以适应应用型法律人才培养的需求。

关键词 应用型法律人才；环境法教学；改革；创新

一、引言

1979 年《中华人民共和国环境保护法（试行）》颁布实施，推动了环境法理论研究的发展，环境法律实务工作也日益增加，奠定了环境法成为独立部门法的理论和实践基础。“环境法”作为法学专业本科课程于 20 世纪 80 年代初开始在国内部分高校的法律系中开设。1984 年国家教委颁布的《综合大学法律系法律专业教学计划》将环境法列为法学专业本科教学的专业选修课，1985 年制订的“经济法专业教学计划”将环境法和自然资源法两门课程列为经济法专业的专业必修课，1997 年国家教委公布的二级学科中就包括了“环境与资源保护法学”，2007 年环境与资源保护法学被教育部高校法学学科教学指导委员会增列为法学核心课程。① 此后，这一新兴的部门法，迎来了课程教学与学术研究蓬勃发展的局面。近年来，高校的人才培养目标业已转向培养应用型人才，高校法学专业的人才培养目标也有了新的目标和导向，即应用型法律人才培养，培养适应社会实际需求的法律人才，这为环境法教学的改革与创新提出了新的研究课题。

* 许冬琳，法学博士，闽江学院法学院讲师。

① 习近平. 习近平谈治国理政：第 3 卷 [M]. 北京：外文出版社，2020:286.

二、“环境法学”的学科特点

国际上普遍将“环境与资源保护法”称为“环境法”。目前我国的法学本科培养方案与教材中对这一学科的称谓各不相同，大致有“环境与资源保护法学”、“环境保护法学”、“环境资源法”等几种名称。作为新兴的法学学科，环境法具有显著的学科特点，主要表现在以下三个方面：

其一，与传统部门法学科有密切的联系。例如，环境损害救济中涉及的环境侵权、自然资源有偿使用，以及环境公益诉讼等问题，属于民法范畴；污染防治以及自然资源保护则属于行政法范畴；危害环境犯罪又是刑法范畴；国际环境法则属于国际法范畴。然而，现代法律体系中的环境法，作为独立的法律部门，已具有自身的特点，并非传统部门法的简单集合，是为治理现代环境问题、实现可持续发展而产生和发展的新型部门法；同时环境法也综合运用了传统部门法的法律措施，调整广泛而复杂的社会关系。①

其二，环境法是生态环境科学与法结合的产物。环境法对环境保护和利用社会关系的调整，是以环境科学为基础的，必须符合环境与生态科学的基本规律和基本要求。在环境法中，环境标准、技术性规范等法律规范往往是用法律语言表现的环境科学，通过赋予环境标准等科学名词和术语以法律定义，使其具有法律效力。此外，环境科学也为环境执法和司法提供技术保障。值得关注的是，环境法虽以环境科学为基石，但环境法有其自身的价值取向和立法目的，与环境科学的技术性规范有本质区别，即环境法追求公平、正义、可持续发展等人文价值。②

其三，环境法的公益属性。环境法除了公平、正义等传统价值取向外，还有其特有的价值取向，即保护全人类的共同利益、促进经济与社会的可持续发展，具有明显的社会法特征，并非传统人本主义价值观的公法或私法所能涵盖。

三、“环境法学”教学的困境

与法学其他分支学科相比，环境法的内容更加庞杂，与更多相关学科交叉，尤其是在总论部分，边缘化、交叉性的知识占有较大比重。③因此，在环境法的教学中，帮助学生掌握环境法的基本理论，同时能够将理论联系实际，培养应用型法律人才，依然面临诸多困境。

① 姚明. 高等法学教育课程思政改革的探索与设计 [J]. 铜陵学院学报，2019(4):121-123.

② 教育部：高等学校课程思政建设指导纲要 [EB/OL]. [2021-08-31]. https://baijiahao.baidu.com/.

③ 孔晁注. 逸周书（2）[M]. 上海：商务印书馆，1936:107.

（一）庞杂的教学内容与有限课时的矛盾

从现有教材的体系看，环境法的教学内容一般包括：总论、环境污染防治法、自然资源保护法、环境损害救济法、危害环境犯罪、国际环境法，周珂主编的《环境与资源保护法》（2018年版）共60.4万字，共382页；汪劲的《环境法学》（2017年版）共54.9万字，共411页，可见“环境法”课程内容多且庞杂。反观目前高校法学本科专业的课程设置，有70%以上开设法学专业的高校开设了环境与资源保护法课程，其中48.6%设置为必修课，大部分高校课时设置为32学时，最短的为16学时。[①] 有限的课时设置与庞杂的教学内容之间的矛盾显而易见。在有限的学时中，怎样平衡授课与实训之间的课时安排，怎样完成教学内容并能适当深入展开，怎样实现环境法的教学目的、达到教学效果，是环境法教学中面临的首要困境。

（二）争议性的学术观点与教材有机结合的困境

环境法作为年轻的部门法，其理论和体系都存在多种学术观点，也存在诸多争议，每一本教材对某一具体理论问题所持的观点也并不尽相同，譬如环境法的调整对象，蔡守秋主编的《环境资源法教程》认为环境法的调整对象是人与自然的关系、与环境资源有关的人与人的关系；[②] 周珂主编的《环境与资源保护法》则认为环境法的调整对象是人与人之间的社会关系，包括基于国家环境行政管理而产生的社会关系、平等主体之间基于环境和自然资源而产生的社会关系、社会工作参与环境保护与环境管理而产生的社会关系、基于国家环境权益保障而产生的社会关系；[③] 汪劲的《环境法学》将环境法的调整对象表述为“人类在从事环境利用行为过程中形成的环境利用关系”。[④] 在环境法总论部分，环境法的调整对象是不可回避的授课内容，怎样让学生了解不同的学术观点及其争议的焦点，进而探寻总论部分的法理基础与分论部分的内在逻辑，是“环境法”尤其是总论部分教学中的难点。

（三）“环境法学”教学与法律职业资格考试的关系有待进一步厘清

根据2018年司法部颁布的《国家统一法律职业资格考试实施办法》的规定，本科应届毕业生可参加国家统一法律职业资格考试，而环境资源法考题在2018年法律职业资格考试的客观题中仅占5分，[⑤] 占客观题总分（300分）的1.67%，相较

① 张晋藩. 中华民族先人何等睿智的生态保护立法洞见 [EB/OL]. [2021-09-02]. 搜狐网（sohu.com）.

② 蔡守秋. 环境资源法教程 [M]. 北京：高等教育出版社，2016:29.

③ 周河. 环境与资源保护法 [M]. 北京：中国人民大学出版社，2021:16.

④ 汪劲. 环境法学 [M]. 北京：北京大学出版社，2018:5-6.

⑤ 蔡守秋. 环境与资源保护法教程 [M]. 北京：高等教育出版社，2016:29.

于民法、刑法等传统法律部门，显得无足轻重。然而在实务中，与环境、自然资源有关的诉讼案件量却很庞大。2019 年 11 月在中国裁判文书网中以“环境污染”为关键词搜索，显示裁判书多达 32081 件，环境公益诉讼裁判文书 274 件。可见，法律实务中对于环境法人才的需求日益增长，实务中涉及的环境法理论并不局限于法律职业资格考试的内容，环境法的课程教学恰好填补了资格考试中的不足。如何培养学生学习环境法的热情和积极性，是环境法教学中值得探讨的命题；而厘清应试型法律教育与应用型法律人才培养之关系，是法学本科培养规划中的一个重要命题。

（四）传统教学方法难以适应应用型法律人才培养的困境

我国法学本科课堂教学主要采用传统的以教材、课堂和教师为中心的授课方法，考试形式以书面考核为主，而这一授课方式业已受到来自“慕课”等网络课程的极大挑战，一方面，网络课程的创新性、灵活性迎合了学生对于多样化教学模式的需求，“慕课”的开放性更使学生有机会获取名校名师的授课，有利于扩展学生的视野，也有利于学生深入地掌握理论知识点；而另一方面，慕课、网校的“学习包”和“名师课程”等各种法学在线课程也激发学生对于实用性、生动性、互动性课堂的需求，传统教学方法在生动性和互动性上的短板、本科实践教学的不足都在网课时代凸显出来。

四、“环境法学”教学模式的探索与改革

（一）厘清应用型法律人才培养与应试型法律教育之关系

首先，应用型法律人才培养注重学生应用和实践能力的培养，但并不等同于考试培训或法律职业培训，将法律职业资格考试作为法学本科人才培养的风向标、指挥棒，实际上片面地将法律人才局限于法律职业，而忽视了社会对法律人才的多种需求。[①] 法学本科毕业生就业空间呈现出多样化的趋势，而从事法律职业的仅仅是其中的一部分，应用型法律人才的培养应关注社会各领域对法律人才的需求，而不仅仅是培养司法、律师人才。其次，法律是由科学、精细的概念、原则和规则构成的，法学学科亦是复杂且技巧性极强的学科，通过法学本科阶段的课程，让学生掌握概念、原则、规则等理论，培养学生法律思维能力和逻辑分析能力，能够“像法律人一样思考”，是在工作实践中掌握诉讼等实务技巧的前提和基础，否则实践就是“空中楼阁”[②]。因此，法律院系在本科专业的课程设置上，不应以法律职业资格

① 公丕祥. 新中国 70 年社会主义法治建设的成就与经验 [N]. 光明日报，2019-08-23.

② 胡洁人，李柳醒. 对分课堂推动高校课程思政建设的实现路径 [J]. 广西师范大学学报，2021(7):129-138.

考试为导向，更不应以法律职业资格考试为依据缩减法律职业资格考试中比重较少学科的学分和课时。最后，在保证法学本科教学目标实现的前提下，重视法律职业资格考试。根据《2019年中国大学生就业报告》显示，法学专业被列为“本科就业专业预警”的红牌专业之一，失业量较大，就业率较低，因此各类职业资格考试成为法学本科毕业生就业的重要敲门砖，其中法律职业资格证书，吸引了90%以上的在校法学专业学生。而法律职业资格考试难度大、通过率低、含金量高，在本科教学工作中也不应忽视这一考试。在环境法教学中，应在教学目标、教材内容与法律职业资格考试中的环境法考点三者之间找到连接点，通过对（原司法考试）真题、习题、案例的讲解，在对本科环境法教学内容深入和完善的同时，亦帮助学生掌握资格考试的知识点。

（二）完善课程设置，改革教学方法

在课程设置上，应在确保基础理论课程的基础上，兼顾法律实务课程。近年来，各高校法学院开始重视实践性课程的比重，开设了实践课程和法律实务课程。环境法是一门交叉性极强的法律，环境执法和司法也具有相当的交叉性和专业性，高校教师以教学、科研为主业，要在环境法教学中准确把握执法与司法实践的关系、实现理论与实践的有效结合，有相当的难度。聘请实务界的律师、法官、检察官、执法部门工作人员作为环境法课程的兼职教师、客座教授，讲授环境法实务问题，对学生掌握环境法的基本制度、污染防治法、环境法律责任等理论均有裨益，同时也开拓了学生的视野和思维。值得一提的是，引入环境法实务课程内容，并不意味着把重心转移到实务课程中，在法学本科教育中，过度对本科生进行法律职业培训，在限制学生的思维、创造力的同时，也不利于其对基础法学理论的掌握。庭审技巧、诉讼技巧等法律实务经验和职业技能必须在法律实务工作中进行累积，对于法学本科学生而言，一味追求此类技巧和经验的提升显然是不切实际的。

在教学方法上，首先，打破传统的以授课为主的教学方法，引入案例教学法、实地考察教学法等新兴教学方法，引导学生带着问题分析案例、实地考察海洋馆、饮用水源取水口、垃圾处理（填埋）场等，在案例中和实践中思考探索，寻求解决问题的途径，并深入理解和掌握水资源保护法、海洋环境保护法、固体废物污染防治法等教学内容。其次，课堂上也应增强师生互动、“翻转课堂”，调动学生主动性和积极性。以总论部分为例，针对具有争议性的学术观点，引导学生阅读文献资料，采用研究报告或小组讨论汇报等形式，阐述不同的学术观点，发表个人见解，以加深对理论的理解和掌握。最后，在考试形式上，应注重阶段性和灵活性。阶段性的考查可以了解学生掌握知识点的程度，有助于教师及时根据考查情况答疑解惑；考查方式可以多样化，可综合学生各方面的成绩作出形成性评价，考查形式包

括案例讨论或模拟法庭的参与度、实地考察的调研报告和汇报小结、作业和小测的成绩等。

结　语

在培养应用型法律人才的目标下，法学本科专业的环境法教学也遭遇了挑战。对法学本科专业课程设置的重新审视、对环境法教学方法的改进，无疑是环境法教学突破与完善的必要途径。

人民至上：习近平法治思想的根本立场和价值旨归

阮晓莺*

内容提要 人民至上既是习近平法治思想的根本立场，又是习近平法治思想的价值尺度，更是习近平法治思想的具体落实。人民至上的立场问题，表现为体现人民意志、维护公平正义和保障人民利益。其价值性表现为集中体现党的性质和宗旨，是夯实执政基础的本质要求，同时也是衡量工作得失的根本标准。习近平法治思想在实践中一直注重回应人民的现实需求，发挥人民主体地位，体现人民共享共治。

关键词 人民至上；习近平法治思想；根本立场；价值旨归；落实

"法律如果不体现人民的意志，就会变得有名无实"。在社会主义国家，法的人民性就是要体现"人民至上"。习近平法治思想坚持以人民为中心，以人民至上的法理要义贯穿全局，以人民群众对民主、法治、公平、正义等方面的新需求为着力点，面向人民群众不断增长的美好生活期待，保障人民切身利益，充分诠释了人民至上的基本内涵。

一、人民至上是习近平法治思想的根本立场

立场问题，实质是上回答了"为什么人的问题"。[①] 这是哲学的根本出发点。人民至上是新时代坚持和发展中国特色社会主义的根本立场，也是全面依法治国、建设法治中国的根本立场。习近平同志在中国共产党成立一百周年大会中提到，人民就是江山，江山就是人民。我们打江山守江山，守的就是人民的心。[②] 人民至上的立场主要体现在以下几个方面：

---

* 阮晓莺，法学硕士，闽江学院法学院副院长（主持工作）、闽都学者特聘教授。

① 周佑勇. 习近平法治思想的人民立场及其根本观点方法 [J]. 东南学术，2021(3):43-53, 246.

② 习近平. 在庆祝中国共产党成立 100 周年大会上的讲话 [J]. 求是，2021(14):4-14.

（一）体现人民意志

党的十九届四中全会指出："必须坚持人民主体地位，坚定不移走中国特色社会主义政治发展道路，确保人民依法通过各种途径和形式管理国家事务，管理经济文化事业，管理社会事务。"建设法治中国，不是一两个人的事情，广大人民才是主力军，脱离人民群众的支持和拥护，党和国家的事业就会成为无源之水。要把体现人民利益、反映人民愿望、维护人民权益、增进人民福祉落实到依法治国全过程，使法律及其实施充分体现人民意志。

在马克思主义的经典著作中，法是统治阶级意志的体现。社会主义制度是我们的根本制度。这一根本制度保证了人民当家作主的主体地位，体现了阶级性与人民性的统一。当前，在立法方面，推进民主立法，完善民主立法机制，创新公众参与立法的方式，广泛听取各方面意见和建议，使立法充分体现民意。在执法方面，推进依法行政，加快建设法治政府，下大气力解决老百姓深恶痛绝的"以权压法、权钱交易、徇私枉法"等突出问题。在司法方面，推进司法改革，实现公正司法，"依法公正对待人民群众的诉求，努力让人民群众在每一个司法案件中都能感受到公平正义"。在守法方面，推进全民守法，深化法治宣传教育，使人民认识到法律既是保障自身权利的有力武器，也是必须遵守的行为规范，同时要求领导干部做尊法学法守法用法的模范。

（二）维护公平正义

"理国要道，在于公平正直。"公平正义是人民的期盼，是法治的灵魂。注重发挥法治公平正义的基本价值，保障群众合法权益，维护基本人权，体现了情真意切的为民情怀。习近平同志指出："公平正义是我们党追求的一个非常崇高的价值，全心全意为人民服务的宗旨决定了我们必须追求公平正义，保护人民权益、伸张正义。"[①]早在"法治浙江"的建设中，习近平同志提出要以保证司法公正为目标，树立公平正义和保护人权的司法理念，坚持法律面前人人平等，确立依法办案、无罪推定的司法原则，做到实体公正与程序公正并重。要支持法院、检察院秉公执法，依法独立行使职权，广大法官要清正廉洁，秉公办案，敢做人民的"包青天"。

党的十八大以来，习近平同志要求政法战线要肩扛公正天平、手持正义之剑，以实际行动维护社会公平正义，让人民群众切实感受到公平正义就在身边。要重点解决损害群众权益的突出问题，决不允许对群众的报警求助置之不理，决不允许让普通群众打不起官司，决不允许滥用权力侵犯群众合法权益，决不允许执法犯法造成冤假错案。党的十八届四中全会《决定》指出，公正是法治的生命线。司法公正

① 习近平谈治国理政：第2卷[M]. 北京：外文出版社，2017:129.

对社会公正具有重要引领作用，司法不公对社会公正具有致命破坏作用。努力让人民群众在每一个司法案件中感受到公平正义。党的十九大以后在多次深化司法体制改革的实践中也多次强调了公平正义等问题。

当前，应注重通过法治思维和法治方式维护和实现社会公平正义。一要充分发挥法治的功能，更加重视发挥法治的社会价值评判导向和社会行为圭臬的基本功能，把公众对于公平正义的利益需求纳入法治轨道。二要通过科学立法，将事关社会公平正义的利益需求尽可能纳入法律调整范围，转化为法律意义上的公平正义。三要通过公平公正的实体法，合理规定公民的权利与义务、合理分配各种资源和利益、科学配置各类权力与责任，实现实体内容上的分配正义；通过民主科学有效的程序法，制定能够充分反映民意并为大多数人所接受的程序规则，从程序法上来配置资源、平衡利益、协调矛盾、缓解冲突，实现程序规则上的公平正义。

（三）保障人民利益

中国共产党成立 100 多年来的历史证明，她是一个始终为实现人民的解放和幸福而奋斗的党，是一个把“人民至上”作为自己政治哲学的党。以党章为例，我们可以清楚地看到党对人民利益认识的轨迹。1921 年党的一大通过的第一个决议强调，党在斗争中完全站在独立的立场上，只能维护无产阶级的利益。1945 年党的七大通过的党章在总纲中明确提出：“中国共产党代表中华民族与中国人民的利益”，强调中国共产党人必须具有全心全意为人民服务的精神，必须与工人群众、农民群众及其他革命人民建立广泛的联系，并经常注意巩固与扩大这种联系。1956 年党的八大通过的党章在总纲中强调：中国共产党一切主张的实现，都要通过党的组织和党员在人民群众中间的活动，都要通过人民群众在党的领导下的自觉努力。1982 年党的十二大通过的党章则明文规定：党员必须全心全意为人民服务，不惜牺牲一切，为实现共产主义奋斗终身。党的十八大党章修正案总纲在 2007 年十七大党章修正案中强调“以改善民生为重点，解决好人民最关心、最直接、最现实的利益问题”的基础上又增写了“使发展成果更多更公平惠及全体人民、加强和创新社会管理”，特别强调要“以保障和改善民生为重点”。要把体现人民利益、反映人民意愿、维护人民权益、增进人民福祉、促进人的全面发展作为法治建设的出发点和落脚点，不断增强人民群众获得感、幸福感、安全感、公平感。

在法治中国建设中，习近平同志一以贯之，多次强调，要把体现人民利益、反映人民意愿、维护人民权益、增进人民福祉、促进人的全面发展作为法治建设的出发点和落脚点，不断增强人民群众的获得感、幸福感、安全感、公平感。比如在民法典编纂过程中，习近平同志先后三次主持中央政治局常委会会议，听取并原则同意全国人大常委会党组就民法典编纂工作所作的请示汇报，对民法典编纂工作作出重要指示，为民法典编纂工作提供了重要指导和基本遵循。后来他又在中共中央政治局的第二十次集体学习中，指出民法典实施水平和效果，是衡量各级党政机关履行为人民服务宗旨的重要尺度。国家机关履行职责、行使职权必须清楚自身行为和活动的范围和界限。各级党和国家机关开展工作要考虑民法典的规定，不能侵犯人民群众享有的合法民事权利，包括人身权利和财产权利。有关政府机关、监察机关、司法机关要依法履行职能、行使职权，保护民事权利不受侵犯、促进民事关系和谐有序。

二、人民至上是习近平法治思想的价值尺度

（一）坚持人民至上是党的性质宗旨的集中体现

从根本上说，党的理论就是一切为了人民的理论，党的路线就是一切为了人民的路线，党的事业就是一切为了人民的事业。我们党自成立之日起，就把为人民谋幸福写在自己的旗帜上，把为中华民族谋复兴的使命扛在肩上。习近平指出，“中国共产党是为中国人民谋幸福的政党，也是为人类进步事业而奋斗的政党”[①]，“我们要有底气、有自信，要努力以中国智慧、中国实 践为世界法治文明建设作出贡献”[②]。百年来，我们党从最初的50多人发展壮大到拥有9100多万名党员的马克思主义执政党，在攻坚克难中不断从胜利走向新的胜利。从国家四分五裂、一穷二白，到独立自主、欣欣向荣，从面临“被开除球籍”的危险，到日益走近世界舞台中央，党的百年奋斗史充分证明，同人民风雨同舟、血脉相通、生死与共，是我们党战胜一切困难和风险的根本保证。

党的性质和根本宗旨决定了我们党必须始终坚持人民至上。坚持人民至上是马克思主义政党区别于其他政党的显著标志。人心向背关系党的生死存亡。任何时候都必须把人民利益放在第一位，把全心全意为人民服务作为党一切行动的根本出发点和最终目标，把人民群众作为改革、发展、创新的主体。坚持以人民为中心，一切为了人民、一切依靠人民，坚持人民利益高于一切，是永葆党的创造力、凝聚力、战斗力的关键所在。

（二）坚持人民至上是夯实执政基础的本质要求

人民是我们党执政的最大底气。坚持人民至上是我们党筚路蓝缕奠基立业的成功密码，也是创造辉煌开辟未来的宝贵财富。民心是最大的政治，中国共产党跳出历史周期率的关键在于得民心。我们要把赢得民心民意、汇聚民智民力作为工作的

① 中共中央党史和文献研究院. 十九大以来重要文献选编：上 [G]. 北京：中央文献出版社，2019:40-41.

② 习近平. 论坚持全面依法治国 [M]. 北京：中央文献出版社，2020:177.

重要着力点，深刻把握人民群众需要呈现多样化多层次的特点，促进人的全面发展和社会全面进步，让改革发展成果更多更公平地惠及全体人民。

我们党的最大政治优势是密切联系群众，党执政后的最大危险是脱离群众。得众则得国，失众则失国。当今世界面临的不稳定性不确定性更加突出，当前我国发展面临的挑战前所未有。越有艰难险阻，越是风高浪急，就越要深深扎根于广大人民之中，依靠人民的力量攻坚克难、开拓前进，凝聚同舟共济、攻坚克难的强大力量。总书记反复告诫全党必须牢记“水能载舟，亦能覆舟”的道理，要注重防范化解脱离群众、动摇根基的风险，党员干部要深入实际、深入基层、深入群众，让我们党在始终保持同人民群众的血肉联系中永葆旺盛生命力和强大战斗力。习近平总书记在十八届二中全会二次会议上反思“文革”教训时指出：“在后来，党在指导思想上发生‘左’的错误，逐渐对法治不那么重视，特别是‘文化大革命’十年内乱使法制遭到严重破坏，付出了沉重代价，教训十分惨痛”，从另一个角度说明了只有认识到法治对于建设一个现代化国家起到基础性作用的时候，才是国家具有远大前途的时刻。

（三）坚持人民至上是衡量工作得失的根本标准

人民拥护不拥护、赞成不赞成、高兴不高兴、答应不答应是衡量一切工作得失的根本标准。习近平总书记明确提出，我们党的执政水平和执政成效都不是由自己说了算的，必须而且只能由人民来评判。就依法治国的主体而言，人民群众是推进全面依法治国的主体，这不仅体现了中国特色社会主义的制度优势，而且突显了中国特色社会主义法治与资本主义法治最根本的区别。就依法治国的价值取向而言，我们之所以要加快推进社会主义法治建设，根本目的就是要确保法律及其实施能充分体现人民意志，维护人民利益。在这一过程中，只有始终坚持心怀诚意、为民谋利，才能使人民满意，得到人民的认可。就依法治国的动力而言，人民群众对法治的信仰是加快推进全面依法治国的内生动力，是推动社会主义法治建设的精神力量。社会主义法治建设只有赢得人民的真心拥护和信仰，才能获得不竭的生机和活力。就依法治国的方法而言，坚持走群众路线、倾听群众呼声、捕捉群众要求、解决群众难题是关键。只有深入并亲近群众，切实通晓民情民意，才能推动依法治国能力的不断提升。总之，在推动全面依法治国的过程中，人民群众始终为全面依法治国起着确定历史方位、价值取向、基本原则和提供动力的作用。由此可见，人民性是新时代全面依法治国的鲜明底色，[①] 全面依法治国的成效必须通过人民群众的满意度和获得感来评判和检验。如高利贷入刑，进一步提高个人所得税起征点，出台财产公示法、遗产税法、就业歧视法、建立取得时效制度等等，都体现了人民

① 陈家刚，曲政.人民性是习近平法治思想的鲜亮底色 [N]. 北京日报，2021-01-11(1).

至上。

必须把为民造福作为最重要的政绩。这是中国共产党始终得到人民信赖和拥护的根本原因，也是这个百年大党带领亿万人民不断创造新奇迹的成功秘诀。“治国有常，而利民为本。”从人民利益出发，用好人民赋予的权力，把造福人民的实事办实，把造福人民的大事办好，把造福人民的难事办妥，这是一份承诺，更是一份忠诚。坚持人民至上，必须树立正确的权力观、政绩观、事业观，处理好公和私、权与民的关系。

三、人民至上是习近平法治思想的具体落实

（一）回应人民现实需求

习近平同志指出：“法治建设要为了人民、依靠人民、造福人民、保护人民。”[①]在习近平法治思想中，集中体现了强烈的问题意识和精准的问题导向。他认为，问题是工作的导向，也是改革的突破口，要紧紧抓住人民群众关切的重大问题和关键问题，增强改革的针对性和时效性。习近平在福建工作期间，就及时关注人民群众的需求，回应了社会主义市场经济体制建立初期福州发展遇到的新情况、新问题，立足本地特色构建起了福州适用、能用、管用的地方性法规制度体系。如针对“菜篮子”问题，菜价一年内上涨17.5%，市人大常委会及时启动立法，于1995年制定出台了《福州市蔬菜基地保护条例》，明确蔬菜基地建设、管理、监察和规划等工作的责任落实部门，规定政府应划定蔬菜长期保护区和控制征用区、按年度编制蔬菜基地开发建设及其资金安排计划、落实保护责任，对非法征用、占用蔬菜基地及毁坏设施、抛荒或擅自改做他用等行为作出约束。法规颁布实施后产生了立竿见影的效果，1996年福州新开发蔬菜基地7000亩，征用菜地行为得到有力控制，鲜菜价格较上年同期下降41.9个百分点，福州依法保障“菜篮子”的成效得到了群众的普遍认可。又如，福州水网密布、河道纵横，90年代城市人口快速增长，沿岸居民随意倾倒生活垃圾、污水、粪便，以及大量不受控制的违章搭盖侵占河道，致使市区水体黑臭、淤积问题凸显，对城市发展和群众生活造成严重影响。习近平同志履职福州后，立即听取了市人大常委会关于进一步加强内河整治工作的调查报告，将内河立法提上议事日程。《福州市城市内河管理办法》于1993年经省人大常委会会议批准实施。该法规对市、区、街道（乡镇）三级政府，以及市容、水利、环保、交通等部门的内河管理与整治职责作出界定，明确了各类常见破坏内河行为的法律责任，要求按每500米河段不少于1名的标准配备护河员。这部法规的

① 习近平谈治国理政：第3卷[M]. 北京：外文出版社，2020:284.

出台使福州内河管理走上依法管理的轨道。资料显示，法规颁布实施 2 年后，全市清除 2.3 万平方米违章搭盖、154 处沿河垃圾堆放场、32 个河道卡口，建立了 128 人的护河员队伍，最脏、最臭、群众反映最强烈的树兜河、安泰河、三捷河等得到明显改善，城市面貌有了可见的好转。

（二）发挥人民主体地位

宪法确立了人民当家作主的制度体系，不仅专章规定了“公民的基本权利和义务”将之置于“国家机构”之前，还通过宪法修正案把“国家尊重和保障人权”载入宪法，保障我国人民享有最广泛、最真实、最管用的民主。宪法确立的各项制度和大政方针，都是为了实现好、维护好、发展好最广大人民的根本利益。根据宪法，建立并不断完善中国特色社会主义法律体系，保障公民的人身权、财产权等不受侵犯，公民的经济、政治、文化、社会、生态等各方面权利得到落实。要坚持国家一切权力属于人民的宪法理念，不断健全民主制度、丰富民主形式、拓宽民主渠道，保证人民通过人民代表大会行使国家权力，保证人民依法管理国家事务、管理经济和文化事业、管理社会事务，努力解决人民群众最关心最直接最现实的利益问题，增进民生福祉。

我国社会主要矛盾已经转化为人民日益增长的美好生活需要和不平衡不充分的发展之间的矛盾。党的十九届五中全会提出，扎实推动共同富裕，改善人民生活品质，不断实现人民对美好生活的向往。我们要坚持宪法规定的人民主体地位，健全完善人民当家作主制度体系，让改革发展成果更多更公平地惠及全体人民。人大工作必须坚持为了人民、依靠人民，把体现人民利益、反映人民愿望、维护人民权益、增进人民福祉落实到依法履职各项工作中，推动解决法治领域人民群众反映强烈的突出问题，用法治保障人民安居乐业。完善立法听证、论证、座谈、评估、公开征求意见等机制，建好用好基层立法联系点和代表之家、代表联络站，不断拓展公民参与立法的有效途径，更好地发挥人大代表的作用，广泛凝聚立法共识，努力使每一项立法都符合宪法精神、反映人民意志、得到人民拥护。

（三）体现人民共享共治

社会主义法律是体现共享法治主体的人民性法律。例如，《劳动争议调解仲裁法》赋予广大劳动者免费提起劳动仲裁申请的权利，使得广大劳动者的合法权益真正得到保障；《个人所得税法》多次提高了起征点，向高收入者收取个人所得税；《社会保险法》赋予全体人民享有社会保障的权利，让每个公民都能享受普惠制的阳光。习近平总书记曾指出：“只要我们深深扎根人民、紧紧依靠人民，就可以获得无穷的力量，风雨无阻，奋勇向前。”[①]首先要创新公众参与立法的方式，深入推进科学立法、民主立法。当前，一些地方立法工作中的部门化倾向和地方保护主义问题比较突出，从根本上来说是没有做到以人为本、立法为民。因此应扩大公民有序参与立法的途径，广泛听取各方面的意见建议，发挥立法凝聚共识、统一意志、引领公众的作用。其次要增强全民法治观念，依靠人民维护法律权威。长期以来，一些人信权不信法、信访不信法，法治社会建设的长期性、复杂性问题相对突出。因此应在全社会弘扬法治精神，着力培育法律思维、法治习惯，使全社会法律意识进一步提高，让全民尊法学法守法用法蔚然成风。最后要加强全民监督，让人民作为权力行使实效的“阅卷者”。行使立法权要发挥人大代表参与起草和修改法律的作用，完善公众参与立法的制度机制；行使行政权要确保运行过程的法治化，主动推进政府信息公开，接受人民监督；行使司法权要推进审判信息公开，建构阳光司法机制，完善人民陪审员制度和人民监督员制度；行使监察权要主动公开监察工作信息，接受民主监督、社会监督和舆论监督。

“与天下同利者，天下持之；擅天下之利者，天下谋之。”中华民族是历经磨难、不屈不挠的伟大民族，中国人民是勤劳勇敢、自强不息的伟大人民，中国共产党是敢于斗争、敢于胜利的伟大政党。只要我们坚持人民至上的根本立场和价值理念，践行为人民服务的铮铮誓言，就一定能凝聚中华儿女的磅礴之力、非凡之智，战胜一切艰难险阻，实现中华民族伟大复兴。

① 《习近平在十九届中共中央政治局常委同中外记者见面时强调，新时代要有新气象更要有新作为 中国人民生活一定会一年更比一年好 [N]. 人民日报，2017-10-26(4).

习近平法治思想融入法学课教育的路径探析

纪智媛*

内容提要 习近平法治思想是我国推进全面依法治国的根本遵循和行动指南。将习近平法治思想融入法学课教育，对于新时代学生树立法治观念、提高法治素养具有积极的指导意义。本文概述了习近平法治思想的形成过程、阐述了习近平法治思想融入法学课程主要观点，并对习近平法治思想融入法学课教育的路径进行了有益探索。

关键词 习近平法治思想；法学课；路径

一、习近平法治思想的形成过程概述

2014年10月，党的十八届四中全会通过了《中共中央关于全面推进依法治国若干重大问题的决定》(以下简称《决定》)，首次提出全面依法治国的总目标是建设中国特色社会主义法治体系，建设社会主义法治国家。《决定》部署了建设中国特色社会主义法治体系六个方面的工作任务，其中包括"加强法治工作队伍建设""创新法治人才培养机制。坚持用马克思主义法学思想和中国特色社会主义法治理论全方位占领高校、科研机构法学教育和法学研究阵地，加强法学基础理论研究，形成完善的中国特色社会主义法学理论体系、学科体系、课程体系"。《决定》不仅提出了创新法治人才培养机制、完善法学理论体系、学科体系、课程体系的任务要求，而且提出了法治建设理论创新、制度创新、实践创新的战略部署，推动法学教育和法学研究创新发展。2017年5月3日，习近平总书记在考察中国政法大学时，充分肯定了我国法学研究和法治人才培养工作的显著成效，同时也指出了我国法学研究存在的一些问题和不足，主要表现在："学科结构不尽合理，法学学科体系、课程体系不尽完善；社会亟须的新兴学科开设不足，法学学科同其他学科交叉融合还不够，知识容量需要扩充；有的学科理论建设滞后于实践，不能回答和解

* 纪智媛，法学硕士，闽江学院法学院副教授。

释现实问题；有的教材编写和教学实施偏重于西方法学理论，缺乏鉴别批判，对中国特色社会主义法治理论研究不够深入。”习近平总书记指出的这“六个不足”，说明我们的法学理论体系、学科体系、课程体系建设落后于法治实践发展，学科结构未能全面反映法治建设理论创新、制度创新、实践创新的最新成果，学科理论不能科学合理地解释和说明法治发展道路和规律。解决这些问题，需要统筹谋划，整体布局，该坚持的坚持，该改进的改进，该调整的调整，该创新的创新，法学学科建设要跟得上时代发展的步伐。

党的十九大正式提出习近平新时代中国特色社会主义思想这一重大理论。为贯彻落实党的十九大精神，党中央成立了中央全面依法治国委员会。2018 年 8 月 24 日，习近平总书记在中央全面依法治国委员会第一次会议上总结概括了党的十八大以来全面依法治国新理念新思想新战略，主要内容是“十个坚持”。同日，中共中央办公厅、国务院办公厅联合下发了《关于以习近平新时代中国特色社会主义思想统领教育工作的指导意见》，要求坚持以习近平新时代中国特色社会主义思想全面指导教育工作，坚持把服务经济社会发展全局作为教育的重要使命。为此，“要优化学科专业结构，发展新工科、新医科、新农科、新文科”。这是党和国家从政治需要和国家战略角度对教育工作提出的要求。针对法学领域如何落实优化学科专业结构、发展新文科的任务，一些领导和学者提出了“新法学”建设问题，提出了加强“法治学”研究等意见。2020 年 11 月 16–17 日，中央全面依法治国工作会议召开，正式提出习近平法治思想科学概念，并将习近平法治思想确定为全面依法治国、建设法治中国的指导思想和行动指南。在习近平法治思想指导下，如何进一步落实党的十八届四中全会提出的“形成完善的中国特色社会主义法学理论体系、学科体系、课程体系”目标任务，如何加强法学基础理论研究，实现法学学科创新，是需要我们思考的重要问题。

二、习近平法治思想教学的主要内容

习近平法治思想孕育于改革开放和社会主义现代化建设新时期，创立于中国特色社会主义新时代，是顺应实现中华民族伟大复兴的时代需要应运而生的思想体系，是马克思主义法学思想中国化的最新成果，是完善中国特色社会主义法学理论体系、学科体系、课程体系的指导思想和行动指南。结合法学学科体系的构成来看，我们可以发现，习近平法治思想包含着关于法和法治一般原理的创新理论、中国特色社会主义法治的基本理论、新时代全面依法治国战略布局理论、新时代法治体系建设专门理论以及关于部门法治的理论等五个方面的内容。这些丰富的思想内容，都属于“法治思想”，属于中国特色社会主义法学理论体系之中的法治理论体系。

（一）习近平法治思想关于法和法治的一般原理的创新理论

习近平法治思想关注的重点在于中国特色社会主义新时代的法治中国建设，对于法和法治的一般原理，提出了若干创新理论。比如，关于法与道德的关系问题，提出了“法律是成文的道德，道德是内心的法律”“法安天下，德润人心”等理论；关于法治的性质问题，提出了“法律是治国之重器，良法是善治之前提”等理论；关于法治与国家兴衰的关系，提出“法治兴则国家兴，法治强则国家强”等理论；关于法治的价值和意义，提出了自由、平等、民主、法治是人类共同价值的理论。这些重要理论观点，丰富发展了法学理论体系关于法和法治的一般原理的理论。

（二）习近平法治思想关于中国特色社会主义法治的基本理论

中国特色社会主义法治是中国特色社会主义理论、道路、制度在法治领域的具体实践。中国共产党领导是中国特色社会主义最本质的特征。习近平法治思想对于中国特色社会主义法治的本质特征等重大问题进行了科学论述。在党的十八届四中全会上，习近平指出：“党的领导是中国特色社会主义最本质的特征，是社会主义法治最根本的保证。坚持中国特色社会主义法治道路，最根本的是坚持中国共产党的领导。”同时强调：“坚持党的领导，是社会主义法治的根本要求，是全面推进依法治国题中应有之义。要把党的领导贯彻到依法治国全过程和各方面，坚持党的领导、人民当家作主、依法治国有机统一。”在中央全面依法治国工作会议上，习近平指出：“党的领导是我国社会主义法治之魂，是我国法治同西方资本主义国家法治最大的区别。”这些重要论述创新发展了中国特色社会主义法治的基本理论。

（三）习近平法治思想之中关于新时代坚持全面依法治国的系统理论

习近平关于坚持全面依法治国的论述，主要围绕什么是全面依法治国、新时代为什么要实行全面依法治国和怎样实行全面依法治国等重大问题，形成了理论体系。第一，回答什么是全面依法治国这一问题，形成了全面法治理论。第二，回答新时代为什么要实行全面依法治国的问题，形成了三个方面的理论，即本质要求理论、美好需要理论和战略定位理论。第三，回答新时代怎样实行全面依法治国的问题，形成了政治方向理论、工作布局理论、重点任务理论、重要保障理论、重大关系理论、规划引领理论等六大理论。

（四）习近平法治思想中关于法治体系建设的创新理论

法治体系是习近平法治思想提出的原创性概念。中国特色社会主义法治体系是全面依法治国的总抓手。建设中国特色社会主义法治体系，建设社会主义法治国家，为建设法治中国而奋斗，是习近平法治思想中具有鲜明时代特征和突出实践特征的内容。围绕建设中国特色社会主义法治体系，习近平法治思想提出了一系列理论观点。包括：第一，关于科学立法的理论。第二，司法改革理论。第三，法治工作队伍理论。第四，党内法规理论。第五，依法治军理论。

（五）习近平法治思想关于部门法治的理论

在习近平法治思想理论体系中，还有关于宪法、民商法、行政法等部门法治建设的论述，形成了关于某一领域或者某一制度的理论。包括：第一，关于维护宪法权威保障宪法实施的理论；第二，关于编纂民法典的理论；第三，国家安全法治保障理论。此外，习近平关于行政执法、法治政府、放管服改革、行政权负面清单等论述，关于税收法定的论述，关于民生保障、社会正义和共同富裕的论述，关于生态文明与生态法治建设的论述，关于扫黑除恶的论述，关于建立以审判为中心的刑事诉讼制度改革的论述等，都属于习近平法治思想的重要组成部分。

习近平法治思想以马克思主义法学理论与中国实际、中华优秀传统文化相结合为基础，以新时代建设良法善治的法治中国为战略目标，以全面依法治国为理论标识，以建设中国特色社会主义法治体系、建设社会主义法治国家为现实任务，以法治为核心范畴和研究主题，提出了全面依法治国新理念新思想新战略，形成了具有全面科学性、鲜明时代性、突出实践性的法治理论体系，丰富和发展了马克思主义法治理论，是中国特色社会主义法治思想，是社会主义法学理论体系的最新成果。

三、习近平法治思想融入法学教育的路径

（一）推动习近平法治思想进“思想道德与法治”公共基础课教育

第一，优化教学内容，将《思想道德修养与法律基础》的教材体系转化为教学体系。习近平法治思想是“基础”课程的教学重点，但由于理论文本的相对抽象性，需要教师立足于教材体系进行梳理和建构，转化更具教学感染力的教学体系，以实现知识传授与价值引领的有机整合。第二，充分挖掘其他课程所蕴含的法治元素和法治资源，形成法治教育的协同效应。要注重挖掘其他思政课程、专业课程所蕴含的法治元素和内容，推进法治教育与其他课程相融合、同向同行，构建立体化的大学生法治教育课程体系，形成法治教育的协同效应。

（二）营造以习近平法治思想为指导的浓厚的法治氛围

良好的校园氛围对大学生法治意识的培养和法治素养的提升具有潜移默化的影响。因此，作为大学生学习、生活的地方，高校应注重提升校园文化阵地管理，积

极营造培养大学生法治意识和法治素养的校园法治文化氛围。第一，积极围绕法治教育开创系列校园文化活动。诸如依托国家宪法周开展法治宣传教育系列活动，以法治教育为主题的校园文艺汇演、影视鉴赏和辩论赛等紧靠法治教育的校园文化、品牌活动，不仅能够大大提高学生的活动参与度，激发大学生的主动性，满足学生的校园文化需求，还能够通过更为轻松的方式潜移默化地增强学生的法治意识，提升学生的法治素养。第二，综合运用多样化的校园文化法治宣传教育方式。在做好常规的海报宣传、展板宣传、校园报刊宣传、图片展览等线下方式对大学生进行法治宣传教育外，高校还可以通过创新线上方式，如通过动漫、小品、短视频等形式融入法律知识和法治事件，以实现法治宣传教育趣味性与知识性、思想性与艺术性的有效融合与提升，提升大学生法治宣传教育的吸引力和成效。

（三）创新以习近平法治思想为指导的多元化法治教育方式

习近平法治思想具有鲜明生动的实践品格，这也要求高校在进行法治教育时要注重创新发展多元化教育方式，实现法治教育“灌输性与启发性相统一”“理论性与实践性相统一”，如此才能更好地推进大学生法治教育的实效性。

第一，注重启发式教育，实现“灌输性和启发性相统一”。在理论教学中，灌输性是不可或缺的，但是教师在授课过程中只有单纯的灌输性又是远远不够的，还应注重启发式教育。具体来看，在课堂学习中授课老师可以通过引入大学生关注的法治热点和法治事件等案例分析，例如对高空抛物责任问题的讨论；如何看待“清澈的爱”等恶意商标注册申请被依法驳回这一案件；对未成年人“打赏”主播是否有效的讨论等。这些案例的引入能充分调动大学生学习积极性和主动性，以更接地气的方式讲好《民法典》，让学生更好地掌握和运用法治理论，让法治精神和爱国主义精神内化于学生心中。

习近平法治思想的教育还要重视拓展法治实践的体验。价值认同并不是产生于纯理论的灌输之中，而是产生于社会活动中，产生于公民的生命世界里。习近平总书记也指出，“广泛开展各类社会实践，让学生在亲身参与中认识国情、了解社会，受教育、长才干”。通过积极构建涵盖学校、家庭、社会等多元化的法治教育网络，打造法治教育“第二课堂”，搭建大学生投身法治教育实践的平台，通过法治教育实践活动升华广大大学生的法治认知和意识，从而提高其践行法治精神的自觉性，进一步增强法治教育的实效性。

高校法学本科专业课程设置改革探析

张坚*

内容提要 高校法学本科专业课程设置对培养卓越法律人才具有重要意义，在当前形势下，应对法学本科教育进行科学定位，并在此指导下，针对法学专业课程设置存在的问题进行反思与改革：增加实践教学课程；上好“习近平法治思想概论”；利用选修课程的设置办出特色，做到法学与其他学科的相互渗透，以适应改革发展的需要，培养复合型、应用型卓越法律人才。

关键词 课程设置；改革；习近平法治思想

在法学本科人才培养体系中法学本科课程体系是其核心要件，直接影响法学本科人才培养的质量。可以说，法学本科课程设置的优化一直是高等法学教育教学改革的抓手，也是法学教育的核心。法学院应围绕应用型人才培养目标，科学定位法学本科教育，调整课程体系，以习近平法治思想为指导，增加实践课程，利用选修课办出特色，以适应教育教学改革的需要，培养建设中国特色社会主义法治国家需要的德法兼修的优秀法律人才。

一、法学本科教育的科学定位

合理设置法学专业课程的前提是对法学本科教育进行科学的定位。法学本科教育的定位问题是法学本科教育的基础和出发点，对明确人才培养目标、设置教学课程体系、确定教学内容等具有重要的指导意义。长期以来，我国对法学本科教育定位问题一直存在争论，主要集中体现为三种观点：职业教育说、素质教育说和通识教育说。过去，在国家统一司法考试制度的影响下，将法学教育定位为素质教育或通识教育的高校不在少数，这两种观点定位下的法学本科教育课程设置偏重于法学理论教学，并结合相当分量的人文学科。这样虽有利于法学理论人才的培养，却与

* 张坚，法学硕士，闽江学院法学院副教授。

社会对法律人才的实际需求相脱节，毕业生“纸上谈兵”的多，难以胜任实践中的法律事务工作。

2018年开始实行的法律职业资格考试进行了相应的改革，从事法律职业需进行资格考试，而参加资格考试的前提条件是受过正规系统的法学专业教育，这意味着法学教育是法律职业的前提和基础，法学本科教育不仅是高等教育，也是法律职业的组成部分，纳入法律职业的范围。因此，法学本科教育定位应以职业教育为主，这不仅符合法学具有较强实践性的特点，也符合法律实务部门对应用型法律人才的需求，更是由法学教育和法律职业的密切关系所决定的。同时考虑到当前社会对高素质复合型法律人才的要求，如果法学教育定位为纯粹的职业教育也与此不相适应，易造成法学教育流于浅薄，法学理论人才缺失等问题。有鉴于此，笔者认为，法学本科教育应以职业教育为主，结合素质教育和通识教育三位一体为定位，才能更好地培养出适应社会发展需要，同时具有法学理论知识和实务技能，全面发展的卓越法律人才。

二、法学专业课程设置存在的问题

明确了法学本科教育的定位，就可以在其指导下进行法学专业课程设置。这是法学教育的核心内容，对法律人才培养目标的实现具有重要的意义。目前，法学本科教育在专业课程设置方面仍存在一些问题，导致教学内容与实践需要和培养目标不相适应。如何通过法学专业课程设置实现以职业教育为主，结合素质教育和通识教育的目的，是摆在法学教育者面前的一个重要课题。

（一）偏重理论教学，实践教学比例不足

过去，法学专业课程设置比较重视理论及现行立法法条等知识的教授，忽视实践课程的教学安排。专业基础课，尤其是专业必修课中基本不开设实践课程。然而，这些必修课程中即使有设置实践学时，也是少得可怜，难以进行系统的实践教学，还往往由于各种原因，被理论教学占用。实践教学课程通常仅在专业选修课中开设诸如模拟法庭、法律诊所一两门课程，学时比例偏少。而作为重要的实践教学内容的实习，一般安排在大学四年级，学生忙于找工作，常常挪用实习的时间进行研究生和公务员考试的备考等，使得实习安排流于形式，学生敷衍了事。可以说，这样设置课程的结果是学生在大学四年的专业学习中，基本没有受到良好的实践教育，在毕业后难以及时地胜任法律实务工作，无法实现职业教育的目标。

（二）“习近平法治思想概论”课程具有一定的难度

习近平法治思想是习近平新时代中国特色社会主义思想的重要组成部分，是马

克思主义法治理论中国化的最新成果，是全面依法治国的灵魂和旗帜，是法治中国建设的根本遵循。习近平法治思想的科学定位和重大意义决定了讲授“习近平法治思想概论”必定是一项重要的教学活动。然而习近平法治思想是博大精深的体系，内含着党政军民学各领域的法治思考，我们难以在短时间内全部掌握。习近平法治思想又是不断发展的开放的体系，联结着历史、述说着当下又牵系着未来，因此，作为 2021 年新设置的全国高校法学专业必修课程“习近平法治思想概论”，教师如何讲授好这门课，以高质量高水平教学指引法科学生将习近平法治思想内化于心、外化于行，努力成为习近平法治思想的忠实信仰者和坚定传承者、社会主义法治现代化事业的杰出建设者和卓越接班人，是一项艰巨的任务，对教师提出了较高的要求。

（三）法学专业选修课程设置存在问题

高校本科教育的培养方案都由必修课和选修课构成，其中必修课包括占相当大比重的非专业通识教育，如思想政治类课程、英语课程、计算机课程和创新创业教育课程等；再加上法学专业必修课，必修课的学时往往占到总学时的 80% 左右，可见留给选修课的学时是十分有限的。而选修课是与必修课一样重要的课程，不能因为其不是必修、比重小就觉得可有可无。如果没有选修课，会造成本科教育的同质化，学校的优势和特色难以发挥，培养的学生也难以适应多元化的社会需求。因此，如何在有限的学时范围内开好选修课是一大难题。当前高校法学专业选修课的设置也存在一些问题：

第一，缺乏特色。不管是按照过去的 16 门专业核心课程模式还是按照现在的“10+X”模式，各高校法学专业必修课程的设置差别都不大，只能通过选修课的设置来体现学校特色。虽然目前开设法学专业的高校有很多，但能办出自己特色的学校却不多。如果不能在课程设置上办出自己的特色，则难以在激烈的竞争中取得优势，也难以证明学校开设法学专业的价值。第二，选修课程设置没有突出学科交叉性。法学不是一门封闭的完全独自存在的学科，不可避免地会与一些相关学科存在交叉和联系。现实中遇到的一些法律问题往往牵涉到政治、经济等其他领域，若只依靠法学理论知识将无法做到对其进行全面科学地分析，找到合适的解决措施。很多选修课程的设置很少开设相关学科的课程，这种孤立地、闭门造车式的课程设置不符合职业教育所要求的综合性、交叉性的知识结构，不利于复合型人才的培养。第三，教师承担选修课的积极性不高，影响了选修课程的设置。这一方面是由于不少学生和老师对选修课的重视不足；另一方面是由于必修课程都是按照教育部和学校的统一标准来安排的，一般在课程设置中变动不大，而每年修改培养方案主要针对选修课进行，有些选修课可能开设一两年后就取消了，这样就容易造成部分教师不愿意承担选修课，或是只选择自己熟悉的领域，范围狭小，在一定程度上影响了选修课程的合理设置。

三、对法学专业课程设置的优化

（一）增加实践教学课程，加强学生实践能力的培养

法学专业教育的目标是培养合格优秀的法律人才，而合格优秀的法律人才不仅应熟悉法学基础理论知识和相关法律制度，还要有运用所掌握的法学知识分析和解决实际问题的能力，包括法律思维能力、法庭辩论能力、法律文书制作能力、法律识别能力、综合运用法律的能力等。这些实践技能的培养在很大程度上依赖于实践课程的设置，通过实践课程对学生进行法律实务技能的训练，将法学本科教育与法律职业相结合，培养学生实务操作能力。因此在法学专业课程设置改革中，应遵循理论与实践教学并重的原则，适当增加实践课程，加大实践教学学时比例。在实践课程的设置上笔者提出以下几点建议：

第一，为提高实践课程的实效性，应采用循序渐进的方式，先做好各学科基础课程的知识储备，在理论知识教授的基础上展开实践教学，所以在开设时间安排上不可操之过急。第二，开设的法学专业实践课程应包括：模拟法庭，涵盖民事、刑事、行政、仲裁模拟法庭，还可以配合开设辩论与演讲技巧的课程；法律文书写作；律师实务；法律诊所；专业实习等课程。这些实践课程在实施过程中要注意避免走过场、混学分的情况。例如专业实习，大多数是在校外进行的，教师一般不会全程跟随学生进行指导，对学生的监督相对宽松，部分不自觉的学生易出现缺席、不认真完成实习的情况。所以建议实习地点尽量由学校统一安排在本地的实训基地，学校可聘请实习单位的指导老师共同对学生进行指导，及时评价和反馈，提高实践效果。第三，完善实践课程的配套设施和条件。实践课程的教学离不开完善的配套设施，如模拟法庭实验室、实训基地等；也离不开具有相关课程教学能力和实务经验的师资力量。学校在开设实践课程时应充分做好调研，根据自身的条件进行设置。例如法律诊所，除了要配备相应的办公场所之外，还要求配备办理案件所需的经费，教师还应具有律师执业资格且能获得一定的案件来源。若这些条件尚不具备就匆匆开课，不仅达不到教学效果，还浪费时间和人力，得不偿失。

（二）重视并上好“习近平法治思想概论”

要上好“习近平法治思想概论”课程应从以下几个方面入手：第一，理解《习近平法治思想概论》一书的编写思路和鲜明特征。第二，把握《习近平法治思想概论》一书的体例结构和教学目标，在教学中，应把握《习近平法治思想概论》一书

的结构体例，有序推进教学进度；领会《习近平法治思想概论》全书及各部分的教学目标，让学生们真正学有所悟、学有所思、学有所得。第三，深入领悟“两个相结合”的精髓与范例，马克思主义中国化的精髓在于“两个相结合”，“马克思主义基本原理同中国具体实际相结合、同中华优秀传统文化相结合”。习近平法治思想是“两个相结合”的典范。第四，运用历史和现实相贯通、国际和国内相关联、理论和实际相结合的教学方法。第五，着力讲解习近平法治思想的政理、法理、哲理，让学生们在“理”与“论”的结合中深刻把握坚持依法治国和以德治国相结合的法理依据。第六，正确认识和处理好“习近平法治思想概论”课程与其他法学核心课程的关系，它对法学各门课程教学都具有总体性、普遍性、根本性的指导意义。第七，正确认识和处理好《习近平法治思想概论》与原著原文的关系，教师要带头学习研究其原著原文，弄懂悟透其原意原理。在此前提下，积极引导和辅导学生。

（三）优化法学专业选修课程设置

针对上述法学专业选修课设置存在的问题，可以采取相应的改革措施：第一，选修课的设置应立足于本校，注重突出办学特色。学校应继承优良的办学传统，对学校的办学特色进行挖掘，结合市场对法律人才的需求，利用选修课程的设置办出专业特色，吸引优秀合适的生源，培养不同于其他院校的法律人才。所谓特色着重强调学校要有自己的优势研究领域。这就要在分析学校自身条件的基础上，充分利用学校的优势和资源，来带动本校法学学科的发展。如利用财经类学科发展经济法，商法方向；利用外语学科发展国际法方向；利用医学学科发展司法鉴定或法医学方向等。第二，注重知识的交叉性，适当开设一些法学交叉学科课程。例如，法律经济学、法律社会学、法律心理学等。再如，为了学生能更好地掌握经济法学知识，可以配合开设诸如经济学、贸易实务、工商管理等课程。利用选修课的设置，做到法学与其他学科的相互渗透，以培养适应社会发展需要的复合型优秀法律人才。第三，聘请校外实务部门的人员承担一些选修课程的教学任务。选修课程的教学可以突破本院系师资的限制，充分利用社会资源，由校外相关行业的优秀专业人士承担选修课教学。这不仅能解决学校选修课程的师资难题，还能让学生从这些专业的实务人员身上了解到最真实和最新的案例，学习其从事实务工作的经验，激发学生学习的兴趣，并从中受益。

从国际法教学改革看当前国际形势下社会主义法治人才的国际视野培养

陈轩*

内容提要 国际法是法学本科专业必修课程之一，但与其他法学课程相比，因其难以直接应用，学生往往不够重视。但当前的国际形势以及我们依法治国的整体需求又决定了对法治人才的培养不仅仅要重视国内法教育，还要培养法治人才的国际视野，适应中国社会国际化的需求。因此国际法课程教学改革就应充分考虑国家战略需要和课程实际情况，提升培养理念、确定培养目标、丰富教学方式，引导学生形成正确的国际义利观。

关键词 教学改革；社会主义法治人才；国际视野

国际法又称国际公法，是在国际交往的过程中形成的、主要调整国家之间以及其他国际法主体之间关系的法律规范。教育部于 2018 年发布的《法学本科专业教学质量国家标准》规定法学本科专业核心课程采取“10+X”分类设置模式。“10”指法学专业学生必须完成的 10 门专业必修课，其中就包括国际法。同时作为法律职业的入门砖——法律职业资格考试来说，国际法也是其中的必考科目。但一直以来，无论从各法学院校以及教师、学生来讲，对国际法的教学和学习都没有足够的重视，这使得我们的法学人才的培养在国际视野方面严重滞后于国家对法治人才的需求。

一、社会主义法治人才的要求

党的十八届四中全会通过的《关于全面推进依法治国的决定》（下称：《决定》）明确提出，全面推进依法治国，必须大力提高法治工作队伍思想政治素质、业务工作能力、职业道德水准，着力建设一支忠于党、忠于国家、忠于人民、忠于法律的高素质法治专门队伍，为加快建设社会主义法治国家提供强有力的组织和人才保

* 陈轩，法学硕士，闽江学院法学院讲师。

障。这就要求我们各高校法学院在自身的教育教学工作中，要把培养坚持马克思主义为先导、坚持中国特色社会主义道路、坚持党对国家的领导、坚持以人民利益为中心、坚持立足中国放眼世界作为我们开展法学教育、培养法治人才的目标。

特别是《决定》中明确提出，要“建设通晓国际法律规则、善于处理涉外法律事务的涉外法治人才队伍”。可见，党和政府对法治人才的要求、对依法治国的要求，已经站在国际立场上，提出了更高、更明确的要求，那就是，社会主义的法治人才不仅仅是国内法的人才，更应该是有国际视野的人才，不仅仅是立足于中国传统文化的人才，更应该是能理性扬弃西方法律思想的人才，不仅仅是懂得中国规则的人才，更应该是懂得如何将中国规则和世界规则有效结合的人才。

二、当前国际形势对法治人才培养提出新的要求

当前世界国际形势非常严峻。一方面，传统的国际问题国际矛盾并没有缓和，相反的，一系列的矛盾进一步被激化。比如巴以问题，在美国承认耶路撒冷作为以色列首都之后，这个矛盾从历史上、从宗教上、从方方面面被进一步激化；又比如我们国家和周边国家的领土争端，特别是海洋争端，随着域外势力的加入，本可通过和平协商逐步缓解并处理的问题，却被人为地推动到剑拔弩张的情势之中。另一方面，新的国际问题还在不断产生，矛盾还在不断激化，比如新冠肺炎疫情引起的国际矛盾，甚至已经从单纯的国际防疫问题上升到了政治制度、人权保护这些问题上，复杂交织在一起的思想、制度、认知、防疫策略，不断挑战着每一个人的智慧；又比如随着我国航天技术的发展，空间站的成功发射和运转，各国在航天领域的新的角逐，新的矛盾不断发生，互相的排斥，互相对航天资源的先行设置，都将导致在这一领域的国际形势、国籍法律发生巨大的变化。

而且随着我国政治、经济、军事、科技实力的不断增强，传统发达国家对我国战略态度上的转变，东西方思想和传统在这一过程中的碰撞，更进一步凸显出我们所面临的国际局势的复杂性和艰巨性。

因此，当前对社会主义法治人才的培养一定要将国际视野纳入法治人才培养的重要目标。不仅仅要立足于本国、立足于社会主义、立足于传统文化，更要学贯中西，了解国际规则，能够理性分析国际形势，理性判断西方的思想宣传，在新形势下，在新的媒体环境下，充分发挥社会主义法治人才的国际视野对社会主义法治建设的重要的作用。

三、当前国际形势下国际法教学面临的问题

虽然我们的国际形势发生诸多的变化，但我们的国际法教学还止步不前。

（一）国际法课程内容缺乏直接适用性

国际法是调整国际法主体之间交往的规则，但国际上没有一个超越于各主权国家之上的立法机构来制定国际法，更多是两个以上或更多国家通过协议共同制定的规则。与国内法相比，法律规则没有强制力保障实施，导致国际法在国际实践中也常常流于形式，被强势国际法主体所拒绝。这使得我们对国际法规则在所涉及的具体国际事件中的适用和分析往往不具有国内法适用的直接性。进一步就使得学生在学习国际法的过程中往往对国际法规则并不重视。

（二）课程本身不受重视

虽然国际法作为法学核心课程之一，是法律职业资格考试的必考科目，但国际法在我国的法学教育中并没有得到足够的重视。最典型的一个表现就是现在的法律职业资格考试（以前称为司法考试）中，国际法虽然是必考的内容，但分值比较低，一般只有十分左右，其地位和占考试大头的民法、刑法相比远远不及。而且在绝大多数人看来，未来的法律职业生涯能够运用到国际法的情况也少之又少，所以就更加不重视国际法的学习了。

（三）国际法教学缺乏国际政治视野

国际法律关系从来就不是单纯的法律问题，而是一个事实、法律和政治交叉在一起的复杂的国际问题。对国际法律问题的分析和理解，应当注意从国际政治的角度去分析。而当前的国际法教学从教材设置到教师教学往往仅停留在纯粹的法律制度、规则层面上，缺乏从国际政治的角度对国际法律关系进行全面、客观、理性地分析。

四、国际法教学的改革路径

（一）革新教学理念

国际法教学应从之前单纯地要求学生掌握国际法规则，提升到要求学生理解国际法规则、运用国际法规则，并能够从国际政治的角度去分析理解国际法问题，正确看待国际事件。

在这其中，尤其重要的是要坚持社会主义理念的国际法运用，在教学理念的革

新和设置中，要讲立场、讲原则、讲政治，将社会主义法治理念，社会主义法治要求结合在其中。在国际法教学中尤其要以中国特色社会主义理论来武装我们的思想。比如，在对国际法中人权法部分的教学，就要注意将人权的理论和人权的实际与社会主义法治的人权观，与国家的义利观结合起来，要从实际出发，从客观出发去设置教育教学的目标和理念。就像自新冠肺炎疫情以来的国际人权观，就存在非常大的迷惑性以及片面性。一定要注意在教学理念中对错误的极端人权思想的摒弃，用正确的思想去看待人权问题。

（二）增加教学内容

在国际法教学中，要注意用国际政治的观点来引导学生正确看待国际问题，所以要在国际法的教学中，增加国际政治的内容。

当然国际政治本身复杂、多变，需要我们每一位国际法教师在课前做更多的准备，针对国际事件的历史、地缘政治的发展过程、国际势力的角逐经过，以及当前国际局势对这个问题的影响，多方力量在其中的体现，都要有一个全面的了解，并能够综合运用政治、法律的方法引导学生进行分析、理解。

比如我国的南海问题，在国际海洋法部分就一定会涉及南海问题的由来和经过。这需要我们对南海本身的历史有着充分的了解、对近现代特别是二战之后的海洋法律制度发展有充分的了解，并能够结合新中国成立之后，我国海洋制度的一步步确立，海洋权利的一步步声张，来逐渐引导学生理性分析该事件。

（三）改变教学方法

传统的国际法教学重视课堂上国际法理论和知识的讲解，要改变这一现象，很重要的是要引入案例教学的方法。国际法案例教学，要重视对案例本身的选择，特别是国际关系变化导致很多传统的国际法案例在当前的国际实践中的借鉴意义和学习意义已经不大，要注意时刻和国际事件的热点保持一致，引导学生通过对当前热点国际事件的案例学习来学习国际法。

比如关于台湾问题的案例。我们就要充分分析台湾问题的历史由来，充分分析国际规则在台湾问题上的具体实践，更要注意在这里面对多重国际法律问题的引用和论证，从政府继承、新政府和旧政府的关系、国家主权原则、民族自决原则以及中美关系、美国的亚太战略等多方面来分析这个问题，可以通过设置专门课程的学生讨论，来让学生对这个问题有更深入的认知。

国际法课程的教学改革并非一朝一夕就能完成的，要在教学实践中不断尝试、探索，及时总结经验，以“立德树人”培养有国际视野的法治人才为教学理念，以知识掌握、能力提高和素养提升为教学目标，以国际政治和最新国际事件的发生、发展为教学内容，以从理论教学为主到以案例教学为主的变化，以贯穿始终的思想政治教育、社会主义法治教育、家国观念教育，最终实现国际法教学质量和教学效果的不断提升，培养合格的社会主义法治人才。

应用型涉外法治人才培养之“普法式”教学法探索

陈雄 *

内容提要 大国之间的经贸摩擦长期化的趋势明显，我国外贸型企业的经营将面临诸多涉外法律障碍，而我国目前涉外法律人才匮乏，无法为企业提供必要的法律服务。因此熟知国际贸易规则的涉外法律人才必将具有广泛的社会需求。在相关本科专业中开设以介绍国际贸易规则为核心内容的“国际商法”课程，培养复合型人才尤其必要。但是在应用型本科专业中针对非法学专业的学生开设法学类课程，普遍存在课程的整体教学效果不佳的情况，难以实现人才培养的目标。针对非法学专业学生推行真实案例“普法式”专业化教学，能够有效地提高“国际商法”课程的教学质量，有助于应用型涉外法治人才的培养。

关键词 “普法式”教学；应用型；涉外法治；人才培养；教学方法

贯彻落实习近平法治思想中的涉外法治理念，做好涉外法治工作的关键在于人才培养。[①] 涉外法治人才培养是一项分阶段、分层次的系统工程，应当基于涉外法治工作的客观需求，明确专业人才的培养定位。[②] 当今世界经济全球化的趋势不可逆转，国际贸易的持续发展是可预见的。即使在以美国为首的西方国家基于遏制中国发展的霸权主义而发动的贸易制裁，加之2020年初至今全球范围内的疫情影响，均无法阻挠我国的进出口贸易实现逆势增长。伴随着“一带一路”倡议的推进，以及我国致力于区域经济合作的战略方针，今后经营外贸业务的企业将逐年增多。而熟知国际贸易规则的涉外法律人才必将具有广泛的社会需求。由此可见，在以培养应用型国际商贸人才为目标的经济管理、国际经济贸易、商务英语等本科专业中开

---

* 陈雄，法学硕士，闽江学院法学院讲师，闽江学院国际商法研究所研究员，闽江学院民商法研究所研究员，福建省法学会行为法学研究会理事。

① 谢宇.习近平法治思想中的涉外法治理念：时代背景、实践需求与具体路径 [J]. 云南社会科学，2021(5):42-48,186.

② 张法连.涉外法治专业人才培养需要厘清的几个问题 [J]. 新文科教育研究，2021(4):5-15,141.

设“国际商法”课程尤其必要。以“商贸 + 法律”的复合型人才为培养目标的应用型本科专业教学中的法学类课程，其培养定位不是要求学生全面、系统的掌握法学理论知识，而是让学生在一定程度上掌握国际贸易实务技能并养成基础的法律思维能力和法律风险意识，笔者认为这些将成为涉外法治理念下对于国际商贸人才素质养成的基本要求。国际商法源于欧洲国家的商人习惯法，是为规范国际商事活动，经各国协调国内商法的差异而局部形成的国际商事统一法规范，并保留本国国内民商法的部分适用，体现很强的实用性。[①] 国际商法的实用性特征决定此类课程应当注重应用教学，而非单一的理论讲授，符合应用型人才培养的需求。

一、非法学专业学生的“国际商法”课程教学困境

笔者是作为外聘的法学专任教师连续多年为外语学院的商务英语专业学生讲授“国际商法”的课程。教学初期，经笔者观察了解，非法学专业的学生到课率较低，即便有来上课，认真听课的学生也不多。随着法学理论讲授逐渐深入，学生愈发对课程失去兴趣；普遍不爱听课，而是在课堂上做其他学科的作业，甚至玩手机游戏；课上教师提前布置的预习任务，课后学生基本没有完成；提问上节课的重要内容，多数学生“一问三不知”。无论是平时作业还是期末考试，学生的整体表现均较差。即使教师调整教学方法，采用案例教学法，结合各教学单元配套的案例讲解理论知识，也是收效甚微，无法改变学生对课程排斥的状态。在此种情形下，任课教师的授课热情逐渐耗尽，出现教师不按教学计划上课，随意删减、变更教学环节，为迎合学生的喜好播放长视频却没有设计互动环节等违规教学行为。其结果是，教师上“水课”，学生“混课堂”。非法学专业的学生在“国际商法”课程教学中收获不到应然的“教”与“学”相匹配效果。此为笔者在教学实践中经非正式调查所了解的“国际商法”课程教学的最大问题。

二、造成教学困境的主要原因

国内本科院校在经济管理、国际经济贸易、商务英语等专业中开设法律类课程时，通常会将课程设置为非专业课，供学生选修，同时作为考查课，采用较为简单的考核方式，因此学生不重视课程学习是可预见的。开课单位基于成本及人事安排考虑，一般不设专任教师，多依赖于外聘法学专业的教师讲授“国际商法”课程。[②] 笔者基于自身的“国际商法”教学实践，从以下几个方面分析造成教学困境的原因。

① 屈广清. 国际商法 [M]. 5版. 大连：东北财经大学出版社，2018:1-7.

② 付五平. 非法学专业“国际商法”课程教学改革理论与实践 [J]. 中国电力教育，2014(23):199-120.

（一）教学方法缺乏专业针对性

法学专任教师惯常用传统的教学方法讲授法学类课程，偏向于理论教学。法律知识的运用需要有扎实的理论基础，此种专业惯性思维始终指引法学专业课程教学。然而，非法学专业学生，原本对法学类课程不够重视，对他们采用重理论教学的传统教学方法，会导致学生直面抽象的理论知识，无法正确理解，进而产生畏难情绪逐渐对课程失去学习兴趣，导致学生厌学、不想听课，甚至逃课的现象时常发生。也因此，任课教师的积极性受打击而陷入倦怠，结果则出现学生为了获得学分趋于功利应付老师；反之，老师为了完成教学工作量而无奈“放水”的异常教学，效果不佳实属必然。究其原因，主要是任课教师缺乏能动性，未考虑学生的专业背景，未针对非法学专业学生研讨更为适合的教学方法，从而无法有效激发学生的学习主动性。

（二）应用教学环节实训方法缺失

因教学条件受限，开课院系通常无法为非专业课配置专门的实训设施，作为替代措施，任课教师多以分组案例讨论模拟实训。但实训一般为“国际商法”课程教学中的关键环节，在依托真实（或自设）案例的模拟仿真场景下，学生充当相应角色实际参与，动手操作，使理论知识通过独立思考乃至切实应用，逐步形成近乎实战的经验，是实现由知识向技能转变的重要途径，这是案例讨论始终无法达到的效果。综上，在实训环节，仅安排案例讨论，终究无法实现国际商法的应用型人才培养目标。

（三）课程考核方式单一而无实效

无法在实训环节对学生的综合应用能力进行考核的情形下，通常“国际商法”课程考核主要以期中和期末考核为主，主要集中在概念定义、法律名称、基本原则、行业规则等的识记方面，题型相对简单且难度较低，多以开卷考试或综合作业的方式进行。只要学生在临考前一周至两周充分复习即可获得较高分数，此种做法无法客观评价学生的知识掌握程度。国际商法的应用教学内容在每个教学单元中均有体现，仅靠一、两次的测试则无法形成合理的评价。现实中存在学生成绩普遍良好而课程本身却不受学生欢迎的现象，而且此类评价“水分”较多；教与学收效如何无法获得真实评价，不利于教学改革与提升。笔者认为，忽略教学过程动态多元的评价机制，仅以学生一两次书面考试成绩作为主要评价依据，此种课程考核方式的确缺乏合理性乃至客观性。

（四）缺乏教学团队合作的高效教研教改途径

众所周知，院系的教学团队组建及合作乃是高效的教研教改途径。非专业课的

“国际商法”课程通常是由外聘法学专业教师任教。外聘教师只负责授课，平时较少与其他专业课教师交流或参与教研活动，很难与其他专业教师形成资源共享，这导致在课程教学过程中，无法准确把握学生的专业背景，难以探索形成有针对性的教学方法。因开课单位对非专业课的不重视，外聘教师几乎不可能获得教学所需的其他资源，例如实训设施、教研平台等。在缺少外援的情况下，如若任课教师本就缺乏教学改革的主动性与能动性，在教学方法上势必无法推陈出新，无法达到预期的教学效果，更不用提教研教改效果了。

三、针对非法学专业学生“普法式”教学方法应用建议

针对上述问题，笔者通过多年的课程教学实践并参研“国际商法”相关的教改论文，总结出几点教学改革措施，倘若这些措施切实经由相应实践验证，相信能够有效提高“国际商法”课程的教学质量。笔者希望这些改革措施能成为同行交流的素材，助力“国际商法”课程建设。

（一）推行真实（或设置）案例“普法式”专业化教学

如前所述，非法学专业学生一般缺乏法学基础，多数学生对抽象的法学理论存在畏难情绪，被动学习是常态，导致学习效果不佳。解决问题的关键在于改变学生对法学类课程的思维定式，变被动为主动；因势利导，自然可成就良好的教学效果。实践证明，培养学生对课程学习的兴趣且持续保持一定的兴趣度是改变学生被动学习状态的有效途径。为此，任课教师应当适当降低教学难度，将非法学专业学生视同普通民众，从社会生活中收集、选取适合不同课程单元的真实案例或拟设贴切案例，举案说法，推行全案例“普法式”教学模式，向学生清楚地展现法律规则在具体案件中的应用过程，可适时让学生充当相应的角色，设身处地地思考法律问题并进行简要的文字梳理乃至答辩发表等，促进学生对知识的理解掌握。

例如在讲授合伙制度时，首先明确本单元的重点内容为合伙的概念与特征。在课程导入环节，教师向学生抛出合伙与婚姻的类比话题，让学生脱离抽象思维而充当相应角色步入现实生活，兴趣油然而生。在讨论过程中，教师可以穿插介绍夫妻之间承担共同债务的真实案例，引发学生的共情反应，产生探索求知的欲望，学习兴趣进一步提升。接着借助移动教学平台，以投票或弹幕发送的方式让学生发表各自的看法，畅所欲言，激发学生主动深入讨论的积极性，鼓励学生在深度思考下书写简要报告乃至将报告答辩发表等，形成良好的课堂互动气氛。[①] 讲解案例时，教师应避免介绍不易理解的法学原理，应以讲故事的方式，身临其境般地让学生感悟

① 张凯功.移动信息技术在国际商法教学中的应用研究[J].法制博览，2019(18):60,62.

结婚的现实意义与法律意义，以及夫妻间共同利害关系的道德问题与法律问题。随后，教师再介绍律师事务所的合伙人之间共担风险的真实案例，让学生理解“合伙”的法律定性是具有共同出资、共同经营、共享利润、共担风险的本质特征。最后，教师通过移动教学平台向学生投送案例分析题，测试学生对知识点的掌握程度。整个教学过程如同“普法教育”，生动有趣，由浅入深，依托情境，使学生主动思考。教、学两主体间的互动频繁，学生易于接受此种教学方式，从而激发其对课程的兴趣。学生爱听课，爱上课；反之，任课教师的教学积极性也可被带动起来，形成良性循环，最终达到良好的教学效果。

其他的教学单元如商事代理，可以结合网红主播带货的真实案例讲解商事代理的法律关系；国际货物买卖可以结合“西安奔驰女车主维权事件”展开讨论，引出卖方品质担保责任这一关键知识点。任课教师应当结合每个教学单元从日常社会生活中取材，逐一精选合适的案例，并设计让学生主动思考或讨论的话题等。在编排课程教学计划时，教师应归纳每个教学单元的知识要点作为课堂理论讲授的重点内容。在课堂环节设计方面，教师应缩短理论讲授时间，尽量多安排学生切实参与互动。在实际教学过程中教师应把握课堂节奏，适时穿插讲解理论知识，最后将整理好的知识要点通过移动教学平台传送给学生，方便学生课后复习。

（二）通过院系协调寻求课程应用环节的资源共享

法学专业院系，通常配有模拟法庭或模拟仲裁庭，有条件的院校甚至设置了国际商法实验室。非法学专业的“国际商法”课应当注重实训，完善课程教学环节。院系之间可以搭建资源、设施共享机制，让非法学专业的学生也有机会了解法学类课程的实训过程。例如，由任课教师组织安排选修“国际商法”课程的非法学专业学生观摩庭审过程，了解程序规则，学习辩论技巧，这也体现“普法式”情境教学的特色。

院系间可联合举办模拟仲裁竞赛或辩论赛，组织法学专业学生与已选修“国际商法”课程的非法学专业学生同台竞技，以竞赛促教学，通过任课教师的深入辅导和学生的参赛与观摩进一步提升学生的知识掌握程度。

条件允许的情况下，任课教师可安排选修“国际商法”课程的非法学专业学生与法学专业学生一同到校企合作的实践基地参加校外实习，在实习过程中安排实训环节。例如，让学生独立起草买卖合同，参与交易谈判，任课教师从旁把关、指导，由学生完成正式签约前的所有法律事务工作。

（三）重视课程教学过程的多元动态学习效果评价机制

课程考核的目的是检验学生对知识的理解和掌握程度，也是评价课程教学效果的重要依据之一。传统做法是以考试作为课程考核的主要方式，但仅凭学生成绩是无法客观反映课程教学的质量水平的。[①] 有些学生成绩优秀，但一段时间后再问及相关知识点时却已遗忘。为了考试拿学分的被动式教学方式，无法让学生形成牢靠的知识架构，一旦达到分数目标后，所学知识将被“选择性遗忘”，因为识记这些知识并不快乐，难以留下记忆痕迹。学生是教学的主体，但对任课教师而言学生是受众，学生对课程的接受程度能够直观反映出课程教学的效果。一门课程能够被学生普遍认可，成为学生喜欢听的课，爱上的课，这对于任课教师而言是最为理想的教学状态。即使学生的考试成绩不理想，但老师讲过的精彩内容可能让他印象深刻，这些记忆也许在将来的某个时刻他可以用得上，这也是推行“普法式”教学所期待的效果。

因此，课程考核应当重视学生学习过程的评价。例如，学生在学习过程中：态度是否端正，是否积极参与教学，是否主动学习，是否具备独立思考问题的能力，是否具有创新思维的能力，是否提升书面总结乃至口头表达能力，是否养成团队协作意识等方面，这些多元多维度评价指标应当在课堂教学设计中予以体现。例如，学生每堂课在移动教学平台上的弹幕发言、投票等均可通过量化计分，列入过程性评价体系中。学生在课堂上的积极表现能够反映在考评中，这无疑会激发学生的学习积极性与主动性，学生与教师之间自然形成良好的互动氛围，有助于提高每堂课的教学质量。

（四）搭建跨院系的应用型教学协作团队

针对不同专业乃至具体知识点间的联系与区别，院系间还可定期举办联合研讨会，形成通识的教学内容及方法，达到高水平教研、教改上的交流互进效果。

具体而言，为了避免非法学专业“国际商法”课程的任课教师陷入“孤军作战”的困境，可以通过搭建精品课程平台，在不同院系之间抽选骨干教师组成联合教学团队，团队成员包含但不限于：法学类专任教师、经济管理类专任教师、国际经济贸易类专任教师、商务英语类专任教师等。定期举行跨院系的联合研讨会，以法学专任教师为主导，其他成员一同参与课程教学大纲（包含实践教学大纲）的编制，以及课堂教学设计的研讨。各成员可利用自身的专业背景，在“普法式”教学设计中的案例选材、教学重点提炼、实训等方面分别提出可行性建议，经过整合、梳理后在教学大纲及教案中予以体现。一旦形成比较成熟系统的教学方式，则可以实现模块化教学，由具有不同专业特长的教师承担不同的教学模块，达到优化教学的目的。同时，不同院系的教师聚集在同一个教学团队中，可以实现院系之间的资源、设施的有效共享，提高设施利用率，既让广大师生受益、又能为学校节省

① 许文峰.浅析《国际商法》课程教学内容与教学方法的改革 [J].富时代，2017(12):184.

开支。

四、结语

在当前复杂的国际环境下，进行国际商事活动的企业与个人需善于运用国内与国际两套规则。培养精通国际商事行为规则的涉外法律人才是“国际商法”课程的教学目标之一。理应结合国家的对外经济发展战略，适时更新并细化教学内容。例如伴随着《区域全面经济伙伴关系协定》（RCEP）的签署与实施，熟知原产地规则且能合法合规地加以运用，将有助于提高我国外贸型企业的竞争力。另外，法学专业院系可以增设辅修专业，招收具有经济管理、国际经济贸易、商务英语等专业背景的学生。在辅修专业的培养方案里可以将“国际商法”课程作为前期导入课程，推行“普法式”教学法，以培养非法学专业学生的学习兴趣为导向进行教学设计。在师生之间构建亲和感，不但能够使“国际商法”课获得较好的教学效果，还可以提高辅修专业其他法学类课程的教学质量，实现教学目标，培养符合时代需求的复合应用型人才，提升国内企业合规化经营的整体水平。

从法律人才到法治人才：以习近平法治思想融入法学教育的思维转向

林安民*

内容提要 新时代需要以习近平法治思想为指导，通过法学教育培养高素质的法治人才。法学教育作为习近平法治思想的重要组成元素，其改革与进步必然要将习近平法治思想融入。习近平法治思想包含了法治人才培养的思想，其中的法学教育理论全面地、系统地解答了从过去法律人才培养到现今法治人才培养时法学教育思维转变的要点。将习近平法治思想融入法学教育，就是在坚持马克思法学思想和中国特色社会主义法学理论的大前提下"以德育人"和"以法育人"相结合，以培养出德法兼修的高素质法治人才。

关键词 习近平法治思想；法学教育；法治人才培养；德法兼修；教学思维

一、新时代法学教育的转变

当今世界面临着一种全球化但又多极化的变化趋势，而国内也正处于改革开放的全面深入时期。在外部和内部的严峻情势下，为应对各色挑战，我国应充分意识到破解难题之关键所在，并及时地对此作出回应与改革。习近平总书记曾在党的十八届四中全会上指出："我们党在这样一个大国执政，要保证国家统一、法制统一、政令统一、市场统一，要实现经济发展、政治清明、文化昌盛、社会公正、生态良好，都需要秉持法律这个准绳、用好法治这个方式。"①正因为如此，党的十八届四中全会同时通过了《中共中央关于全面推进依法治国若干重大问题的决定》（以下简称《决定》），使《宪法》确定的依法治国基本方略从"宏观指导"层面走向"实践操作"层面。这也意味着法治在中国特色社会主义道路上的重要与关键地位。那么，法治理所当然地成为新时代发展以及纾困所应贯彻之指引。事实上，我们党从未停止过对法治的坚持。从1978年实施改革开放时期的"有法可依，有法

* 林安民，法学博士，闽江学院法学院副院长、法学教授。

① 张文显. 习近平法治思想研究（上）：习近平法治思想的鲜明特征 [J]. 法制与社会发展，2016,22(02):5-21.

必依，执法必严，违法必究”，到党的十五大的“依法治国是党领导人民治理国家的基本方略”，再到党的十七大的“依法治国是社会主义民主政治的基本要求”，再到党的十八大的“法治是治国理政的基本方式”……中国特色社会主义法治在不断的实践与发展中丰富自身内涵，产生了中国特色社会主义法治理论，实现了马克思主义法治理论的中国化。而自党的十八大以来，以习近平同志为核心的党中央更是进一步地赋予其符合新时代的新理念、新思想、新战略，形成马克思主义法治理论与中国实际相结合的最新成果。于是，2020 年首次中央全面依法治国工作会议提出习近平法治思想之概念，并将其作为新时代全面依法治国的指导思想。习近平法治思想便是破解新时代难题的答案。

教育是为国家培养人才的，需要适应时代发展。我国高校法学教育改革一直以来都在寻找能够产生质变的突破口。2012 年教育部、中央政法委联合开始正式施行卓越法律人才教育培养计划，承接了改革开放以来法律人才培养的需求，要求法学教育以培养应用型、复合型的法律职业人才为目标。面对新时代，2018 年教育部、中央政法委在卓越法律人才的培养基础上进一步提出卓越法治人才的培养目标。法治人才相较于法律人才更多了中国特色社会主义法治的内核。从法律人才到法治人才，这是法治渗入国家思维的重要体现，是法学教育层面对新时代作出的回应与改革，是法学教育思维转向的支点。在明确习近平法治思想作为全面依法治国的指导思想之余，我们无法忽视的是，法学教育和法治人才培养也是推动全面依法治国的重要因素。[①] 在如此时代背景之下，将习近平法治思想融入高校法学教育之中是极其必要的，也是顺其自然的。教育部相应地出台了《教育部办公厅关于推进习近平法治思想纳入高校法治理论教学体系的通知》(教高厅函〔2021〕17 号，以下简称《通知》)，要求将习近平法治思想融入法学类专业教育。习近平法治思想以中国实际情况为基础，融汇古今中外法治思想之精华，蕴含丰富的、全面的、系统的法治学理论，其中也包含了法治人才培养思想，能够引领法学教育的转变与改革迈向成功。

二、习近平法治思想与法学教育的逻辑关系

放在时代的大背景下，习近平法治思想是全面依法治国的指导思想，受习近平法治思想影响下的法学教育从法律人才培养转向法治人才培养。然而二者之间的关系并非像一个独立个体指导另一个独立个体，而是相互融洽的。唯有真正理解习近平法治思想与法学教育之间的关系，方能切实地做好以习近平法治思想融入法学教育的实践工作。

① 马怀德. 法学教育法治人才培养的根本遵循 [J]. 中国党政干部论坛，2020(12):50-53.

（一）法学教育是习近平法治思想的组成元素

《决定》确定了全面依法治国的总目标，即建设和运行中国特色社会主义法治体系，[①] 这集中反映了习近平总书记与以习近平同志为核心的党中央对新时代中国特色社会主义法治建设的思想，并体现了习近平法治思想的主要内容。对习近平法治思想更进一步理解，其核心要义可以精辟概括为习近平总书记在2020年中央全面依法治国工作会议上提出的“十一个坚持”。这十一个方面的要旨是突出了人在推动中国特色社会主义法治建设中所扮演的主要角色，也恰是习近平总书记一直以来高度重视法治工作队伍建设之根源。那么，习近平法治思想的两大特点就在于，一是建设中国特色社会主义法治体系的思想，二是法治人才培养的思想。[②] 这两点完全契合了习近平总书记在2017年考察中国政法大学时的观点，即“全面依法治国是一个系统工程，法治人才培养是其重要组成部分……建设法治国家、法治政府、法治社会，实现科学立法、严格执法、公正司法、全民守法，都离不开一支高素质的法治工作队伍。法治人才培养上不去，法治领域不能人才辈出，全面依法治国就不可能做好”[③]。习近平法治思想本质上就是关于如何实现全面依法治国的思想。简单来说，其中蕴藏的逻辑关系为“培养法治人才——建设高素质的法治工作队伍——完成建设法治国家等任务与目标——建设中国特色社会主义法治”的递进式层次关系。由此可见，法治人才培养对建设中国特色社会主义法治起到保障作用，构筑了中国特色社会主义法治体系中的法治保障体系，是习近平法治思想的重要组成元素。故，法治人才培养的思想本来也就是建设中国特色社会主义法治体系的思想的一部分。因而《决定》要求创新法治人才培养机制。再来看“五三”重要讲话，习近平总书记由法治国家建设需要法治人才引出了依法治国战略的三个层面——法治国家建设、执法司法人员与法学教育。[④] 这三个层面分别对应了上述元素，“法学教育”层面即为法治人才培养，具体到新时代语境下其要求为“创新法治人才培养机制”。相应地，“执法司法人员”的要求为“建设高素质的法治工作队伍”。这就不难理解法学教育在习近平法治思想中的重要性，也意味着：在第一层次上，法治工作队伍建设需正本溯源，将重点落实在组成法治工作队伍的法治人才；在第二层次上，教育是立国之本，法学教育是培养法治人才的根本途径。此处

① 徐祥民，孙喜雨. 法治体系的构成及其时代价值 [J]. 上海财经大学学报，2020,22(6):110-122,139.

② 徐祥民，王斐. 习近平“目标法治论”中的法治人才培养理论研究 [J]. 河南财经政法大学学报，2021,36(6):9-19.

③ 习近平在中国政法大学考察时强调 立德树人德法兼修抓好法治人才培养 励志勤学刻苦磨炼促进青年成长进步 [N]. 人民日报，2017-05-04(01).

④ 徐祥民，王斐. 习近平“目标法治论”中的法治人才培养理论研究 [J]. 河南财经政法大学学报，2021,36(6):9-19.

的法学教育是广义上的概念，是贯彻了执法司法人员法律生涯的教育，包括了学生时期的法学教育与职业时期的法学教育，前者是通常意义上的理解，也是本文的对象。法学教育可谓是习近平法治思想中不可或缺的一个元素。

（二）习近平法治思想推动法学教育改革

习近平法治思想一改以往法治理论的视角，将目光落在中国特色社会主义法治的建设上，回答了如何实现全面依法治国的问题。习近平法治思想超出以往法治理论的创新首要体现在《决定》将中国特色社会主义法治的建设具体到中国特色社会主义法治高度制度化后的中国特色社会主义法治体系的建设，并率先主张了法治保障体系之概念，而法治保障体系又包含了法治工作队伍与法治人才的相关内容。正如前文推导的逻辑关系所呈现的，法治人才培养的思想是习近平法治思想的一大特色，它确定了法治人才培养在中国特色社会主义法治建设中居于基础性的保障地位。在习近平法治思想中，中国特色社会主义法治体系的建设需要法治保障体系予以保障，而法治保障体系建设的保障之一是创新法治人才培养机制。法治人才培养也就成为贯彻落实习近平法治思想最先需要思考的要点。习近平法治思想对法治人才培养的通透理解与理论创新，使之必然成为涉及法治人才培养的法学教育的根本遵循。法学教育改革无法避免地需要吸收与依照习近平法治思想。我国高校法学教育改革尚需在根本上改变思维与理念。[①] 诚如《通知》所提到的，高等学校作为法治人才培养的第一阵地，应在教学与研究等全过程与各方面融入习近平法治思想。习近平法学教育思想围绕着中国特色社会主义法治体系的建设需求与法治人才培养的内涵，按照为何培养法治人才、培养怎样的法治人才、如何培养法治人才的体系，及时把握住时代发展、时代潮流、时代特点，[②] 引领法学教育改革，为法学教育改革提供了一个光明的方向。

三、习近平法治思想中法学教育理论的解读

习近平法治思想通过对多年法学教育经验的总结和集中而形成新时代的法学教育理论，[③] 从法治人才培养的起点出发，具备一定的逻辑性和体系性。只有正确解读习近平法学教育理论，才能正确理解从法律人才培养到法治人才培养的转变点。习近平总书记认为，法学教育要利用好现有条件，始终坚持中国特色社会主义的客

① 陈晨. 习近平法治思想下法学本科教学再思考：以刑法教学为切入点 [J]. 高教学刊，2019(12):114-116.

② 魏强，周琳. 因事而化、因时而进、因势而新：做好高校学生思想政治工作的新要求 [J]. 思想政治工作研究，2017(3):26-28.

③ 王琦，张晓凤. 习近平法治思想中的法学教育理论 [J]. 海南大学学报（人文社会科学版），2021,39(5):39-46.

观需求，紧跟时代步伐，深入研究、科学总结。习近平总书记在考察中国政法大学时指出了当前法学教育存在的问题，这些问题可以概括为几点：其一是忽视思想政治教育，其二是学科体系较片面与单一，其三是缺乏时代性，其四是缺乏实践性。习近平法治思想中的法学教育理论正是针对这些问题所作的系统性研究。

（一）目的：为全面依法治国培养高素质法治人才

习近平总书记认为，国家需要以政治要求来培养人才，[①]在中国共产党领导的社会主义国家中教育的根本目的是培养社会主义建设者和接班人。[②]中国特色社会主义法治是中国特色社会主义制度的组成部分。从法学学科的专业性和特殊性来看，在中国共产党领导的社会主义法治国家中，法学教育的目的在于为中国特色社会主义法治培养建设者和接班人。这直接回答了为何培养法治人才或为谁培养法治人才的问题。关于法学教育的指导思想，习近平总书记指出，“坚持以马克思主义法学思想和中国特色社会主义法治理论为指导”[③]。习近平法治思想正是马克思主义法治理论中国化的最新成果，法学教育要以习近平法治思想为指导。具体内容展现为习近平总书记在中央全面依法治国工作会议上的讲话，建设社会主义法治国家、推进国家治理体系和治理能力现代化、实现中华民族伟大复兴，必定要坚持党的领导、人民当家作主、依法治国的有机统一，坚定不移地走中国特色社会主义法治道路。[④]法学教育和法治人才培养既然作为中国特色社会主义法治建设的基础性和保障性工作，在起点的位置上便应把握住正确的方向，贯彻中国特色社会主义法治理论，立足于中国特色社会主义法治建设的实际，注意我国主要社会矛盾的变化，通过坚持中国共产党的领导、坚持人民当家作主、坚持中国特色社会主义法治道路，为全面依法治国培养法治人才。需要明确的是，中国特色社会主义法治、中国特色社会主义法治道路和中国特色社会主义法治理论本来就是全面依法治国下三位一体的关系，因而法学教育的起点与终点指向都是实现全面依法治国，自始至终都需牢记实现全面依法治国这一目的和使命。

（二）目标：培养德法兼修的高素质法治人才

从卓越法律人才培养计划到卓越法治人才培养计划，虽然只有一字之差，但其

① 习近平. 在北京大学师生座谈会上的讲话 [N]. 人民日报，2018-05-03(02).

② 习近平在全国教育大会上强调：坚持中国特色社会主义教育发展道路培养德智体美劳全面发展的社会主义建设者和接班人 [N]. 人民日报，2018-09-11(11).

③ 习近平在中国政法大学考察时强调 立德树人德法兼修抓好法治人才培养 励志勤学刻苦磨炼促进青年成长进步 [N]. 人民日报，2017-05-04(01).

④ 习近平在中央全面依法治国工作会议上发表重要讲话 [EB/OL]. 中国政府网，2020-11-17[2022-01-22]. http://www.gov.cn/xinwen/2020-11/17/content_5562085.htm.

中所表达的含义与要求更加丰富，[①] 是高校法学教育思维转向的中心所在。中国特色社会主义法治要求的是依法治国与以德治国相结合。习近平总书记在多次讲话中也提到培养德法兼修、明法笃行、德才兼备的高素质法治人才的新目标。[②] 过去法律人才培养更加注重法律能力的培养，而如今法治人才培养更讲究思想政治素养和法律专业素养两手一起抓。法律职业肩扛公平天平、手持正义之剑而为人民、为社会、为国家服务，在拥有专业的法律能力之外，还需将高尚的伦理道德谨记心中。这就意味着法学教育和法治人才培养包含两个方面。一方面是思想政治教育，将以人民为中心的思想、社会主义核心价值观和法律职业伦理等政治、道德教育贯穿法学教育的全过程和各方面，引导法学生能够切实做到知行合一。高素质是为人的基本，更是法律职业人员最根本的要求。另一方面是法学专业教育，在已经具备的法学教育体系和法学学科体系的积淀上，更进一步打磨法学基础理论研究和前沿交叉学科研究，使得法学生扩大法学知识的涵盖面，适应社会的需要。习近平总书记认为，立德树人要在六个方面下功夫，分别是坚定理想信念、厚植爱国主义情怀、加强品德修养、增长知识见识、培养奋斗精神、增强综合素质。[③]这“六个下功夫”既有思想政治教育的内容，也有法学专业教育的内容，可见习近平法治思想中“德法兼修”法学教育理论的重要性，这“六个下功夫”也是高校法学教育需要融会贯通的引领思想。“努力让人民群众在每一个司法案件中感受到公平正义”[④]，是高职业道德和高专业能力共同作用的结果，是德法兼修高素质法治人才培养的命题根源。

（三）方式：创新法治人才培养机制

习近平总书记在北京大学师生座谈会上讲道，人才培养的关键在教师。[⑤] 法学教育中传授者是法学教师，法学教师的教学方式直接影响法学教育的最终效果。习近平法治思想要求创新法治人才培养机制，构建法治人才培养共同体。这种“创新”必定是以习近平法治思想中法学教育理论的目的和目标为导向，深刻融入习近平法治思想后所做的改革。那么，我们可以把这种“创新”归纳为三步。

第一步是在意识形态领域坚持马克思主义法学和中国特色社会主义法治理论，

---

① 杨宗科．论“新法学”的建设理路 [J]. 法学，2020(7):66-83.

② 习近平在中国政法大学考察时强调 立德树人德法兼修抓好法治人才培养 励志勤学刻苦磨炼促进青年成长进步 [N]. 人民日报，2017-05-04(01).

③ 习近平在全国教育大会上强调：坚持中国特色社会主义教育发展道路培养德智体美劳全面发展的社会主义建设者和接班人 [N]. 人民日报，2018-09-11(11).

④ 习近平：决胜全面建成小康社会 夺取新时代中国特色社会主义伟大胜利：在中国共产党第十九次全国代表大会上的报告 [N]. 人民日报，2017-10-28(01).

⑤ 习近平．在北京大学师生座谈会上的讲话 [N]. 人民日报，2018-05-03(02).

这是由全面依法治国背景下法学教育的目的所决定的。习近平在考察中国政法大学时同时提到，有些教材和教学过于偏重西方法学理论，缺乏对中国特色社会主义法治理论的传授。[①]故，高校教师要将法学教育思政课程和课程思政有机结合，使马克思主义法学思想和中国特色社会主义法治理论贯穿于法学教育和法学理论研究，形成具备中国特色社会主义法治理论的法学教育和理论体系，让中国特色社会主义法治理论成为教材和教学的引领理论，培养高举社会主义法治大旗的法治人才。

第二步是以德育人和以法育人相结合，这是由法学教育的目标所决定的。法学教育传授法学专业知识，自不必多说。关于思想政治教育，中共中央、国务院发布的《关于加强和改进新形势下高校思想政治工作的意见》（中发〔2016〕31号）是习近平新时代中国特色社会主义思想的一个体现，也就是把思想政治工作贯穿于教育教学的全员、全过程、全方位。[②]“三全育人”的新机制要求法学教师自身先立德树人，再在教学的全过程和各方面以立德树人的思想引导法学生。

第三步是法学专业教育增强时代性和实践性。时代性要求指法学教育和法学理论研究要洞悉国内外形势的变化和发展。在国内，随着科技的进步和人们生活方式的转变，新兴领域的法学问题逐渐突出，难以使用现有法学知识妥善解决。这便要求法学教育和法学理论研究要及时着眼于社会新兴问题，与其他学科交叉融合，不断完善法学知识体系。在国外，随着改革开放的不断深入，我国在全球治理中发挥着越来越重要的作用，涉外法治问题意味着涉外法治人才需要灵活运用国际法理论和国际法规则。习近平总书记在中央全面依法治国委员会第二次会议上也提出涉外法治人才培养的要求，[③]法学教育和法学理论研究需要加深对涉外法律问题的教授与研究。但这并不和第一步中坚持中国特色社会主义法治理论相冲突，新时代法学教育所塑造的法治人才是具有中国立场，同时兼懂中国法律和国际准则的新型人才。实践性要求法学教育不可闭门造车和胡思乱想，需要贴合日后的实践运用。习近平总书记认为，法学是实践性很强的学科，法学教育要处理好理论和实践的关系。[④]法学教师需要做好理论研究和实践运用的结合，在教学工作中将两者融合起来教育法学生，让法学生能够真真切切地将法学理论正确运用到司法实践工作中。

---

① 习近平在中国政法大学考察时强调 立德树人德法兼修抓好法治人才培养 励志勤学刻苦磨炼促进青年成长进步 [N]. 人民日报，2017-05-04(01).

② 习近平在全国高校思想政治工作会议上强调：把思想政治工作贯穿教育教学全过程 开创我国高等教育事业发展新局面 [N]. 人民日报，2016-12-09(01).

③ 习近平. 论坚持全面依法治国 [M]. 北京：中央文献出版社，2020:257.

④ 习近平在中国政法大学考察时强调 立德树人德法兼修抓好法治人才培养 励志勤学刻苦磨炼促进青年成长进步 [N]. 人民日报，2017-05-04(01).

四、习近平法治思想融入法学教育的两重思维

在前几部分论述的基础上，不难理解，从法律人才培养进步到法治人才培养，是法学教育在融入习近平法治思想时所要做的思维与实践工作转向。这并非否认过去法律人才培养模式的法学教育，而是赋予法学教育新时代下更丰富的内涵和要求。将习近平法治思想融入法学教育，实际上就是运用习近平法学教育理论的过程。这个过程需要以习近平法学教育思想创新法学教学思维，完善法学教学内容，改革法学教学方法，以达到培养德法兼修高素质法治人才的目标。①《关于坚持德法兼修实施卓越法治人才教育培养计划 2.0 的意见》（教高〔2018〕6 号）和《通知》从宏观层面推进习近平法治思想纳入高校法学教育体系，而在具体实践中教学改革仍需要在坚持马克思法学思想和中国特色社会主义法学理论的大前提下从“德”和“法”两个层次把握，通过教学思维引导教学内容和教学方法的进步。

（一）以德育人

思想政治教育是法学教育的第一位，是教学改革需要首先思考的内容。当前的主流观点也赞成法学教育的素质教育性质。② 习近平总书记对思想政治教育提出见解，讲究全员、全过程、全方位的“三全育人”机制。“全员”意味着法学教师要先自身做到立德树人，以高道德标准和法律职业伦理标准严格要求自己。古人云，“师者，所以传道授业解惑也。”法学教师在法学教育中承担传授者的角色，是法学生在法学学习过程中最容易、最经常接触到的标杆之一。因而法学教师只有先做好自我约束，才能在无形中影响法学生，才能让日后的思想政治教育更具说服力，才能更深入地开展社会主义核心价值观教育和社会主义法治理念教育。那么，法学教师需进一步加强传授者的身份认同，并提升自我修养。“全过程”和“全方位”意味着思想政治教育要从头至尾地贯穿法学生学习生涯的方方面面。最直接的方法就是开设“习近平法治思想概论”、“法律职业伦理”等课程学习，举办习近平法治思想学习教育、党史教育等讲座。这是最直接的“进教材、进课堂、进头脑”的方法，能让法学生系统地和直观地学习习近平法治思想、社会主义法治理念、社会主义核心价值观等思想政治教育内容，也是目前各大法学院校都在积极探索的专题教育式机制。但是不能忽视的是，真正意义上的全过程育人和全方位育人，是要将思想政治教育和法学专业教育有机结合起来，在日常的法学专业课程中就传输思想政

① 张成松. 习近平法治思想融入财税法教学的价值、现状与策略 [J]. 湖南税务高等专科学校学报，2021, 34(6):68-74.

② 曾宪义，张文显. 法学本科教育属于素质教育：关于我国现阶段法学本科教育之属性和功能的认识 [J]. 法学家，2003(6):1-7.

治教育的内容，也就是促进法学专业教育和思想政治教育的深度融合，[①]使两者成为一体。我国法学理论的基础本就是中国特色社会主义法治理论，中国特色社会主义法治理论是中国特色社会主义法治在理论层面的体现，因而在法学专业课程中加入社会主义核心价值观等思想政治教育的内容并非一件难事，也是在中国特色社会主义法治理论引导下法学专业课程应该涵盖的内容。这就要求法学专业课程资料“画龙点睛”地突出思政色彩，法学专业课程授课“隐形渗透”地表达思政精神。[②]法学教授在讲授法学专业知识和理论时，要把法学专业知识和理论背后所蕴藏的“人民利益”、“公平”、“正义”、“程序价值”和“司法公信力”等概念一并告知法学生，并可以结合司法案例，达到深入浅出的效果，让法学生更好地理解社会主义核心价值观和社会主义法治理念。以刑法学课程为例，在介绍分则的各罪时，结合刑事政策，阐明制定各罪的法治考量以及量刑需达到的公正效果，这样既让学生深刻掌握知识，又润物细无声般地传达了法治思维。思想政治教育的要求让法学教师担起两份责任，引导学生德艺双修。此外，在课堂之外，法学教师与学生的交流也要保持积极向上的精神，让“爱国主义”、“理想信念”、“奋斗精神”等价值观流淌在日常话语之中，法学生成为懂得“真善美”的勇于担起责任的法治人才。

（二）以法育人

专业能力的高低决定了法学生日后在司法实践中如何运用法律知识处理案件。法学教育必须以学生为中心，[③]这是习近平法学教育理论的人本性体现。我们过去法律人才培养模式更注重法律知识和技能的培养，现在法治人才培养进一步要求法治思维能力的塑造，甚至还需要历史思维能力、辩证思维能力、系统思维能力、创新思维能力。[④]在原先已经取得不错成绩的法学专业教育的基础上，习近平法学教育理论也要求添加时代内容和实践内容。这些对法学教师而言都是全新的挑战。每个法学教师都有自己擅长的专业和方面，那么针对专项问题，将他们聚集起来构建共同体，是一个值得尝试的思路。

构建法学学科与教学共同体。中国特色法学学科体系与教学体系是法学理论研究和法学教育的基础，是后续所有共同体形成的坚实保障，是每一位法学教育工作者都需要参与构建的。习近平总书记认为法学学科体系不完善的体现在于学科结构不合理，学科新兴性不足、学科时代性不足和西方法学理论过多等。那么法学教师

① 李佳穗. 以习近平法治思想为引领 构建新时代中国特色法学教育体系 [J]. 玉溪师范学院学报，2021(06):14-21.

② 王龙，王宫蛟. 法理学课程思政建设的价值、路径与方法 [J]. 甘肃教育研究，2021(2):80-85.

③ 张文显. 中国法学教育的改革发展问题 [J]. 北京航空航天大学学报（社会科学版），2018,31(2):1-3.

④ 习近平在中国政法大学考察时强调 立德树人德法兼修抓好法治人才培养 励志勤学刻苦磨炼促进青年成长进步 [N]. 人民日报，2017-05-04(01).

就要在自己的专业上，以马克思主义法学和中国特色社会主义法治理论为指导，按照“立足中国、借鉴国外，挖掘历史、把握当代，关怀人类、面向未来的思路”[①]，进行深入研究和重构，使二级学科结构能够包含传统学科和新兴学科，再不断交流沟通，促进每个学科的关联，形成完善的法学学科体系。此外，国内开设法学的院校众多，每个院校的法学学科专长不宜雷同，应当发挥院校自身的特点，侧重形成具备不同特长的学科体系。又由法学学科体系指导教学，编写蕴含习近平法治思想的教材，探讨新颖多样的课堂教学方式，让法治思维、历史思维等进入法学生的头脑。每一个法学教师都是教学实践者，也是学习者，学习自我和他人的成熟经验，构建合适的教学体系。法学学科和教学共同体是集众人之力，发挥最大成效。

构建交叉学科共同体。法学是社会科学，社会科学是贴近人们日常复杂生活的学科。司法实践遇见的问题不仅仅只有法律问题，法治人才需要掌握的知识也远超越了法律知识。面对时代和科技的发展，社会新兴问题需要不同的学科共同着力解决。而让法学研究者从零开始接触另一门专业，这是非常不具效益的，但是跨学科的共同体可以解决困境。针对不同新兴问题，其所涉及专业的研究者形成共同体，发挥各自的优势，互相促进交叉学科知识的形成。值得一提的是，这里每个院校都可以突出自己的特点，结合法学和自身强势学科，例如理工学校在人工智能法学领域、公安院校在监察法学领域等，致力突破新兴重点学科难题。法学教师通过这一途径掌握交叉学科，再传授给法学生，让法学生能够妥善解决新兴问题。

构建涉外教学共同体。涉外法治人才是让世界听见中国话语的必需。目前专业政法院校主要在硕士研究生层面［法律硕士专业学位（涉外律师）］展开涉外法治人才的培养，途径主要有：一是和当地外国语院校展开合作，例如西南政法大学和四川外国语大学的合作办学、中国政法大学与北京外国语大学的合作办学；二是各大法学院校共同组成涉外法治人才培养联盟，例如天津大学举办的法学教育创新联盟涉外法治人才培养高端论坛。这两种构建共同体的途径是并行的，对于培养专业型的涉外法治人才具有值得其他院校借鉴和效仿的推广价值。但其实人才的培养并非一朝一夕，我们不仅需要专业对口的涉外律师，也需要懂得涉外知识的其他职业人才。故，在本科教学阶段或其他研究生教学阶段也可以有意加强涉外知识的积累，通过政法院校和外国语院校、政法院校之间、法学专业和涉外专业的合作办学，整合各自的资源，打造涉外教学共同体，加强国际法教学以及在其他专业课教学时传输可能涉及的涉外知识，增长法学生的知识见识。

构建实践教学共同体。无法在实践中运用的法学知识只是空中楼阁，因而法学教育不能脱离实践，要加强法学生实践思维的锻炼。我们的法学生日后最终都是要

① 习近平. 论党的宣传思想工作 [M]. 北京：中央文献出版社，2020:226.

成为司法执法人员，组成法治工作队伍的，所以优化法治人才培养机制和方案无法跳过的一点就是加强实践教学。一些法学教师本身就具有丰富的实务经验，再引入实务部门的资源，增强学校和法院、检察院、律所以及公司之间的合作，让实务部门的专家参与进法学科学和教学体系构建、教材编写和教学工作等过程，形成实践教学共同体。实践教学共同体保证了实践教学的双管齐下，法学教师通过来源于实际的案例等更好地传授理论知识，实务专家通过一线的实践经历更好地传授实践经验，这样可以打破理论和实际的壁垒，让法学生能够真正知法且知如何用法。但是教育、司法等不同行业的习惯、理解难免存在较大差异，[①] 实践教学共同的构建需要学院、教师和实务专家共同交流沟通，分清各自的作用，使之互相理解和配合，共同为培养法治人才献力。

五、结语

习近平法治思想包含了众多富有时代价值的原创性思想，[②] 同时具备宏观上的概括性和实践上的指导性，[③] 其中德法兼修高素质法治人才培养思想是习近平法治思想的重大特点之一，[④] 是孕育新时代法治人才的土壤，全面、系统地提出了新时代法治人才培养的目的、目标和方式，确定了新时代具有中国特色社会主义特征的法治人才培养的思维和机制。习近平法治思想明确了新时代法治人才培养区别于过去法律人才培养的要点在于按照德法并行的思维培养人才。法学教育是培养法治人才的根本途径，新时代的法学教育需要将习近平法治思想纳入其中，完成符合中国特色社会主义法治的全新转变和改革。这就要求法学教育在马克思法学思想和中国特色社会主义法学理论的指导下坚持思想政治教育和法学专业教育并行的思维，致力于培养德法兼修的高素质法治人才。

① 程林，李安. 新时代法治教育人才培养的理论反思与体系构建 [J]. 法治研究，2022(1):118-128.

② 江必新，黄明慧. 习近平法治思想研究之研究 [J]. 法学评论，2022(2):8.

③ 胡晓霞. 习近平法治思想中的程序法治理论研究 [J]. 广西社会科学，2021(12):1-13.

④ 杨宗科. 习近平德法兼修高素质法治人才培养思想的科学内涵 [J]. 法学，2021(1):3-17.

培养德法兼修的法治人才

卓婧*

内容提要 法治人才培养是一个系统工程，需要优质的硬件和软件设施，更需要适合中国国情的人才培养模式。“为谁培养人，培养什么样的人，怎样培养人”不仅是高等教育建设的首要问题，更是法治人才培养的关键问题。因此，高校应建立为人民培养法治人才、培养为人民服务的德法兼修的法治人才的目标，在法学各门专业课程中贯彻理想信念教育的培养模式，为党、国家、人民建成一支高素质的法治工作队伍。

关键词 为人民服务；德法兼修；法治人才

2020年11月16日至17日，中央全面依法治国工作会议在北京召开。会议明确了“习近平法治思想”的丰富内涵、重要意义、未来法治中国建设的着力点及对法治工作队伍和领导干部的要求。无论是从“十一个坚持”、还是从立法、司法、普法、法治政府及法治队伍建设方面建设法治中国，都体现出国家对德才兼备的法治人才的殷殷期盼。

法治人才的培养是一个系统工程，需要优质的硬件和软件设施，更需要适合中国国情的人才培养模式。“为谁培养人，培养什么样的人，怎样培养人”不仅是高等教育建设的首要问题，[①]更是法治人才培养的关键问题。

一、为谁培养法治人才

中国共产党的百年历程，就是坚守人民立场，为人民利益奋斗的光辉历史。我国历届领导人始终坚定不移地走群众路线。1945年，毛泽东在《论联合政府》中

---

* 卓婧，法学博士，闽江学院法学院讲师。

① 李均，吴秋怡.又红又专与通专融合：当代大学人才培养模式的“中国表达”[J].高等教育研究，2021,42(9):71-78.

明确指出："我们共产党人区别于其他任何政党的又一个显著的标志，就是和最广大的人民群众取得最密切的联系。全心全意地为人民服务，一刻也不脱离群众；一切从人民的利益出发，而不是从个人或小集团的利益出发；向人民负责和向党的领导机关负责的一致性；这些就是我们的出发点。……应该使每个同志明了，共产党人的一切言论行动，必须以合乎最广大人民群众的最大利益，为最广大人民群众所拥护为最高标准。应该使每一个同志懂得，只要我们依靠人民，坚决地相信人民群众的创造力是无穷无尽的，因而信任人民，和人民打成一片，那就任何困难也能克服，任何敌人也不能压倒我们，而只会被我们所压倒。"[①]1992年，邓小平在南方谈话中，提出了对改革开放判断的"三个有利于"标准，即是否有利于发展社会主义社会生产力，是否有利于增强社会主义国家的综合国力，是否有利于提高人民的生活水平。中国共产党的人民立场在"提高人民的生活水平"上充分体现。2000年，江泽民在广东省考察时，首次提出了中国共产党始终代表中国先进生产力的发展要求、始终代表中国先进文化的前进方向、始终代表中国最广大人民的根本利益的"三个代表"重要思想，深刻体现了党的力量之源和胜利之本就是群众路线，党的根本宗旨就是全心全意为人民服务，[②]"党的一切工作，必须以最广大人民的根本利益为最高标准"[③]。2003年，胡锦涛提出"坚持以人为本，树立全面、协调、可持续的发展观，促进经济社会和人的全面发展"的科学发展观。"以人为本"作为科学发展观的核心立场，也是对"全心全意为人民服务"的人民立场的再一次贯彻和解读。"就是要以实现人的全面发展为目标，从人民群众的根本利益出发谋发展、促发展，不断满足人民群众日益增长的物质文化需要，切实保障人民群众的经济、政治和文化权益。"[④]习近平总书记多次声明党的人民立场，他曾指出："一个政党，一个政权，其前途和命运最终取决于人心向背。如果我们脱离群众、失去人民拥护和支持，最终也会走向失败。"[⑤]"要抓住人民最关心最直接最现实的利益问题，把人民群众的小事当作我们的大事，从人民群众关心的事情做起，从让人民满意的事

---

① 毛泽东作七大政治报告:《论联合政府》[EB/OL].（2008-06-03）[2022-05-30]. http://www.gov.cn/test/2008-06/03/content_1003570.htm.

② 国防大学邓小平理论研究中心. 永远立于不败之地的法宝：学习江泽民同志关于"三个代表"的重要论述 [N]. 人民日报，2000-03-23(9).

③ 江泽民文选：第3卷 [M]. 北京：人民出版社，2006:280.

④ 中共中央文献研究室. 十六大以来重要文献选编：上册 [M]. 北京：中央文献出版社，2005:850.
习近平. 紧紧围绕坚持和发展中国特色社会主义 学习宣传贯彻党的十八大精神 [N]. 人民日报，2012-11-19(2).

⑤ 习近平. 习近平谈治国理政 [M]. 北京：外交出版社，2020:135.

情抓起。”[①]“实现中华民族伟大复兴的中国梦，必须紧紧依靠人民，充分调动最广大人民的积极性、主动性、创造性。”[②]

因此，新时代法治人才的培养实质上是为人民培养法治人才。正如中共中央印发的《法治中国建设规划（2020—2025年）》将“坚持以人民为中心”作为法治中国建设的主要原则之一。“坚持法治建设为了人民、依靠人民，促进人的全面发展，努力让人民群众在每一项法律制度、每一个执法决定、每一宗司法案件中都感受到公平正义，加强人权法治保障，非因法定事由、非经法定程序不得限制、剥夺公民、法人和其他组织的财产和权利。”[③]

二、培养什么样的法治人才

2017年5月3日，习近平总书记在考察中国政法大学时，对于全面做好法治人才培养工作发表了重要讲话，他指出，“全面依法治国是一个系统工程，法治人才培养是其重要组成部分。法律的生命力在于实施，法律的实施在于人。建设法治国家、法治政府、法治社会，实现科学立法、严格执法、公正司法、全民守法，都离不开一支高素质的法治工作队伍。法治人才培养上不去，法治领域不能人才辈出，全面依法治国就不可能做好”[④]。素质的法治人才，不仅具有扎实的法学专业基础，更需要具有坚定的理想信念，正确的世界观、人生观和价值观。

2018年习近平总书记在中央全面依法治国委员会第一次会议上指出，“要坚持立德树人、德法兼修，创新法治人才培养机制，努力培养造就一大批高素质法治人才及后备力量”[⑤]。立德树人是我党教育工作的根本任务，习近平总书记在2018年与北京大学师生座谈会上就谈到了学生的思想水平、政治觉悟、道德品质、文化素养的提升对于培养学生成为明大德、守公德、严私德的社会主义建设者和接班人的重要作用。德法兼修的法治人才，首先要注重法治人才的“德”。正如蒋南翔先生所提到的，一个人的政治理想信念要上“三层楼”：第一层是爱国主义，第二层是为社会主义制度奋斗，第三层是树立共产主义的理想。[⑥]法治人才培养的关键是将理想信念教育放在首位，加强对法治人才的社会主义核心价值观和社会主义法治理念的教育，这也是确保法治人才能够忠于党、忠于国家、忠于人民、忠于法律之

① 李章军.习近平在党的群众路线教育实践活动工作会议上强调：深入扎实开展党的群众路线教育实践活动 为实现党的十八大目标任务提供坚强保证[N].人民日报，2013-06-19(1).

② 习近平.论坚持全面依法治国[M].北京：中央文献出版社，2020:174.

③《法治中国建设规划（2020—2025年）》第2条。

④ 习近平.习近平谈治国理政：第3卷[M].北京：外文出版社，2020:286.

⑤ 蒋南翔文集：下卷[M].北京：清华大学出版社，1998:651.

⑥ 杨宗科.习近平德法兼修高素质法治人才培养思想的科学内涵[J].法学，2021,470(1):3-17.

根本。

三、怎样培养法治人才

2021年9月27日至28日，习近平总书记在中央人才工作会议上发表重要讲话，他指出，“人才是实现民族振兴、赢得国际竞争主动的战略资源”。他强调，“做好人才工作必须坚持正确政治方向，不断加强和改进知识分子工作，鼓励人才深怀爱国之心、砥砺报国之志，主动担负起时代赋予的使命责任。广大人才要继承和发扬老一辈科学家胸怀祖国、服务人民的优秀品质，心怀‘国之大者’，为国分忧、为国解难、为国尽责”。

培养法治人才，要注重“深化高等法学教育改革，优化法学课程体系”[①]。德法兼修的法治人才培养，首先要注重理想信念教育，坚定高等法学教育是坚持人民立场、为治国理政、巩固和发展中国特色社会主义制度、改革开放、社会主义现代化建设、坚持和发展中国特色社会主义和实现中华民族伟大复兴服务的。[②]法治人才的培养最根本的目的是和建党百年一直贯彻的“为人民服务”的思想相一致的。2018年，教育部、中央政法委发布了《关于坚持德法兼修实施卓越法治人才教育培养计划2.0的意见》，思想道德素质培养，将社会主义核心价值观教育贯穿法治人才培养全过程各环节成为德育的基础。[③]“一课双责”也确定了理想信念教育不仅仅是马克思主义学院公共课授课的职责，更应该是各二级学院专业课程应该引导的价值取向。除了“法律职业伦理课程”作为法学院的必修课，贯穿法治人才培养的全过程外，法学院各门课程也需要与理想信念教育紧密结合，让学生在学习法学专业知识的过程中，深刻体会到党“为人民服务”的根本宗旨，坚定学生“为人民服务”的使命感，使其成为明法笃行的高素质法治人才。

① 《法治中国建设规划(2020—2025年)》第19条。

② 杨宗科.习近平德法兼修高素质法治人才培养思想的科学内涵[J].法学,2021,470(1):3-17.

③ 《关于坚持德法兼修实施卓越法治人才教育培养计划2.0的意见》:第3条第1款。

倡习近平法治思想，探法学本科教育新路径

——以“互联网 +”为研究背景

郑净方*

内容提要 习近平法治思想具有深刻的政治和法治价值。坚持习近平法治思想，就是在法学本科教育中创新法学教育模式，坚持以学生为主体、立德树人，培养德法兼修的高素质法治人才。目前我国大规模的法科学生培养的确为解决法治发展人才缺失的问题起到了有效的作用，但在教学活动中也存在一定的问题。法学是一门实践性较强的专业，在“互联网+”背景下，慕课、微课、翻转课堂等多元化教学模式的应用对传统的法学本科教育提出了挑战。法学本科人才之培养，需要根据人才发展需求与时俱进，深入贯彻执行习近平法治思想，以“互联网+”之大发展为出发点，对法学本科教育教学进行改革，使法学本科教育教学能够满足“互联网+”对法学人才的需求，以便于为社会培养更多实用性人才。

关键词 “互联网+”；教学改革；法学教育

引 言

在 2020 年 11 月召开的中央全面依法治国工作会议上，我们党正式提出了“习近平法治思想”。这不仅具有十分重大的理论和实践意义，而且具有非常深刻的政治和法治价值。习近平法治思想从我国革命、建设、改革的伟大实践出发，着眼全面建设社会主义现代化国家、实现中华民族伟大复兴的奋斗目标，深刻回答了新时代为什么实行全面依法治国、怎样实行全面依法治国等一系列重大问题，是一个内涵丰富、论述深刻、逻辑严密、体系完备、博大精深的法治思想理论体系。

“习近平法治思想”坚持以人民为中心，是全面推进依法治国的力量源泉。人民是国家的主人，依法治国的主体。社会主义法治建设必须为了人民、依靠人民、造福人民、保护人民。人民幸福生活是最大的人权。推进全面依法治国，根本目的是依法保障人民权益。要依法保障全体公民享有广泛的权利，保障公民的人身权、

* 郑净方，法学博士，闽江学院法学院副教授。

财产权、基本政治权利等各项权利不受侵犯，保证公民的经济、文化、社会等各方面权利得到落实，不断增强人民群众的获得感、幸福感、安全感，用法治保障人民安居乐业。公平正义是我们党追求的崇高价值。要牢牢把握社会公平正义这一法治价值追求，努力让人民群众在每一项法律制度、每一个执法决定、每一宗司法案件中都感受到公平正义。

李克强总理在2015年的政府工作报告中提出了“互联网+”行动计划，随之“互联网+”成为社会热点和各行业关注的焦点，社会各行业均将发展的重点聚焦到“互联网+”领域。从此，互联网和传统行业进一步结合、融合，促使传统行业进一步创新发展，传统领域有了新的发展渠道、发展领域和创新渠道。“互联网+”行动计划作为一项国家战略，必将引领经济的发展，成为经济发展新的重要驱动力量。同社会其他行业一样，教育也受到“互联网+”的影响，当代网络信息科技高速发展和大数据时代的到来，网络信息和技术已经深入到社会生活的各个领域，教育也不可避免地受到网络的影响，并且需要依靠网络而发展。“互联网+”思维对传统法学教育领域产生了革命性的冲击和挑战，法学教育如何适应“互联网+”的要求，变革教育理念、教学方式和教育模式，促进法学教育服务水平和教育质量的提升，是高等法学教育中不容回避的问题，也是摆在法学教育工作者面前亟待研究和解决的问题。[①]

一、对法学本科教育现状之反思

法学专业是一门理论与实践相结合的学科，对学生的综合能力要求较高。但是目前，大多数的高校法学专业无论是教学手段、教学环节还是学生学习的主动性、学习方法、学习态度等等方面均出现了问题。这些问题导致法学本科毕业生在面对巨大的竞争压力时束手无策，甚至出现毕业就改行、毕业就失业的现象，导致教育资源的浪费。因此，改变传统法学教与学的方法可从根本上终结这一症结。随着互联网信息技术的快速发展，微信、微博等新型交互沟通方式得到了蓬勃发展，人们接受知识的方式随之发生了翻天覆地的变化。同时，社会对现代化专业人才的综合素质要求越来越高，处在时代转型中的法学传统课堂教育模式愈显捉襟见肘，自身的弊端越发凸显。[②]

① 崔艳峰.“互联网+”时代法学教育面临的挑战与变革 [J]. 西北成人教育学院学报，2018(1):55-59.

② 汪琴.“互联网+”时代下“法学”智慧微课堂教育模式探讨 [J]. 合肥师范学院学报，2018(2):90-91.

（一）高校法学教学现状

1. 课程设置不合理

在我国高校普遍存在课程设置不合理的情况，甚至有些高校存在“因人设课”的现象，导致缺乏较为系统的学科构建，学生难以形成系统的法学知识体系。首先，有些高校法学专业取消了中国法制史、中国法治思想史、外国法制史、外国法律思想史以及法律逻辑的学科的设置；有些高校专业主干课程仅仅开设两学时的实践性课程，大多的学时分配在理论的讲授上。有的学校针对主干课程尚未分配学时用于实践环节，导致学生在学习的过程中缺乏实践能力。其次，我国各高校法学专业开设专业课有些较为“人情化”即存在“因人设课”的情况。由于因人设课的情况大量存在，使得学生很难形成较为系统、全面的知识体系。而法学的各门专业课的设置缺乏专业性、系统化，这与我国当代的法学教育宗旨相悖。

2. 教学手段过于死板

高校的法学教育一直以来都是高校改革的重中之重。传统的法学教学手段已经不再适应时代发展的要求。传统的法学教学手段仅仅依靠一块黑板、一个多媒体、一个投影仪，建立了以教师为中心的教学模式。在我国法学本科教学过程中，目前仍然是以教师为中心，以教师为主导的教学模式。学生在学习的过程中大多数时间都在记笔记或者写计划书，使得学生在学习的过程中丧失了独立思考的能力。传统的教学手段过于死板在一定程度上忽视了学生学习的主动性，学生在课堂的学习过程中大多处于被动地接收状态，缺乏学习的主动性、缺乏分析问题、解决问题的能力。这于我国社会的发展以及人才的建设十分的不利。

3. 缺乏实践性教学环节

2012 年我国政法委和教育部联合发布了卓越人才培养计划，在该计划中将培养卓越才人作为我国高校法学培养人才的首要目标。现代高校法学教育更注重法学本科学生的综合能力、实践性能力的培养，但是大部分的法学教师在课堂教学过程中为了完成教学任务，并受制于教学计划以及教学日记的约束，45 分钟中的课堂大部分的时间放在知识点的讲授上，而较少的设置实践性环节。因此，在教学实践中，大部分教师往往为了完成教学任务而进行“满堂灌”，缺乏实践性教学环节的设置，使得理论与实践脱节，学生对于知识点的掌握仅仅局限在对知识点的表面上的理解和把握，缺乏对知识点的灵活运用。

4. 实践性课程教学模式流于形式

我国法学专业课程的教学方法虽然有案例教学法、讨论教学法、情境教学法、模拟法庭教学法、法律诊所教学法等，但基本上是在传统规范课程内部、法律体系框架内进行的局部教学改革，教学实施效果并不理想。案例教学和讨论教学有时候只是针对具体的案例，结合思考部分进行讨论，基于教师经验的不同，教学效果也会参差不齐。模拟法庭教学和法律诊所教学法都是很好的教学方法，但是模拟法庭形式单一。同时，模拟法庭教学基本限于走形式，学生事先写好剧本，依照剧本表演，实际效果甚微。同时模拟法庭举办的次数有限，很难让学生的办案思维得到常规化训练。目前全国的法学院校，真正意义上的法律诊所教学法还没有真正运用于课堂教学中。①

（二）高校法学学生学习现状

1. 学生学习缺乏主动性

在互联网飞速发展的今天，信息化的时代到来使得我们的生活发生了翻天覆地的变化。而学生在学习的过程中占主导地位，是学习的主角。但是传统的法学教学禁锢了学生思维的学习，使得学生缺乏有效的学习方法。由于互联网的迅速发展，改变了学生学习的方式，互联网的发展不仅仅给人们带来了改变同时也造成了学生的学习惰性。大多数的法学课堂上会出现学生“埋头”玩手机、打手游等等现象，使得学生在课堂上无法集中精力，荒废了学业。因此，我国高校法学教学应当结合我国互联网这一大背景，进行法学教学的改革，这是我国高校法学教学改革的必由之路。

2. 缺乏探索精神

伴随着社会的发展，学生在日常学习过程中对传来事务的接受能力越来越强，加之互联网技术的发展以及经济水平的提高，学生所使用的学习工具越来越多样化。这些使得学生在遇到专业问题时可以借助手机、4G 网络以及 APP 全部搞定，学生过度的依赖手机，使其丧失了自主学习能力，缺乏对专业知识的探索精神。互联网的发展改变了人们的生活方式、交友习惯，给人们带来了无限的便利，但是也给人们带来了众多的隐患。在笔者所任教的学校，有的学生手持两部手机，甚至一些学生在课堂学习的过程中“埋头”于手机，遇到问题即寻求“度娘”的帮助，而自己根本不屑于动脑思考。②

3. 缺乏职业规划

自 90 年代末期我国高校进行了扩招，各大高校也纷纷开设法学专业。一时间我国无论是专门的政法院校还是普通的综合性院校，甚至一些理工院校也开设了法学专业。有些学生选择是受到港台电视剧的影响，有些学生选择法学专业是认为律师赚钱快、赚钱多，有些学生选择法学专业是受到父母的影响，由此可见学生在选

---

① 谭浩，胡海华.“互联网 +”时代下 CBE 教学理念与法学课堂的融合 [J]. 新课程研究，2018(1):54-56.

② 刘丹丹 .“互联网 +”时代与高校法学教与学思考：法学教与学改革之意义 [J]. 现代商贸工业，2018(20):138-139.

择专业时并未对法学专业做系统的了解。在四年的本科学习中，大多数的时间是坐在课堂上学习专业课，对职业的认知往往来自于任课教师，但是专业课的教师在教学过程中仍以理论教学为主，使得学生在四年的学习过程中缺乏对职业的长远规划，导致学生在初入职业时极其不适应。

二、“互联网 +”对法学本科教育提出新机遇与新挑战

在当前的大学教育中，法学教育一直处在一个比较尴尬的位置：一方面，法学专业人才的需求量很大，而每年毕业的法学本科生数量上虽然很多，但从质量上来讲并不能满足现实的需求；另一方面，立志从事法律专业的本科生也因为司法考试的压力，非常注重全面学习理论知识，对法学理论的运用能力比较弱。面对经济结构转型的背景，互联网优势产业不断发展，相关方面的法律需求，如消费者权益保护、网络隐私权保护、快递报价制度等层出不穷，因此催生了这一方面的法学应用型人才的需求。

（一）“互联网 +”教学模式对法学本科教育的挑战

目前的法学教育并不能够实现法学学生法律技能和法律思维的培养，基本法学知识的掌握也仅浮于表面，最根本是缺少锻炼职业技能的机会，缺少形成法律思维的素材，缺少深化法学基本知识的形象认知。“互联网 +”时代为法学教育的变革提供了机遇和挑战。

囿于时间、空间和教学模式所限，单一而故步自封的传统课堂教育模式既不能关注学生接受和掌握知识的程度，也不能帮助学生提升其专业素质、增强专业能力。更为甚者，传统的课堂教育模式无法满足信息时代下人们随时随地的学习需要。网络信息技术的深度应用，迫切要求教与学的“双重革命”，加快从以教为中心向以学为中心转变，从知识传授为主向能力培养为主转变，从课堂学习为主向多种学习方式转变。“互联网 +”时代的到来为这一改革提供了契机。它不仅创造了与之相适应的泛在的学习环境，而且有效地构建了学习型社会。同时，伴随着“微世界、微通讯”等生活和教育方式的日新月异，如何突破时空限制，创造无所不在的学习环境，也是互联网时代法学传统教育模式不得不面对的挑战。①

（二）“互联网 +”时代为法学本科教育提供了便利

互联网的发展与教育的结合重新解构了传统教育的教育模式和教育体制，其正在构建一种全新的教与学的互动模式。与传统的课堂教学不同，互联网下的教育发展出了多样化的教学模式，如慕课、微课堂和翻转课堂等，根据学生的需求可向学

① 汪琴.“互联网 +”时代下“法学”智慧微课堂教育模式探讨 [J]. 合肥师范学院学报，2018(2):90-91.

生提供体验式学习、协作式学习以及混合学习等模式并存。互联网教育改变了传统教育以教师为中心的模式，转向以学习者为中心的模式。

互联网时代的到来为学生的学习带来了方便，当然也为学生提高实践技能提供了条件。[①] 首先，互联网引导了大数据时代的到来，大数据为学生查阅法条和案例提供了条件和便利，更有利于学生对知识的掌握、对法条的分析和对案例的研讨。其次，互联网可以提供各种虚拟案例场景、审判场景，进行人物转换，由学生在虚拟的空间里进行案例的代理和审判，完成案件的研究和分析。这样的教学需要对相应的考核方式，增加过程性考核，按照学生完成案件的结果以及代理案件过程中撰写的相关法律文书进行打分。对于理论知识部分，可通过答辩的方式进行考核。互联网下的教学和考核方式，整合了教育资源，开发了多种的教学方式和考核方式，能够考核学生的团队协作能力和处理案件的能力。

（三）“互联网 +”模式呼唤应用型法律人才

“这是最好的时代，也是最坏的时代”，在这个社会转型的时期，有许多问题亟待解决，有许多机会等待“千里马”，面对这样的时代，不管是从国家，还是从企业、个人的角度来看，法律人才都必将成为实现“中国梦”的重要需求。

从国家的角度来看，党的十八大提出要全面推进依法治国。这是因为法治相比起人治来说有着客观、稳定、公正的优势。我国在发展的过程中出现的种种阵痛，有一部分原因就是法治不成熟，对权力没有监督，对权利的保护不够完善，而社会的稳定、和谐，对于国家的经济发展来说即是动力。从企业的角度来说，对法律人才的需求也达到了新的高度。从公司的设立到合同的签订，再到争端的解决，有了法律人才作为智囊团，都能起到事半功倍的效果，当然前提是这个法律人才必须是专业的，能够为企业提供相应的信息。这一点在互联网领域表现得尤其突出。从个人的角度来说，互联网发展到今天，已经跟我们每个人的和日常生活都分不开了，每个人都可能面临维权的需求，法学专业本科生也是一样。网购东西是假货、快递被调包都有可能出现在我们的生活中。但是如果我们在为自己维权的时候都完全不知道如何进行，这是对法学教育的背离。法律是贴近生活的，我们应当在生活这个学校中淬炼法律之剑，护己护人，将法律学“活”起来，这才是一个合格的法学专业本科生应当具备的意识和能力。[②]

---

① 崔艳峰.“互联网 +”时代法学教育面临的挑战与变革 [J]. 西北成人教育学院学报，2018(1):55-59.

② 董倩. 法学本科教育与“互联网 +”融合教学改革探讨：以浙江某高校为例 [J]. 现代商贸工业，2016(15):175-176.

三、“互联网 +”背景下法学本科教育的路径推进

坚持习近平法治思想，要求我们提高法学教学质量，培养理论扎实又具备创新能力与实践能力的法律复合型人才，这也一直是法律教学孜孜以求的目标。法学实践性课程，满足了高等教育课程设置的要求。现代高校的培养模式应当具有开放性，这种开放性要求改变过去封闭的、僵化的培养方法，加强与社会的结合，让学生尽可能多地走向社会，参与实践。法学实践性课程使学生的价值判断和伦理观的选择，在与大量的具体事物和问题情境相互作用中表现出来。通过参与课程，不仅丰富了学生们的法学实践性知识，也提升了他们的法律职业道德和社会责任感，使他们成为了解和关心社会的人，成为致力于社会发展的公民。

（一）客观认识“互联网 +”时代下的本科教育模式

“互联网 +”时代下的课堂教学，课堂教学是第一属性，“互联网 +”是衍生性附着。“互联网 +”是对教育的一种技术支持，更多的是一种方式的现代化。“互联网 +”时代的教学资源空前丰富，教育环境、教学方法丰富，学生获取知识的方式更加便捷，成本也大大降低，极大地弥补了传统教育的不足，也为教育的发展带了空前的机遇。“互联网 +”时代下的课堂依然应该是回归人本身、实现以人为本的课堂教育。课堂依然是活生生的人的课堂，包括具有人性关怀、人文气息、人伦道德。“互联网 +”时代下的课堂教育应该以学生为对象，尊重其人性尊严、强化其伦理道德的课堂，而不是仅仅盯着屏幕的机械化、技术化、标准化的课堂。网络和信息技术应该是为人的交流提供帮助的工具，而不能成为束缚教师和学生的手段。[①]

（二）因需设课，培养“互联网 +”思维的法学人才

“穷则变，变则通，通则久。”在时代风起云涌的今天，把握机遇，培养新型的应用型法学人才是法治中国建设的重要一步，作为法律人才的孵化器，高校应当根据现实的需求，转变教学理念、教学方式，而其中对于本科课程的因需设课，是改变的一个新思路。

1. 打破原有的模块区分，整合与“互联网＋ ”密切相关的法律科目

互联网经济下容易出现的法律问题包括消费者权益保护、合同纠纷、不正当竞争、行政许可等领域。在原有的模块中，这些部门法分别属于不同的模块，因而如果想要完全了解互联网经济下的法律风险及应对的话，需要学习不同的模块。这跟目前的学分制是矛盾的，因而，大可考虑取消模块制，将学生的自由选择权扩

① 谭浩，胡海华.“互联网 +”时代下 CBE 教学理念与法学课堂的融合 [J]. 新课程研究，2018(1):54-56.

大，或者可以在模块中新增互联网经济实用法律这一模块，吸引有需要的学生按需择课。

2. 分层教育，将应用型人才培养作为本科教育的目的之一

正如生物存在具有多样性，在校学习的法学本科生从自身水平、理想目标来说也存在多层次性，有的具备浓厚的兴趣，想要钻研法学理论；有的想要投身法律实践，成为法治建设生力军；更有的出于被动选择，能毕业能自保已是最高追求。现阶段的本科素质教育的规划，并不能完全满足这些不同需求层次学生的要求，最主要的就是对于应用型人才的培养上，现有的模式无法提供给学生足够的锻炼机会。而在互联网领域内，鲜活的案例非常容易取得，比如消费者权益保护领域，网购的例子非常容易取得，如果高校能利用这样的生活资源培养法学生的实践能力，对学生来说不仅是难忘的学习体验，也会是通向实务的最佳起点。①

结 语

坚持习近平法治思想，具有重要的内涵和价值。法学教育和教学改革，应当坚持习近平法治思想。法学教育不应该是单向的，而应该是双向互动的。所谓互动式教学并非双方互相被动，也非一方主动另一方被动，而是双方均主动的教学。然而这种互动式教学的实现需要具备一定的条件，"互联网 +"为此变革带来了契机。同时，法学是一门实践性较强的专业，在"互联网 +"背景下，慕课、微课、翻转课堂等多元化教学模式的应用对传统的法学本科教育提出了挑战。法学本科人才之培养，应根据人才发展需求与时俱进，以"互联网 +"之大发展为出发点，重新整合法学本科课程。

① 刘丹丹."互联网 +"时代与高校法学教与学思考：法学教与学改革之意义 [J]. 现代商贸工业，2018(20):138-139.

弘扬社会主义法治精神，努力培育社会主义法治文化

——以《民法典》教学为例

郑学勤*

内容提要 习近平总书记在中央全面依法治国工作会议上系统阐述了新时代中国特色社会主义法治思想，明确提出要“弘扬社会主义法治精神，努力培育社会主义法治文化”。作为一名法学教育者如何把总书记的这一法治思想贯彻落实则成为当下我们刻不容缓的任务。笔者从如何培养大学生的法治意识，增强法治观念；培育学生形成和运用法治思维；注重法治与德治关系。树立正确社会主义核心价值观及如何寻求符合中国特色的法学教育路途四个方面进行探索研究，希望能够真正地把总书记的法治思想融汇到法学教育中来。

关键词 法治思想；法学教育；《民法典》

习近平总书记明确提出，要“弘扬社会主义法治精神，努力培育社会主义法治文化”。为了加强和深化社会主义法治文化建设，必须坚持依法治国和以德治国相结合，完善弘扬社会主义核心价值观的法律政策体系，把社会主义核心价值观融入社会各环节，以法治体现道德理念、强化法律对道德建设的促进作用，使社会主义核心价值观更加深入人心。作为一名高校法学教育工作者，我们应该把习近平法治思想融入课堂教育，坚定走中国特色社会主义法治道路的信心。法治的核心内容可以概括为“规范公权力，保障私权利”，规范公权力，就是习近平总书记说的要把权力关进制度的笼子里，这主要通过宪法和行政法等法律来完成；而保障私权利则需要由民法来实现。十三届全国人大三次会议审议通过的《中华人民共和国民法典》（以下简称《民法典》）是我国社会主义法治建设的重大成果。习近平总书记高度评价《民法典》在治国理政中的重要作用，指出《民法典》对推进国家治理体系和治理能力现代化具有重大意义。《民法典》确立了的主体制度、物权制度、合同制度、人格权制度、婚姻家庭制度、继承制度、侵权责任制度等都与每个公民息息

* 郑学勤，法学博士，闽江学院法学院讲师。

相关。《民法典》是新中国第一部以“法典”命名的法律，习近平总书记强调，要充分认识颁布《民法典》的重大意义，推动《民法典》实施，以更好推进全面依法治国、建设社会主义法治国家，更好保障人民权益。如何在高校课堂内外融入习近平的法治思想，培养大学生的社会主义法治文化是我们当代大学教师的一个刻不容缓的任务。笔者认为可以从以下四个方面进行融合。

一、培养大学生的法治意识，增强法治观念

法治意识是人们对法律发自内心的认可、崇尚、遵守和服从。习近平同志指出，法律要发生作用，首先全社会要信仰法律。如果一个社会大多数人对法律没有信任感，认为靠法律解决不了问题，那就不可能建成法治社会。因此，一定要引导全社会树立法治意识，使人们发自内心地对宪法和法律信仰与崇敬，只有这样，才能为全面推进依法治国，实现科学立法、严格执法、公正司法、全民守法奠定坚实的思想基础。此外，我国法治社会建设，也要着眼于增强全社会人民的法治观念。增强法治观念不仅仅是执政党、国家立法机关、执法机关和司法机关的事，同时也是人民群众自己的事。只有在广大人民群众中增强法治观念，人民自觉尊崇、信仰和遵守法律，才能使自己真正成为国家和法律的主人，使用法律武器，维护国家、集体和个人的利益。《民法典》的通过，为我们利用法治教育开展法治文化宣传提供了新的契机。《民法典》的制定，是坚持中国特色社会主义法治道路的典型例证。《民法典》汲取了中华民族传统法治文化的精华，系统整合了新中国成立以来长期实践形成的民事法律规范，借鉴了人类法治文明建设有益成果，展现出了鲜明的中国特色、实践特色和时代特色。作为一名法学教育工作者，我们要引导大学生了解《民法典》出台的重要意义以及丰富的底蕴，增强中国特色社会主义法治文化自信，培养爱国主义情怀，树立对中国特色社会主义法律体系的崇高信仰，自觉践行社会主义核心价值观，培育尊法守法、崇德向善的良好风尚。我们要在法治实践中持续提升大学生的法治素养，注重大学生法治习惯的实践养成，广泛开展《民法典》普法工作，让《民法典》走到大学生身边、走进大学生心里，大力弘扬平等自愿、诚实信用等法治精神，教育引导大学生正确行使权利、积极履行义务；强化依法治理，积极引导大学生在日常生活中遵守交通规则、做好垃圾分类、杜绝餐饮浪费、革除滥食野生动物陋习等，培养规则意识，培育良好法治环境；在法治轨道上应对突发事件，依法加强应急管理，引导全社会依法行动、依法办事；引导大学生理性平和协商解决矛盾纠纷，正确树立法治观念。

二、培育学生形成和运用法治思维

法治思维是指以法治价值和法治精神为导向，运用法律原则、法律规则和法律方法来认知、思考和处理问题的高级认识活动。伴随着经济社会的快速发展，大学生面临的人身财产关系更加复杂。近年来，“校园裸贷”、网络诈骗等侵犯大学生合法权益的事件层出不穷，在高校中加强法治教育、牢铸法治之基的重要性不言而喻。习近平总书记强调，要“加强民法典重大意义的宣传教育”，充分认识颁布实施《民法典》重大意义，依法更好地保障人民的合法权益。《民法典》内容丰富、体例庞大，其核心是坚持以人民为中心的发展理念，对生命健康、财产安全、交易便利、生活幸福、人格尊严等各方面权利平等保护。我们要把价值观引导融入知识传授之中，带领学生透过法条掌握本质，运用法治思维认识和改造世界。要形成和运用法治思维，我们首先要让学生了解一些实用的民事法律规范，切实指导其妥善处理好实际生活中可能面对的矛盾和纠纷。让学生主动学习《民法典》，做社会主义法治文明的践行者和捍卫者。从我做起，为构建和谐社会作出贡献。其次要加强法律理论阐释，通过对《民法典》的理论讲授、常识普及、案例分析、观点辨析奠定深厚的理论基础。让学生自觉遵守《民法典》，在尊法守法上做到“知敬畏，守底线”。尊重他人隐私与个人信息，不从事非法泄露他人信息等活动。让学生能够利用《民法典》维护自身权益，正确使用法律武器。最后，我们也要加强引导并积极鼓励学生将《民法典》学习与政治理论学习相结合，在理论完善中形成法治思维。让学生在充分掌握和理解《民法典》及其他法律法规的基础上，将理论知识与实践锻炼相结合，组织大学生走出校园走向社会，为民工、病患等弱势群体开展法律援助，在直面法律问题中运用法治思维。让学生真正学有所悟、学有所得、学有所用，在学生心中厚植法治精神，自信自强走出国门。

三、把道德教育与法治教育有机统一起来，弘扬社会主义核心价值观

《民法典》第一条就旗帜鲜明地表明要“弘扬社会主义核心价值观”，坚持依法治国和以德治国相结合。我们作为高等教育工作者要讲好德治与法治、依法治国与以德治国的关系。《民法典》破解了长期以来大学生广为关注的扶不扶、劝不劝、追不追、救不救、为不为、管不管等道德与法律困惑，为看待和处理高空抛物、高铁霸座、见义勇为等社会热点事件构建起法治底线，为我们课堂教学提供了新的逻辑场域。作为“社会生活的百科全书”，《民法典》还能够为人的行为和社会发展提供理性指引。从内容上看，《民法典》总则编中的紧急救助的免责、人格权编中的

法定紧急救助义务、侵权编中的自愿救助义务、婚姻家庭编中的友爱互助义务，都彰显了社会主义核心价值观。同时，我国《民法典》在世界范围内首次把节约资源、保护生态环境作为基本原则，并规范了对数据、网络虚拟财产的保护，确立了从事人体基因、人体胚胎科研活动的底线规则等，有针对性地回应了环境保护、技术进步等客观实践带来的时代问题。虽然我们平时课时有限、章节有限、融入点有限，但是有限的课堂也可以迸发出无限的能量，以法律知识传递法治思想，以课堂教学连接社会舞台，努力帮助学生树立正确的社会主义价值。

四、借鉴国外先进法学教育模式，寻求符合中国特色的法学教育路途

改革开放以来，我国法学教育在法治人才培养模式和教学方法上广泛借鉴了美国的职业教育模式、德国的案例教学模式、日本的通识教育与专业教育结合模式等，在知识传授、技能训练方面取得了比较显著的成绩，培养了一批法治专业人才。但我们应该意识到在法治人才培养的环节上，必须坚持立足于我们现有的教育实际，寻求出一条符合中国特色的法学教育路途。作为一名民法学教师，本人认为要推广启发式、互动式、探究式多种教学方法相结合的民法学教育方法。《民法典》内容涵盖了从出生到死亡的所有民事活动，需要我们教师自己认真学习《民法典》。除了在课堂上对法条进行必要的讲解外，也要结合学生现实生活中的实际开展专题学习。《民法典》很多内容与学生现实生活密切相关，如个人隐私、高空坠物、虚拟财产等，游戏充值、主播打赏等更是不少学生的亲身经历，我们平时也可以组织学生对这些典型案例进行讨论。另外我们也可以引导学生大胆地对《民法典》的不完善的地方进行相关的理论探讨，让学生提出自己的创新性看法。习近平总书记强调，没有正确的法治理论引领，就不可能有正确的法治实践。我们要落实总书记的这一重要指示，认真担负起培养德法兼修的大批高素质法治人才的重任，高校作为法治人才培养的第一阵地，必须把构建具有中国特色社会主义法学教育摆在首要位置。

以立德树人为中心的一个普遍性与两个特殊性

——习近平总书记对于地方应用型高校建设的教育思想探微

施奕 *

内容提要 中国共产党成立以来，始终将教育工作放在极为重要的位置上，这不仅是中国共产党对中华民族注重教育优良传统的传承和发扬，更是党立足于国家建设发展与时俱进地作出的高瞻远瞩。纵观新中国成立以来党的教育方针，从德育到立德，从来都将“德”作为人才培养的中心工作。法治国家与立德树人，是习近平总书记对建设社会主义强国、为实现中华民族伟大复兴中国梦所提出的关键所在。在习近平总书记的教育观中，立德树人始终是不变的主轴，它要求的是坚持正确的教育工作方向，在高等教育、专业教育中要同时注重立德；更要求我们在教育工作中注重熏陶、引导，让学生明德、行德、崇德；在坚持这个普遍性的同时，在地方应用型高校的建设中，同样要强调在人才培养中正确理解和实践“不求最大、但求最优、但求适应社会需要”中的两个特殊性，唯有如此，我们培养的人才，才能够是社会主义的接班人，是社会主义事业的建设者。

关键词 法治；立德树人；高等教育；地方应用型高校建设；有教无类

一、引　言

“法治是治国理政不可或缺的重要手段。法治兴则国家兴，法治衰则国家乱。”[①] 现代法治国家，乃通过宪法确立人民主权，宣示保护人民之平等权、自由权、生存权、财产权、诉讼权及社会权等基本权利之宪政国家，改革开放以来，我国的82宪法和历次的宪法修正案，不仅使我国渐次走上了法治国家的道路，[②] 更通

* 施奕，法学博士，闽江学院法学院讲师。

① 中共中央文献研究室. 习近平关于全面依法治国论述摘编 [G]. 北京：中央文献出版社，2015:8.

② 1999年宪法修正案第13条：“《宪法》第5条增加一款，作为第1款，规定：‘中华人民共和国实行依法治国，建设社会主义法治国家。’”

过对人民基本权利的不断加强和增补，[①]彰显了社会主义国家的制度优势。

但是，正如法谚所云，灵魂不归法律管。现代法治国家从来不是一个全能国家，它强调的是权利义务为中心的关系，却并不涉足于人类的内心和基础的本性，对于人的生存目的和追求也空空如也，教育则不同，它虽然也注重于授业解惑传授知识技能，但是却始终关注人的内心和灵魂。“圣人以济人为事，故立教也。”[②]教育在中国，不仅是一般教育工作者的事，更历来受到以济人为己任的圣人所关注，中国历来有重视教育的优良传统，在中国共产党带领下的新中国，也始终将教育工作放在重要位置。习近平总书记历来重视教育，他在北京师范大学的讲话中强调“实现‘两个一百年’奋斗目标、实现中华民族伟大复兴中国梦，归根结底靠人才、靠教育”[③]。在北京大学的讲话中他强调“教育兴则国家兴，教育强则国家强”。[④]2021年3月25日，习近平总书记到访闽江学院，在这个他曾在1990年6月21日至1996年5月9日间历任校长的闽都一隅里，他在对教师和学生们提出殷切期待的同时也再次阐释了他的教育理念，那么，在习近平总书记的教育观中，高等教育尤其是面向地方应用型高校的高等教育应当是一个什么样的教育？我们应当倡导什么样的教育方向？培养什么样的人才？如何为实现“两个一百年”奋斗目标，为实现中华民族伟大复兴中国梦而培养人才呢？

二、作为普遍性的“立德树人”观——党的基本教育方针与教育法制的发展历程

教育乃国之大计，也始终是中国共产党的工作重心所在，它关乎社会主义的传承和发展，影响着国家的长治久安。党在不同的历史时期，都特别重视教育工作，实事求是地提出了对教育工作的要求。新中国成立初期，为应对从新民主主义到社会主义的过渡，1957年2月24日毛泽东在《关于正确处理人民内部矛盾的问题》中指出了新时期社会主义开展教育工作的重要方向：“我们的教育方针，应使受教育者在德育、智育、体育几方面都得到发展，成为有社会主义觉悟的有文化的劳动者。”

① 2004年宪法修正案第24条：“《宪法》第33条增加一款，作为第3款：‘国家尊重和保障人权。’”第22条：“宪法第13条‘国家保护公民的合法的收入、储蓄、房屋和其他合法财产的所有权。’‘国家依照法律规定保护公民的私有财产的继承权。’修改为：‘公民的合法的私有财产不受侵犯。’‘国家依照法律规定保护公民的私有财产权和继承权。’‘国家为了公共利益的需要，可以依照法律规定对公民的私有财产实行征收或者征用并给予补偿。’”

② 习近平. 习近平同北京师范大学师生代表座谈时的讲话 [N]. 人民日报，2014-09-10(1).

③ 习近平. 习近平同北京师范大学师生代表座谈时的讲话 [N]. 人民日报，2014-09-10(1).

④ 习近平. 在北京大学师生座谈会上的讲话 [EB/OL].（2018-05-02）[2022-07-07]. http://www.moe.gov.cn/jyb_xwfb/moe_176/201805/t20180503_334882.html.

为积极应对改革开放和社会主义现代化建设的进程，以邓小平同志为主要代表的中国共产党人，在 1981 年党的十一届六中全会通过的《关于建国以来党的若干历史问题的决议》中提出："要加强和改善思想政治工作，用马克思主义世界观和共产主义道德教育人民和青年，坚持德智体全面发展、又红又专、知识分子与工人农民相结合、脑力劳动与体力劳动相结合的教育方针。"基于党的教育方针，1982 年《中华人民共和国宪法》也在第 46 条中对国家教育方针首次作出法律规定："国家培养青年、少年、儿童在品德、智力、体质等方面全面发展。"1985 年《中共中央关于教育体制改革的决定》提出："教育必须为社会主义建设服务，社会主义建设必须依靠教育。"1986 年《中华人民共和国义务教育法》规定："义务教育必须贯彻国家的教育方针，努力提高教育质量，使儿童、少年在品德、智力、体质等方面全面发展，为提高全民族的素质，培养有理想、有道德、有文化、有纪律的社会主义建设人才奠定基础。"

在开启市场经济大门之后的 1993 年，中共中央、国务院在发布的《中国教育改革和发展纲要》中提出，"各级各类学校要认真贯彻'教育必须为社会主义现代化建设服务，必须与生产劳动相结合，培养德、智、体全面发展的建设者和接班人'的方针"。1995 年 3 月 18 日，我国首次颁布教育基本法——《中华人民共和国教育法》，并在第 5 条中规定了国家的教育方针："教育必须为社会主义现代化建设服务，必须与生产劳动相结合，培养德、智、体等方面全面发展的社会主义事业的建设者和接班人。"步入二十一世纪以来，党的十八大在新的历史时期对教育提出了诸多创新性的论述。党的十八大提出"教育是民族振兴和社会进步的基石"，要全面贯彻党的教育方针，坚持教育为社会主义现代化建设服务、为人民服务，把立德、树人作为教育的根本任务，培养德智体美全面发展的社会主义建设者和接班人。党的十八大教育放在改善民生和加强社会建设之首，充分体现了党中央对教育事业的高度重视和优先发展教育的坚定决心。2015 年，《中华人民共和国教育法》迎来大修，强调教育必须为社会主义现代化建设服务、为人民服务，强调教育应当坚持立德树人，对受教育者加强社会主义核心价值观教育，增强受教育者的社会责任感、创新精神和实践能力。（见表 1）

表 1　党的教育方针与国家教育法制的变迁

中国共产党教育方针（党的方针政策）		教育法修改（国家法律）	年份
党的十一大报告	教育必须为无产阶级政治服务，必须同生产劳动相结合。使受教育者在德育、智育、体育几个方面都得到发展，成为有社会主义觉悟的有文化的劳动者。	颁布《中华人民共和国宪法》，并在第 46 条中规定："国家培养青年、少年、儿童在品德、智力、体质等方面全面发展。"	1982

续表

中国共产党教育方针（党的方针政策）		教育法修改（国家法律）	年份
党的十三大报告	教育必须为社会主义现代化建设服务，必须与生产劳动相结合，培养德智体美等方面全面发展的社会主义事业建设者和接班人。	颁布《中华人民共和国义务教育法》，并在第3条中规定："义务教育必须贯彻国家的教育方针，努力提高教育质量，使儿童、少年在品德、智力、体质等方面全面发展，为提高全民族的素质，培养有理想、有道德、有文化、有纪律的社会主义建设人才奠定基础。"	1986
党的十六大报告	坚持教育为社会主义现代化建设服务，为人民服务，与生产劳动和社会实践相结合，培养德智体美全面发展的社会主义事业建设者和接班人。	颁布《中华人民共和国教育法》，并在第5条中规定："教育必须为社会主义现代化建设服务，必须与生产劳动相结合，培养德、智、体等方面全面发展的社会主义事业的建设者和接班人。"	1995
党的十八大报告	坚持教育为社会主义现代化建设服务、为人民服务，把立德、树人作为教育的根本任务，培养德智体美全面发展的社会主义事业建设者和接班人。	修订《中华人民共和国教育法》，在第5条中增加"教育必须为社会主义现代化建设服务、为人民服务，必须与生产劳动和社会实践相结合，培养德、智、体、美等方面全面发展的社会主义建设者和接班人。"并在第6条中规定："教育应当坚持立德树人，对受教育者加强社会主义核心价值观教育，增强受教育者的社会责任感、创新精神和实践能力。"	2015
党的十九大	"建设教育强国是中华民族伟大复兴的基础工程，必须把教育事业放在优先位置，深化教育改革，加快教育现代化，办好人民满意的教育。"	修订《中华人民共和国教育法》，在第3条中加入"邓小平理论、'三个代表'重要思想、科学发展观、习近平新时代中国特色社会主义思想为指导"，将第4条第1款修改为："教育是社会主义现代化建设的基础，对提高人民综合素质、促进人的全面发展、增强中华民族创新创造活力、实现中华民族伟大复兴具有决定性意义，国家保障教育事业优先发展。"将第5条修改为"教育必须为社会主义现代化建设服务、为人民服务，必须与生产劳动和社会实践相结合，培养德智体美劳全面发展的社会主义建设者和接班人。"	2021

坚持正确的育人方向和内容，是中国共产党充满活力、永葆青春的关键，是中国共产党带领人民治理国家、发展前进的重要基础。从毛泽东到习近平，从党的十一大到党的十八大，党在教育事业上始终注重培养具有"社会主义觉悟"的社会主义事业建设者和接班人，更特别注重对于德育的培养，从"应使受教育者在德育、智育、体育几方面都得到发展"，到"培养德智体美等方面全面发展的社会主义事业建设者和接班人"，再到党的十八大最终提出"把立德、树人作为教育的根

本任务”，都始终将德育作为教育工作的首要任务。党对于德育的重视，也直接影响到了我国的教育法制，从 1982 年宪法提出培养“品德”开始，德育也成了教育单行法的常客，更在 2015 年的大修中，将“立德树人”确立为教育的最基本目标。

三、立德树人与坚持正确的教育工作方向

“这个，但求最优，办好闽江学院，当然我最重视的，是立德树人，学生们在学校，老师们就是教学生们怎么做人，指出道路和方向，教方法，学生们啊，也应该有意识的，从这个方面去努力，而且，这个是大中小学都一样，一辈子都是要学做人的，古时候人讲，世事洞明皆学问，人情练达即文章，你在社会上能不能站住脚，能不能成功，能不能做一个对社会有用的人，做一个道德高尚的人，还是学做人。这个，我们这个闽江学院，还是要把这个摆在首位，中国特色社会主义事业的接班人，建设者你不能是掘墓人、破坏者，这个是很重要的，你不关是一个分数，情商智商，理想信念都是很健全的，这样才可以。”①

立德树人，是习近平总书记教育观、人才观的核心。他在给各大高校的寄语中都强调“要坚持正确方向、坚持立德树人”②、“围绕解决好为谁培养人、培养什么样的人、怎样培养人这个根本问题，坚持立德树人”③、“要把立德树人的成效作为检验学校一切工作的根本标准”④、“全面贯彻党的教育方针，切实落实立德树人根本任务，为党育人、为国育才”⑤。习近平总书记在 2021 年考察闽江学院时，对办好闽江学院，办好整个教育事业重申了他一以贯之的育人观——立德树人。教育工作的根本任务，是培养社会主义建设者和接班人。这是习近平总书记在 2018 年全国教育大会上对教育工作提出的大方向。我们每一代的年轻人，都是社会主义的接班人和建设者，我们强调的树人，培育的就是“中国特色社会主义事业的接班人、建设者，不能是掘墓人、破坏者”。

教育与品德，或者说将在教育中特别注重品德培养，是党为人民服务的宗旨在教育上的体现，也是中华民族传承几千年的优秀历史传统。自《尚书》始，教育的首要功能和作用，即并非传授知识或技能以助力个人成长，而是特别强调通过“德

① 习近平总书记 2021 年 3 月 25 日在闽江学院的讲话。

② 习近平. 习近平致清华大学建校 105 周年贺信 [EB/OL].（2016-04-22）[2022-07-07]. http://www.moe.gov.cn/jyb_xwfb/moe_176/201604/t20160422_239836.html.

③ 习近平. 习近平致中国人民大学建校 80 周年的贺信 [EB/OL].（2017-10-03）[2022-07-07]. http://www.moe.gov.cn/jyb_xwfb/moe_176/201710/t20171009_315865. html.

④ 习近平. 在北京大学师生座谈会上的讲话 [EB/OL].（2018-05-02）[2022-07-07]. http://www.moe.gov.cn/jyb_xwfb/moe_176/201805/t20180503_334882. html.

⑤ 习近平. 习近平在学习贯彻党的十九大精神研讨班开班式上发表重要讲话 [EB/OL].（2018-01-05）[2022-07-07]. http://www.gov.cn/xinwen/2018-01/05/content_5253681. htm.

裕乃身”和“裕民”来塑造一个重修德、有品德的个体，并且通过这样的个体维系家庭和国家的人伦秩序与统治秩序。《尚书》有谓“慎徽五典，五典克从”，意即（舜）通过推崇父义、母慈、兄友、弟恭、子孝五种常法，从而正面引导每一个家庭成员顺从五典，都能够具备良好的伦理道德基础以使整个家庭稳固其根基。更进一步的，一个敬德、明德的君主（尧）还能够做到“克明俊德，以亲九族；九族既睦，平章百姓；百姓昭明，协和万邦。”即认为个人修德能够使亲族和睦，能够辨明它族事宜，能够协调和团结诸侯。除去在道德上的正面引导，《尚书》也注重使用反面教材的教育方式，周公以“唯不尊厥德，乃早坠厥命”而灭亡的殷商警醒周王应当注重修德，应当“惟王其疾敬德，王其德之用，祈天永命”。

在大学里讲立德树人，讲的就是我们教育工作的导向问题。它看似不涉及任何一个大学的专业教育，却又全面的涉及每一个大学生学习、生活、交往的方方面面。大学是学生走向社会的前哨站，它与紧盯教材围绕考试的高中不同，在大学里，学生需要打开自己的视野，用自己的方式方法去学习更专业的知识；他们还需要脱离朝夕相处的父母，从自己的生活感受出发，接触新的人和事，思考和解决自己遇到的问题，选择自己的道路。在这样的大学生活中，大学生要学习的，最切身的或许并不是专业知识，而是如何安排自己的学习生活，如何与人接触，如何正确地融入群体生活中。习近平总书记三次强调的“学做人”、所引用的曹雪芹“世事洞明皆学问，人情练达即文章”之语，其目的都在于此：就是希望大学生不能只将大学的目标放在专业上分数上，而是要在大学中不仅好好学本领，还要真正做到做一个“对社会有用的人，做一个道德高尚的人”。

三个“学做人”是习近平总书记对大学生们在大学期间成长的殷切希望。他也同样对教育工作者提出了相应的期待和要求。他指出“老师们就是教学生们怎么做人，指出道路和方向，教方法”。那么，在学校里老师如何教做人呢？如何指出道路和方向呢？实际上，相较于每天都在学习的专业知识，大学生们也同样的每天都在以他们的方式应对各色各样的事情和人情，而大学的课程，多是专业性的课程注重专业知识方面的教育，并不再像中小学时期那样进行思想品德教育，但是，是否思想品德教育在大学就真的退居二线了呢？应当说并非如此，除了大学本身的思政课程以外，大学的教育还应当注重于通识教育，它提供同学们去涉猎自己专业外的历史、人文、艺术、科技等方面的知识，并在这些认识中加强其人文素养，培育其法治与社会公义之观念。

大学的专业课教育，应当是一种融入了德育的专业教育，要更注重于德育、要注重正确的导向。在知识经济的时代，学生们大都将在大学里学到的专业知识当作竞争的工具，希望在就业和发展中赢得“达尔文”式的竞争。但是，赢者通吃成王败寇的竞争并不是教育的目的。“吐辞为经、举足为法”的大学专业课老师或许正是学生在认识和接触这个专业的第一个专业人士，这样的专业人士首先应当是一个以德立身的人，是一个坚持职业道德具有职业信仰的人。作为一个法律人他可以是一个失败的律师，但必须是一个凛然正义的法律学者；作为一个金融人他可以是一个失败的投资人，但必须是一个不沾内幕的金融学者；作为一个科学家他可以是一个失败上百次的试验员，但必须是一个自己构思自己操作的科研工作者；作为一个画家和音乐家他可以是一个卖不出高价而孤芳自赏的艺术家，但必须是一个刻苦钻研的画师和乐师。秉持职业信仰坚持职业道德是敬业，是一种修身，学生在大学里学的，不仅是专业和技能，更重要的是对待专业和技能的态度和操守，这些才是在青年们成长和实践过程中“做人”“做事”的真正基础。

在高等教育中特别强调立德树人，对学生注重于在敬德修业中“学做人”，对教师则侧重于在传道授业解惑中“指出道路和方向，教方法”，这是习近平总书记在对中国传统教育思想的正确认识基础上，立足于国家社会个人发展的现实需要，对大学教与学双主体、对教学工作开展的准确定位。大学，是青年人迈向独立的第一步，也是他们步入社会的前哨站，在这里学生们要学本领、学知识，还要学着与人沟通、与社会接轨，他们的价值观、人生观、世界观都在这里逐渐形成并得到实践，只有坚持一个正确的方向，坚守以立德为中心，我们的学生才会成才，才会成为“中国特色社会主义事业的接班人、建设者”。

四、“不求最大、但求最优、但求适应社会需要”中的两个特殊性

“现在就是把基础打好，基础，过去我们理解的职业，就是适应社会需要，现在你们叫应用，更准确，适应社会的应用，这个应用，我们的社会需求是一个金字塔型的，研究型的是那种比较高大上的那种，大部分的还是社会层面，社会层面哪有什么高低贵贱的。”①

“不求最大、但求最优、但求适应社会需要”是习近平总书记于上世纪 90 年代任闽江职业大学校长时提出的办学理念，是习近平总书记立足于闽大、立足于福州提出的实事求是的发展理念，但更是习近平总书记在我国市场经济初期的高瞻远瞩，同时也是对培养我国社会主义事业人才的真知灼见，它不仅适用于闽大，更适用于所有的地方高等院校。虽然这句话已经过去近 30 年，但至今读来仍然没有褪色，读来始终掷地有声。在迈向市场经济、走向法治国家、开创新时代中国特色社

① 习近平总书记 2021 年 3 月 25 日在闽江学院的讲话。

会主义事业新局面的这几十年里，[1] 我国的经济社会面貌都发生了翻天覆地的变化，教育事业在不断发展前进，社会的环境在变，社会的主要矛盾也在变化，[2] 在这样的发展背景下，我们应当如何与时俱进的理解习近平总书记的这一教育理念？如何将这一教育理念贯彻到地方高校的发展建设和人才培养中呢？

有教无类，一方面指的是在教育的施行上应当注重公平和平等，即不论是贵族还是平民，都有权利接受教育；另一方面，它更强调教育的内容，即通过“明人伦”的正确教育，熏陶受教者的心性，引导受教者的行动，在教育中传达和建构合乎“人道”的和谐秩序。但是，在一以贯之地注重普遍性的德育工作的同时，我们还必须清晰地认识到，教育还是一个具有特殊性，具有专门性的“育人”工作，这也是习近平总书记作出“不求最大、但求最优、但求适应社会需要”论断的关键。

1. 蕴含在教育中的特殊性，首先是指要注重学生的特殊性，即因材施教的特殊性。它要求教育工作应当立足于实际，立足于受教者的特性开展，它体现了以人为本，以生为本的教育观，在这个特殊性下，每个个体才能够得到最适合的发展。《论语·颜渊》记载：

樊迟问仁。子曰：“爱人。”司马牛问仁，子曰：“仁者，其言也讱。”仲弓问仁，子曰：“出门如见大宾，使民如承大祭。己所不欲，勿施于人。在邦无怨，在家无怨。”颜渊问仁，子曰：“克己复礼为仁。一日克己复礼，天下归仁焉。为仁由己，而由人乎哉？”颜渊曰：“请问其目。”子曰：“非礼勿视，非礼勿听，非礼勿言，非礼勿动。”

注重在教学内容上根据学生特殊性作不同阐释：四个学生向孔子问仁，孔子所给出的解答各不相同，对樊迟，孔子说仁者即为爱人（心）；对司马牛，孔子告诫说，仁乃是出言谨慎（言）；对仲弓，孔子则以敬相教，告诉他在为人处世上应当注重谦恭，注重推己及人（行）；对于颜渊，孔子乃更进一步指出，仁应当“克己复礼”在视听言行的一举一动上都注重自我约束。之所以孔子在解读仁的含义上，对四个学生作出了四种诠释，正是因为他认识到了学生的特殊性，樊迟资质较钝，所以孔子仅谓其爱人；司马牛多言而躁，故孔子以慎言相劝；仲弓有才但不够谦虚，于是孔子诫其行谨；而对于大弟子颜渊，孔子则对仁提出了更系统、更高的实践要求。非但对不同学生有不同的施教方式，对于相同学生的不同阶段，孔子也

① 习近平. 决胜全面建成小康社会 夺取新时代中国特色社会主义伟大胜利：在中国共产党第十九次全国代表大会上的报告 [EB/OL].（2017-10-27）[2022-07-07]. http://www.gov.cn/zhuanti/2017-10/27/content_5234876.htm.

② 康有为. 论语注 [M]. 北京：中华书局，1984:169.

有不同的教育方式，樊迟三次问仁，孔子给予之开示亦各有所重，从第一次的“爱人。”到“仁者先难而后获，可谓仁矣。”再到具体实践的“居处恭，执事敬，与人忠。虽之夷狄，不可弃也。”是故朱子在解读孔子的教育理念上，乃总结出“夫子教人各因其材”之教育观。

所谓“教者如大医，务在因人相时”[①]，即特别强调教育应当注重并尊重学生的特殊性，孔子不仅在教学内容（仁的内容）上根据学生的特殊性作出了因材施教的不同解读，在教育方式和引导方向上，也对学生采取了各自不同的模式，这正是孔子的因材施教观，也是蕴含在中华民族教育思想中充满人性光辉的实践。实际上，所谓“天生我材必有用”，每个人有每个人不同的个性和才能，每一个学生都有他的长处和独特的才能，高等教育作为青年人走向社会的重要前哨，不是闭门造车的象牙塔。作为教育工作者，应当注重和尊重学生的特殊性，与时俱进地诠释内容，积极主动地改变方式方法，鼓励学生个性发展、引导学生走向社会、适应社会。

2. 蕴含在教育中的特殊性，其次是指大学的特殊性，即办学导向的特殊性（特色）。作为教育双主体的另一侧，在强调学生作为受教者个体特殊性的同时，同样必须强调大学在办学上的特殊性。习近平总书记在闽大讲的“但求适应社会需要”，讲的就是要地方高校抓准定位，把办学目标定在“大部分”上，定在“社会层面”上。相较于部属院校，地方本科院校乃受地方政府直接领导，它的人才培养、科学研究以及服务活动，都应当面向地方，积极主动地为地方的经济社会发展服务。在市场经济环境下，每一所地方高校都秉持“做大做强”的发展导向，但地方高校在人才队伍和科研实力上往往都弱于部属高校，一味地强调做大不但不能做强，反而会失去特色，地方本科院校，应当将关注点放在地方这个特殊性上，致力于地方经济社会文化发展的需要，办出应用型的高校，“其特征体现在以下三点：其一是服务，地方高校当以区域繁荣发展为己任，以社会服务为导向开展育人和科研工作，把办学特色与社会需求结合起来，把应用研究和人才服务结合起来；其二是融入，高等学校有责任利用自身优势融入地方产业发展，融入乡村振兴，主动开展产学研用合作，帮助企业提升技术水平，帮助农村发展新型农业和生态产业；其三是模式，地方高校要积极推动学科专业与产业的融合，加快科技创新和成果转化应用，推动创建适应社会需要的、有特色的人才培养模式和办学模式”[②]。

“古今中外，关于教育和办学，思想流派繁多，理论观点各异，但在教育必须培养社会发展所需要的人这一点上是有共识的。培养社会发展所需要的人，说具

① 马陆亭. 为地方高校指明办学方向 [N]. 光明日报，2021-03-31(05).

② 中国高等教育学会，中国高教研究编辑部组. 中国高等教育启思录：百所地方本科院校办学理念与特色研究 [C]. 北京：北京理工大学出版社，2009:344.

体了，就是培养社会发展、知识积累、文化传承、国家存续、制度运行所要求的人。”①

放眼世界，大学的教育目标指向都经历了一个从注重精英培养到普及平民教育的过程，我国的大学教育也从为祖国为社会培养人才转变到了更为普遍的“培养成为找到工作的就业主体”，这一点在地方本科院校的教学培养目标中，是毋庸讳言的，我们应当致力于培养适应社会需要，走出校门能够被社会接纳的就业者。我们培养的每一个大学生，未来都是社会的一分子，他们要身体力行地参与到社会的工作生活中去。习近平总书记强调“社会层面哪有什么高低贵贱的”说的就是在社会上，有的只是各行各业的分工不同，就像自然界里的花草树木一样，虽然有的参天、有的爬藤、有的伏地，都没有什么高低贵贱之别，重要的是找到位置，适应需要。

办学特色不仅是学校的标识，也是高校保持竞争优势的利器。美国一些地区公立大学在 20 世纪 50 年代后开始同社会进行紧密合作，为地方经济发展服务。后来人们提出了相互作用的办学理念，改变了大学以自我为中心的传统观念，“相互作用大学”是社会事务的积极参与者，它们与地方企业界、公众及政界建立起积极的、双向的伙伴关系，并在相互支持中获得发展。[13] 地方高校，应当注重与地方之间的联系，积极主动地放下身段，走到社会里，走到地方发展中，去了解、去发现社会的需要。建立“相互作用”的产、学、研体制，倡导教师、学生积极参与地方建设发展的机制，真正做到“不求最大，但求最优，但求适应社会需要。”这是习近平总书记对闽江大学的期待，更是习近平总书记在“一个普遍性、两个特殊性”的教育理念中对所有地方本科院校提出的办学导向。

五、结语：法教并重培养社会主义事业建设者

“国家是民族在法律上的化身”[14]，法治乃是西方文化之核心，礼教作为传统中国之精髓，本身即各有侧重，治强调由外而内之成型，教强调由外而内之塑造，其不仅强调在外部行为上之秩序统一，亦特别强调对个人内面之教化。在吸收西方现代法治之精髓而使得我们作为独立的个体得以有法治之武器对抗随时代发展、经济多样化、技术进步而日益拓展其权能之公权力，并且已然建立起一个具有现代化效率的生产系统后，在现代社会国家已经渐渐致力于为个人提供生存、生活、生产之合适“理性规范”时，我们应当更注重于追求内面之道德自性。

① 习近平. 在北京大学师生座谈会上的讲话 [EB/OL].（2018-05-02）[2022-07-07]. http://www.moe.gov.cn/jyb_xwfb/moe_176/201805/t20180503_334882.html.

习近平总书记在治国理政中特别强调法治。2020 年 11 月召开的中央全面依法治国工作会议总结出的“习近平法治思想”，是我国建设法治国家的全面建设社会主义现代化国家、实现中华民族伟大复兴的奋斗目标的关键。另外，习近平总书记同样特别强调教育。他始终强调“教育是中华民族伟大复兴的基础工程，必须把教育事业放在优先位置”[①]，我们要重视法，要重视法在启迪人民意识的法教作用，更要重视我们的基础性教育工作，重视在教育工作中德育的普遍性和因材施教、适应社会需要的两个特殊性，唯有如此，我们培养的人才，才能够是社会主义的接班人，是社会主义事业的建设者。

① 康有为. 论语注 [M]. 北京：中华书局，1984:169.

“关键少数”在习近平法治思想中的当量分析

韩正武　陈峰冰*

内容提要　“关键少数”在习近平法治思想体系中占据重要位置。其锻造培养更多要放在实践的大熔炉中去淬炼，其决定着全社会绝大多数资源的配置，进而直接决定着共产党执政的民心所向，同时其双刃剑的属性要求依法对其进行有效制约是执政党的必修课，且只能成功，不能失败。

关键词　“关键少数”；习近平法治思想；实践淬炼；法治定力

“风成于上，俗化于下”。风者，国风也，由上流社会来引领；俗者，民俗也，最初必由百姓当中扩散开来。古今中外，概莫能外。从中国古代先秦时期商鞅的“徙木立信”，到近代西方“贵族精神”在西方法治流变中的深层次影响，无不体现了“上层”对一个社会法治变革的深层次影响。“关键少数”就是在这样的语境下走入习近平法治思想的视域的。如果国家现代化的治理体系是一张巨大的网，那么“关键少数”就是全网结，其成长路径除自身努力外，离不开党组织的关心和悉心培养。我们党历来重视对不同梯队“关键少数”的敦化，这种敦化既包括“青干班”、“干训班”等各种课堂式感召，更包括放在实践的大熔炉中去淬炼。“九曲黄河万里沙，浪淘风簸自天涯”。温室里的花朵妖艳而不历风霜。“关键少数”的人才培养不可能一蹴而就，而是一个长期打磨、精雕细刻的过程。不是仅有象牙塔的培养就可以的，更多还要到实践中去，只有经过实践的千磨万击，“关键少数”才能真正成为法治建设的国之良将。

一、习近平总书记多次强调“关键少数”在改善政治生态和推进法治建设方面的巨大作用

自中国共产党十八届三中全会着力推进国家治理体系和治理能力现代化以来，习近平总书记曾多次论及“关键少数”在改善政治生态和推进法治建设方面的作

* 韩正武，法学博士，二级律师，闽江学院法学院学术委员会委员。陈峰冰，闽江学院法学院副教授。

用。早在2013年2月，习近平总书记在中共十八届中央政治局第四次集体学习时就强调，“我们党是执政党，能不能坚持依法执政，能不能正确领导立法、带头守法，保证执法，对全面推进依法治国具有重大作用。……如果领导干部都不能遵守法律，怎么叫群众遵守法律？上行下效嘛！”[①]。2015年3月5日，习近平总书记在参加十二届全国人大三次会议上海代表团的审议时强调，“全面从严治党，……关键是要抓住领导干部这个‘关键少数’”。2016年1月12日，习近平总书记在十八届中央纪委第六次全会上再次强调抓住“关键少数”是破解一把手监督的难题。各级领导班子一把手是“关键少数”中的“关键少数”。2017年10月18日，在党的第十九次代表大会上，习近平总书记再次强调抓住“关键少数”，坚持“三严三实”，全面净化党内政治生态。2018年3月10日，习近平总书记在参加十三届全国人大一次会议重庆代表团的审议时强调，加强教育引导，注重破立并举，抓住“关键少数”，推动各级领导干部自觉担当领导责任和示范责任，把自己摆进去、把思想摆进去、把工作摆进去，形成“头雁效应”。2020年1月8日，习近平总书记在“不忘初心、牢记使命”主题教育总结大会上强调，领导机关是国家治理体系中的重要机关，领导干部是党和国家事业发展的“关键少数”，对全党全社会都具有风向标作用。“君子之德风，小人之德草，草上之风必偃。”2020年11月16日，习近平总书记在中央全面依法治国工作会议上再次强调，要坚持抓住领导干部这个“关键少数”。各级领导干部要坚决贯彻落实党中央关于全面依法治国的重大决策部署，带头尊崇法治、敬畏法律，了解法律、掌握法律，不断提高运用法治思维和法治方式深化改革、推动发展、化解矛盾、维护稳定、应对风险的能力，做尊法、学法、守法、用法的模范。

由上述习近平总书记的历次讲话可知，强调“关键少数”虽然不完全局限于法治建设的专题会议上，但是基于我党新时期以来依法治国的根本方略，基于“四个全面”之中全面依法治国的根本路径依赖，应该说法治在实现全面从严治党、治军，乃至在实现第二个百年奋斗目标征程中都具有根本性、全局性意义。正如习近平总书记所说，“现代社会没有法律是万万不能的”[②]。2021年6月1日，《中共中央关于加强对“一把手”和领导班子监督的意见》（以下简称《意见》）公开发布，抓“关键少数”，抓“一把手”正式进入法治5.0时代。《意见》把党章党规中的有关规定进一步细化、具体化，突出对“关键少数”特别是“一把手”的监督，是党中央完善党和国家监督体系、推动全面从严治党向纵深发展的重要举措，更是习近平法治思想的全面强化和植入。

① 习近平. 论坚持全面依法治国 [M]. 北京：中央文献出版社，2020:25,24.

② 习近平. 论坚持全面依法治国 [M]. 北京：中央文献出版社，2020:25,24.

二、何以“关键少数”如此重要

思想是行为的先导。在法治建设的大时代背景下，我们必须首先弄清楚以下三个方面的问题。

（一）“关键少数”支配着全社会绝大多数的资源

工农兵学商，党是领导一切的。关键少数是谁？中国共产党是中国的执政党，且长期执政，服务 14 多亿人口，对近千万平方公里国土面积进行有效治理，是全世界第二大经济体百万亿国民生产总值的掌门人。虽然我国宪法允许多种所有制经济形式同时并存，但国有经济仍然占据主体地位。特别是党的十八大以来，国有经济的主体地位得到空前的强化，私营经济在解决民众就业方面是有贡献的，但国民经济的命脉始终掌握在大型国有企业的根本格局从未动摇过。关键少数自然是各级党委、党组的书记、副书记、纪委书记以及政法委书记等。具体到法治建设层面还要扩展到各级监委主任、法院院长、检察长。从政治层面上看，他们决定着大到数百万平方公里范围内各色资源控制或代理人的命运，用一句俗话讲就是：这些人可以上管天，下管地，中间还能管空气。也正因为如此，从经济层面而言，也是这些人通过人事制度安排成为国家全部经济资源的主宰，决定着国家的经济命脉。同样也是这样一群人，在法治建设的大道上，决定着整个国家法治队伍的成色和纯度。

（二）“关键少数”直接决定着共产党执政的民心所向

人民就是江山，江山就是人民。打江山，守江山，归根结底守的是人民群众的心。人心向背最终决定着共产党的执政兴衰。“一把手”是党的事业发展的“领头雁”，在增强“四个意识”、坚定“四个自信”、做到“两个维护”“两个确立”上必须作表率、打头阵。从实践情况看，“关键少数”、“一把手”的岗位关键、权力集中、责任重大。这是有效行政的前提，否则就谈不上发展，更谈不上超越。改革开放 40 年的成功经验表明，我们之所以能够用几十年的时间走过西方发达国家几百年的发展历程，特别是在经济建设成就方面，主要靠的是党集中统一领导的政治优势，全国一盘棋，集中力量办大事。凡事有利有弊。这种管理模式也带来监管上的一些弊端和难题。对“关键少数”“一把手”的监督难度也变得异常艰难。个别“一把手”长期手握要权，加之在地方发展上的一些卓有成效的政绩，习惯性地把自己凌驾于组织和集体之上，变成“一霸手”，甚至把分管工作、领域变成不受集体领导和监督的“私人领地”，严重污染本地区、本单位的政治生态。我们常说，“关键少数”和“一把手”是党的各项事业的“领头雁”。这固然不错，但如果出现方向性错误，对一个地方来说也是颠覆性的。民意如流水，有时说的就是这个意思。一个地方的政治生态一旦恶化需要继任者多年甚至十几年的勤勉努力才可能予以挽回，有的恶劣影响甚至是不可逆的。

（三）“关键少数”对法治建设也是双刃剑

西方国家搞法治建设已经数百年。如果从1215年英国《自由大宪章》起算，其法治建设至今已沉淀发展了近千年。而我们国家一心一意搞建设也不过四十年，法治建设大提速也才是党的十八大以来近十年的事。此外，我们还背负数千年人治的传统。在这种情况下要建成法治谈何容易？“罗马不是一天建成的。”这句话用在此处就显得特别贴切。俗话说不要羡慕别人手中的牌，我们唯一能做的就是把自己手中的牌打好。搞法治建设，我们既不能临渊羡鱼，更不能自暴自弃。既要精准把控法治建设的基本规律，也要充分发挥人的主动性。古今中外的法治发展历程揭示了，在法治发展的历史拐点上，人的因素从来都起着导向和风向标的作用。美国前总统奥巴马卸任之前曾在《哈佛大学法学评论》上发表《总统在国家刑事司法中的作用》一文，就是人为因素特别是“关键少数”在推进国家法治进程中可以发挥巨大作用的很好例证。执政的中国共产党人通过中央全会、人大立法以及人事资源调配强力推进法治更是前无古人的伟大事业。为此，发挥中国共产党作为执政党的“关键少数”人的作用，显得尤为重要，这既是我们的制度优势，也是我们手中的王牌，左右着整个牌局的走向。当然，不同于西方的分权制衡和多党分立，我们这里所说的法治是中国共产党全面领导下的法治，是人类制度文明史上从未有过的新境地、新探索。有人曾提出质疑，说我们是在搞人治下的法治，本质上还是人治。这是典型的以偏概全，或者只闻其表，不明就里。任何时代、任何社会的法治都是靠人，甚至是几代人的不懈努力才能实现的。大到国家制度的建构，小到诸如美国刑事司法制度“米兰达”规则实施，[①] 离开人的因素几乎是不可能的，甚至毫无任何意义。为此，在法治建设的进程中，否定人的作用必定犯历史虚无主义的错误。

三、探索对“关键少数”人性的依法有效制约是执政党的必修课，且只能成功，不能失败

当然，既然是双刃剑，就是说它可以杀敌，克敌制胜，也可以自残，甚至自我毁灭。“关键少数”担负着弘扬法治的重要政治责任，同时，由于其强大政治影响力也使得其违纪违法最易产生催化、连锁反应，甚至造成区域性、系统性、塌方式腐败，且由于其自身存在的隐蔽性、顽固性，有时在相当长时期内还得不到及时纠偏，给党和国家的事业造成巨大损失和灾难。列宁曾经说过，一个行动胜过一打纲领。“关键少数”“一把手”的一言一行，既可以成为法治建设的榜样，同样也随时

① 上个世纪60年代，美国通过米兰达案创立了“沉默权”这一重要的刑事司法制度。

可能开法治的倒车。有时甚至会出现100–1等于0的恶果。习近平总书记对此问题的严重性认识十分清醒，他曾经严厉地指出，“如果在抓法治建设上喊口号，练虚功，摆花架，只是叶公好龙，并不真抓实干，短时间内可能看不出什么大的危害，一旦问题到了积重难返的地步，后果就是灾难性的”①。

明白了“关键少数”在推进全面依法治国中的中流砥柱作用，我们就要扬长避短，在最大限度发挥好人的主观能动性的同时，采取切实有效的措施限制不利因素。历史的经验告诉我们，相对于恒定的法治，人性是嬗变的，有时甚至是原恶的。② 依法治国——这是执政70多年后的中国共产党人历经正反两个方面的经验教训给国人乃至世人的庄严承诺。既然为了超越发展，我们不得不赋予“关键少数”以巨大的行政资源调配权，那么采取切实有效的措施防止其滥用职权就是执政的共产党人的必修课，而且只能成功，不能失败，否则双刃剑的剑锋必然向内，最终自我毁灭。在制度建构方面，笔者认为我们要坚持“德法并举，法主德辅”的战略方针。这里的“德”是指除法之外的一切教化、宣讲等柔性教化、软规章的实施；“法”则包含党内和国家法规两个层面。长久以来，在漫长的中华法系形成了“德主刑辅”“以德治国”的法治思想。“德主刑辅”的本质是更多地相信依靠教化的力量。两千多年的封建专制统治，历经秦皇汉武、唐宗宋祖，特别是新中国成立以来，经过半个多世纪的艰辛探索，我们终于深刻认识到“依法治国”才是治国之长道。我们采取了中央全会专题研究、顶层高计、严格落实“三个规定”、司法责任终生追责、司法员额制改革、认罪认罚从宽和审判中心主义两翼并举，以及最近刚刚出台的中组部会同两高一部共同下发的法律职业人员统一职前培训的指导意见等一系列重大战略举措强力推进。从实施效果来看，目前还不尽如人意。笔者认为从以下几个方面着力，成效可能更为显著。

（一）举好纲——全面贯彻落实《中共中央关于加强对“一把手”和领导班子监督的意见》（下称《意见》）

2021年6月中共中央下发的《意见》是迄今为止就“关键少数”、“一把手”专项立法的第一部党内法规，强调指出“一把手”监督仍是薄弱环节，完善党内监督体系、落实监督责任的任务依然十分紧迫，并重点从加强“一把手”监督、同级党委监督和下级党委监督等三个方面全方位对“关键少数”进行有效监督。《意见》要求“关键少数”位高不擅权、权重不谋私。严格落实中央“八项规定”及其实施细则精神，廉洁治家，自觉反对特权思想、特权现象。上级“一把手”要将监督下级“一把手”情况作为每年述职的重点内容；发现一般性问题及时向本人提出，发

① 习近平．习近平谈治国理政：第2卷[M]．北京：外文出版社，2017:116.

② 黎鸣．中国人性分析报告[M]．北京：中国社会出版社，2003:96.

现严重违纪违法问题向同级党委主要负责人报告。开展下级“一把手”在上级党委常委会（党组）扩大会议上述责述廉、接受评议工作，述责述廉报告在一定范围内公开。提拔干部要坚持“凡提四必”。

（二）张好目——进一步完善监督“关键少数”的党内外法规的制定工作

《意见》是对“关键少数”实施有效监督的纲，包括前述内容在内的各项措施都需要制定细化的党内外法规加以落实。在“述廉公开、凡提四必”等操作性强的措施的落实方面尤其亟须立法完善。党的十八大以来，在反腐高压之下，“关键少数”的领导干部本身不敢腐的态势逐步形成，但近亲属利用其影响力谋取私利、搞权力寻租的问题还在一定范围内存在。为此，《意见》提出廉洁治家，“一把手”述责述廉报告在一定范围内公开十分必要。有些权力寻租行为直到领导干部落马核查时其甚至完全不知情，足见这一问题的顽固性和隐蔽性。阳光是最好的防腐剂。为此，述廉报告公开的范围和时间就很有必要通过细化立法进行完善，既是一种合理威慑，更是及时发现问题的有效手段。“小蝇养成大虎”的过程本质上是一次次损害群众利益的过程。我们要逐步适应在行政运转程序中发现和纠正问题，不能仅仅依靠查处违法违纪人员来止血，后者对我们党的事业损害是巨大的，也是十分令人痛心的。“凡提四必”也是如此，对拟提拔的特别是“关键少数”领导干部“审核问查”确有必要，也要切实从制度层面防止小人使坏，切忌一张八毛钱的邮票伤了广大干部的心。

（三）织好结——辨识“关键少数”法治成色的绝门要诀

习近平总书记曾多次指出，各级组织部门要把能不能依法办事、遵守法律作为考察干部的重要条件。[①] 在建设法治国家、法治政府、法治社会的大时代背景下，法商已经与智商、情商一起，成为决定领导干部最终能够走多远的三大关键因素。但是，人性之复杂可能超出任何人的想象。《纸牌屋》揭示了在狗仔队无所不在的美国各色政客的人性善恶。识人用人从来都是古今中外的第一难题。中国古代曾有识人七步法，其中“醉之以酒以观其性，临之以利以观其廉”较为有名，也常被人拿之来用。孔子也曾说过“巧言令色鲜矣仁”的识人之语。足见人性之复杂、之难察。况且，前述已经提及，“关键少数”、“一把手”掌控着我国绝大多数社会资源，人性的趋利性和虚荣心使得伪装更加隐蔽，辨识愈加艰难。为此，辨识“关键少数”的法商，找准这个“结”，几乎成为选拔领导干部的华容道。细节决定成败，细节同样能够揭示人性。在“关键少数”法商的考场上，除了在考察其文化结构、工作履历之外，很重要的一环就是考察其履职期间在法治结点上的表现，不但要在

① 习近平. 论坚持全面依法治国 [M]. 北京：中央文献出版社，2020:25,24.

宏观层面上考察其在落实中央法治建设战略部署方面的所作所为，更要从微观层面考察其在辖区内或岗位职责范围内面对重大法治、舆情等敏感事件的处置时，其坚守什么、弃守什么，有没有明确违反法律而刻意迎合某些人、某种观点。疾风知劲草，板荡识诚臣。只有这样，才能见微知著洞悉其法治定力，审堂下之阴而知天下之寒，把法商高、定力强的“关键少数”选好善用。

结　语

“关键少数”、“一把手”是我党执政兴国的重要砝码，也是治国之利器，更是习近平法治思想的注解者和实践者。“关键少数”的法治成色最终决定甚至主宰着中国的前途和命运。所谓国之大者，亦在于此。

习近平法治思想指导下法学人才培养

林多佳*

内容提要 中央全面推进依法治国的会议首次提出了习近平法治思想。应深度把握习近平法治思想作为法学人才培养根本遵循的核心要义，将习近平法治思想融入法学人才培养的教学活动中去，为高校建设有中国特色的社会主义法学教育体系；法学学科教师运用习近平法治思想提高自我素养，改革教学方式；法科学生重视法律职业伦理教育，全面学习和发展提供遵循的依据。

关键词 习近平法治思想；法学教育；人才培养；德法兼修

一、习近平法治思想在闽得以发展壮大

1985 年至 2002 年，习近平总书记在福建工作的 17 年间，先后于厦门市、宁德地区、福州市和福建省委、省政府担任领导职务。在福建工作期间，习近平总书记将法治治理思路与地方实际相结合，厉行法治，实现了法治路径从基层治理到地方治理的巨大转变。可以这么说，在正定工作期间是习近平法治思想的形成始源，在福建工作期间是习近平法治思想的重要发展阶段，而“法治浙江”的提出则标志着习近平法治思想的基本形成。①

在担任福建宁德地区地委书记时，习近平总书记就曾指出：“现在普遍反映法制不健全，这里既有立法的不健全，也有执法不力的问题，但解决这些问题不能脱离现阶段的国情，要立足国情不断健全、完善人民代表大会制度，推进社会主义民主与法制建设的步伐，逐步把我国的政治生活纳入法制化、制度化、民主化的轨道。”② 同时，习近平总书记还强调：“中国特色社会主义法治道路本质上是中国特色社会主义道路在法治领域的具体体现，要传承中华优秀传统法律文化，从我国革命、建设、改革的时间中探索适合自己的法治道路。”④可见，法治建设需要遵循客

* 林多佳，福建农林大学法律硕士研究生。

① 王宝治，陈康帅. 习近平法治思想的形成脉络 [J]. 沈阳师范大学学报（社会科学版），2021,45(3):1-9.

② 习近平. 坚定信心 奋发有为 把福建的现代化建设事业继续推向前进 [N]. 福建日报，2000-11-07(1).

④ 习近平. 在中央全面依法治国工作会议上的讲话 [N]. 人民日报，2020-11-18(1).

观规律、符合客观实际，不能超越或脱离现有的客观规律，同时法治建设也应当注重贯彻因地制宜的原则。20 世纪 90 年代末，习近平总书记在讨论闽东九县如何摆脱落后的经济状况时指出，除了要重点发展商品经济、引进外资以外，还要注重将法律同地方实际相结合，切实保护好外商的合法权益，进而吸引更多外资、留住现有的外商。[①]

在正定工作期间，“坚持依法执政、依法办事”的思想早已形成，在福建工作期间，该思想得以进一步发展与完善。习近平总书记曾强调：“法治政府建设是重点任务和主体工程，要率先突破，用法治给行政权力定规矩、划界线，规范行政决策程序，加快转变政府职能。”在福建工作时，总书记强调要从严治党，严厉惩治违法乱纪的干部，同时他也在工作报告中指出，依法治省，要结合福建省的实际情况，将依法治省提升为发展福建的战略之一；加强政府自身的法治建设，坚持依法执政，是发展市场经济的重要一环，也是政府治理的应有之意。[②]

在正定工作期间，总书记就已经提出了“要抓住领导干部这个‘少数关键’”这个重要思想，并出台了“六项规定”等措施，从严治党。到福建工作后，他带头遵守法律规定。在担任福建宁德地委书记时，他依法反腐，对那些违法私占土地、私建房屋、贪污受贿、以公谋私、违法乱纪的党员干部作出了严厉的处罚。在《发挥人大作用，把闽东的事业推向前进》一文中，总书记写道：“提交人大审议、决定的本地区重大决策，‘一旦形成决议或法规，政府部门就要认真贯彻落实，党组织和党员都要带头执行。’”[③]总书记也强调到：“公平正义是司法的灵魂和生命。要深化司法责任制综合配套改革，加强司法制约监督，健全社会公平正义法治保障制度，努力让人民群众在每一个司法案件中感受到公平正义。”[④]习近平总书记在这段论述中清晰的表达和论证了公平正义对于法治建设的重要性，也为发展“各级领导干部作为表率，身先士卒，尊崇法律、敬畏法律，坚持法律面前人人平等，维护司法公正的核心”这一思想理念奠定了理论基础。

“全国各族人民、一切国家机关和武装力量、各政党和各社会团体、各企业事业组织，都必须以宪法为根本的活动准则，都负有维护宪法尊严、保证宪法实施的职责。”[⑤]在担任福州市委书记时，习近平总书记就曾指出，在不与宪法、法律以及行政法规相抵触的前提下，结合本地的实际情况和人民的切实需要，以及邓小平同

① 学习大军. 习近平把“依法治省”作为新千年新省长的大战略 [EB/OL].（2014-10-22）[2022-01-29]. http://pinglun. youth. cn/wywy/shsz/201410/t20141022_5888443.htm.

② 习近平. 关于制定福建省国民经济和社会发展第十个五年计划的说明 [N]. 福建日报 2000-11-07(1).

③ 习近平.《摆脱贫困》[M]. 福州：福建人民出版社，1992:81.

④ 习近平. 在中央全面依法治国工作会议上的讲话 [N]. 人民日报，2020-11-18(1).

⑤ 习近平. 在中央全面依法治国工作会议上的讲话 [N]. 人民日报，2020-11-18(1).

志提出的“三个有利于”的标准，大胆且谨慎地去尝试。这样的举措也明确了宪法与改革之间的关系，为后续提出“重大改革必须于法有据”这一观点提供了现实依据。

二、习近平法治思想是我国法学教育和法学人才培养的根本遵循

自党的十八大以来，习近平总书记统筹中华民族伟大复兴战略全局和世界百年未有之大变局，为的是实现党和国家的长治久安，这些指导思想形成了习近平法治思想，而党中央将其纳入“四个全面”战略布局中，意义十分深远。在全面推进依法治国的大环境之下，若是要建设好法治国家、法治社会、法治政府，实现科学立法、严格执法、公正司法、全民守法，就必须加强对新时代中国特色社会主义法学人才的培养，建设一支忠于党、忠于国家、忠于人民、坚守法律的社会主义法治工作队伍。

法学教育是建设高素质法治工作队伍的重要一环。习近平总书记在考察中国政法大学时提出：“法治人才培养不上去，法治领域不能人才辈出，全面依法治国就不可能做好。”在考察中国政法大学时，总书记还强调到：“高校作为法治人才培养的第一阵地，要充分利用学科齐全、人才密集的优势，加强法治及其相关领域基础性问题的研究，对复杂现实进行深入分析、作出科学总结，提炼规律性认识，为完善中国特色社会主义法治体系、建设社会主义法治国家提供理论支撑。”除此之外，也不能忘记党对法学教育和法学学科建设的领导。“党的领导是中国特色社会主义法治之魂”，只有在党的坚强领导下，中国特色社会主义法治体系建设才能更加完善，才能从根本上保证我国的法学教育走在正确的道路上，所培养出的法学人才能够确立正确的政治方向，确保法治建设与法学理论研究的有序发展。[①]

习近平法治思想不仅包括了党和国家长期积累下来的法治经验，同时，在充分汲取优秀中华传统文化的基础上有选择地、辩证地借鉴学习外国有益的法治成果。[②] 因此，习近平法治思想应该成为我国法学教育和法学人才培养的根本遵循。其中，“十一个坚持”作为习近平法治思想的主要内容对于法学教育和法学学科建设具有十分重要的指导作用，并且，法学教育也是内含于其中的一项重要内容。虽然在“十一个坚持”中并没有哪一句话是对法学教育进行单独的概括凝练，但是在每一个坚持中都蕴含着对法学教育的要求，甚至可以说法学教育是实现这“十一个坚持”的前提和基础。[③] 正是基于此，法学教育的重要性才不言而喻，法学教育所

① 姚莉. 习近平法治思想的创新价值与法学“三大体系”建设 [J]. 法商研究，2021,38(2):15-25.

② 骆晓宇. 习近平法治思想指引下开放教育法学专业建设的思考 [J]. 高等继续教育学报，2022,35(1):60-64.

③ 刘长秋. 论习近平法治思想中的法学教育 [J]. 广西社会科学，2022(2):42-48.

培养出的人才也将成为建设法治国家的中流砥柱，有效保障法治中国的实现。

近年来，我国法学教育事业呈现出蒸蒸日上的趋势，人才培养的规模与质量也在不断提高，但这其中还存在着许多亟待解决的问题。一是很多法学教育只重形式轻实质、重专业轻思想，无法达到培养专业技术过硬、政治思想坚定、德才兼备的法学人才的目标。二是学科体系并不十分完善，还有许多新兴科目尚且不能归入现有学科体系之中，与其他学科的交融程度尚不足以解决现有的一些难题。三是理论与实际结合得还不够紧密，大部分本科毕业学生的能力水平还不能与社会的需要相匹配，许多优秀的实践经验还未能较大程度上的引进校园以供学习。[①] 四是教育资源分布不均衡，大部分的高校还处在人才外流、师资不足的状态中，就更不用提让专家学者来为学生们答疑解惑了。

解决上述问题的答案就藏在习近平法治思想中。习近平法治思想为其提供了重要帮助，为法学教育和法学人才培养指明了方向。法学教育和对法学人才的培养需要正确的理论支撑，而习近平法治思想是体系完整、内容丰富、逻辑严谨的，因此，要以习近平法治思想为理论依据建立健全符合我国国情的法学学科体系，为完善中国特色社会主义法治体系、建设社会主义法治国家提供理论基础。除此之外，习近平法治思想还明确了我国法学教育和法学人才培养的根本方向，奠定了我国法学教育和法学人才培养知识体系的方向，强调我国法学教育和法学人才培养需注重实践能力的培养与道德水平的修养。

三、习近平法治思想对法学教学实践的指导意义

“少年智则国智，少年富则国富，少年强则国强，少年独立则国独立，少年自由则国自由。”新时代的法学学子作为推动依法治国的一股新兴力量，除了要学好课本中的知识外，同时也需要培养优秀的道德品格，树立正确的职业道德伦理，这其中既需要学生们自身的努力学习，也需要学校、教师的鼎力帮助。同时，还要着眼于习近平法治思想，因为习近平法治思想不仅是推动法学教育高质量发展的明灯，更是培养德才兼备的高素质法学人才的根本遵循，所以，在考虑到上述三个方面因素的同时，也需要以习近平法治思想作为学习和教学的根本依据，切实推进法学教育事业的发展。

（一）法学院校：建设有中国特色的社会主义法学教育体系

1. 建设具有中国特色的法学学科

中国近代的法学教育始于清末，是在国家积弱、爱国的有志青年救亡图存的状

① 马怀德. 法学教育法治人才培养的根本遵循 [J]. 中国党政干部论坛，2020(12):50-53.

态下引入中国的。在需要大量现代法学人才的情况下，中国法学教育的规模不断扩大，在教学模式与人才培养方案上大多借鉴的是美国、日本、德国等发达国家的教育模式。虽然这暂时缓解了我国法学人才匮乏的状况，但是，由于文化的差异，特别是在初期，不论是法律条文还是法学理论，我国学者都过于倚重和相信西方的知识理论，所以很多问题就在教学的过程中暴露了出来。

西方国家以及大多数非社会主义国家所信奉的正义观、价值观与我国存在较大的差异。西方法学理论强调以“权利本位”为法治的基础，国家和社会注重对个人权利的保护，主张“法律设定义务的目的在于保障权利的实现”[①]。而我们的传统文化则与之相反。曾经灿烂辉煌过的中华法系给中华民族留下的文化土壤使得后续洒下的法学教育的种子带着中国传统法治文化的影子，例如“非讼”的文化传统、“天理、国法、人情”一体化的认知以及“化民成俗”的法治教育理论等，这些都深深地影响着现代中国人的法治观念。[②]而且，随着时代的发展与社会的变迁，我们积累了大量的实践经验与实践成果，在坚持文化自信的基础上，深入研究习近平法治思想重要课题，大力弘扬中华优秀传统文化，不断推进学科创新，构建具有民族性、时代性、原创性、专业性与系统性特色社会主义法学教育体系。

习近平总书记曾指出，我们有自己的文化背景，有自己的体制机制，有自己的国情，我国的国家治理有其他国家所不具有的特殊性与复杂性，同时，我们也拥有自己长期实践积累下来的宝贵经验，因此，我们更要有底气和自信，兼收并蓄、取其精华、去其糟粕、以我为主，努力以中国智慧与中国实践为世界法治文明作出贡献。基于此，我们更要以中国的文化背景为土壤，结合自身国情，建设好具有中国特色的社会主义法学教育体系。

2. 强化法学新学科教育

身处信息化时代，科技不断推动着社会向前发展，社会生活变得更具多样性与复杂性。但是，传统法学因着自身视野的限制，已经逐渐跟不上时代飞速变化的脚步，不断地受到新生事物、新兴文化的强烈冲击和挑战，法学学科与其他学科的交叉融合变得势在必行。这就要求我们要承认并接受包括生命法学、人工智能法学、党内法规学等等一系列的新型法学学科，推进法学与社会学、经济学、管理学、心理学等等学科进行融合交汇，创设新型交叉学科并在教育部的学科目录中对这些科目予以确认，同时促进学生们不断广泛学习、拓宽视野、深度研究、筑牢基础、全面发展。[③]当然，学科间的交叉融合问题需要得到人们的重视，但同时也不能忘记，

① 刘长秋. 论习近平法治思想中的法学教育 [J]. 广西社会科学, 2022(2):42-48.

② 李佳穗. 以习近平法治思想为引领构建新时代中国特色法学教育体系 [J]. 中共四川省委党校学报, 2021(6):14-21.

③ 刘长秋. 论习近平法治思想中的法学教育 [J]. 广西社会科学, 2022(2):42-48.

一切的创新与发展都是要在习近平法治思想这个根本原则的指导下进行的。

如果仅仅只是推动学科间的融合，还是远远不够的。法科学生便是穷尽一生也无法掌握世上现有的学科知识，因此，除了将法科学生培养成为能建设法治国家的栋梁之材外，还应当将目光投向其他专业的人才上，开设适合其他专业学生的法学教育课程，特别是要注重“习近平法治思想概论”等公共课程的教育。通过各门课程相互协作、各个环节相互协调，例如高校组织教师进行集中备课等方式，帮助公共课程与法学基础课程以及与其他学科课程之间建立起有效的协同机制和衔接机制，使课程间存在共同的教学目标、丰富的教学内容、共享的师资配备、协同的考核方式。① 同时，也可以编写一些适合非法学专业学生、契合他们专业的法学教育教材，帮助非法学专业学生提高自身法律素养，为全民守法打下坚实的基础。

除此之外，为适应新学科的教学工作，在不断更新法律条文的同时，也不要忘记更新教材。因为学生一开始学习的时候先接触到的是教材，而非各种法律法规、判决案例，所以，教材对于法学学生一开始打基础具有重要的作用，及时更新教材之事不可小觑。同时，为了帮助更多法科学生在掌握传统法学理论的同时，能够更好地了解到学科前沿的动态，除了借助自媒体、网络等工具，还需要各大高校建立起资源共享的平台，加强学术交流，打破学术资源的壁垒，推进资源共享和学科深入融合。

（二）法学教师：运用习近平法治思想提高自我素养，改革教学方式

1. 大力改革教学方式

社会在不断地更新变迁，为满足社会生活的需要，我们完善立法的脚步也在不断地加快，每年出台的新法新规不在少数，这就要求法学教师们不断地将它们更新于自己的知识体系中。在巩固传统法学理论的同时，也要深度把握习近平法治思想，结合国情，运用现代科技手段，对新问题、新观点、新理论作出“创新守正”的新解答。②

“实践是检验真理的唯一标准。”现代生活所产生的法律问题纷繁复杂，如果只是照本宣科地将法学传统理论教授给学生，而不注重实践，那么所教出来的学生大多也只会墨守成规、因循守旧，无法真正成为推动中国法治建设的人才力量，更无从谈起建设法治国家。因此，要将理论与具体实践相结合，让学生学会以问题为导向，向一名律师，或是一名法官，抑或是像一名检察官一样去思考和学习，将抽象的课本理论与具体的社会法律问题相结合，制订出有针对性的教学培养方案，为我国培养德才兼备的优秀人才。

---

① 张文显. 如何讲好《习近平法治思想概论》[J]. 中国大学教学，2021(9):4-11.

② 陈晨. 习近平法治思想下法学本科教学再思考：以刑法教学为切入点 [J]. 高教学刊，2019(12):114-116.

同时，在教学中也需要向学生们讲明我国现阶段的国情和法情，将我们建设法治社会的有利条件与突出问题展示给学生们看引导学生们深刻认识国情、党情、世情以及法情，认识现阶段我国法治建设的水平以及欲达成的目标。不要照搬照抄他国的法治体系和法治模式，“外国的月亮也不总是那么圆”的，一直向学生们鼓吹外国的制度只会使学生们感受到知识理论与现实国情的不协调，制度与现实的水土不服，对于法学教育只会是贻害无穷的。因此，法学教师在教学时更要注重将习近平法治思想对于优秀中华传统法律文化的情怀、态度讲清楚，将习近平总书记传承和发展中华优秀传统法律文化、红色法治文化的实践展示给学生们，引导学生们坚定文化自信，通过学习去深度研究和传承中华优秀传统法律文化与红色法治文化。①

习近平总书记认为，司法改革的核心是要“努力让人民群众在每一个司法案件中感受到公平正义”，为此，就要向学生们解释何为“公平”、何为“正义”。有针对性地将社会热点时事、司法考试案例引入到教学中去，能够更好地帮助学生们把握公平正义的内涵，理解法律条文的立法原意，培养学生们分析问题、解决问题的能力。同时，也要注重教学的形式，善用一些学习 app，能够提升学生主动学习的兴趣，丰富学习内容。运用学习 app 也能够帮助学生们学习和了解到其他学科的相关知识，这也拓宽了学生们的视野，能够使学生们全面地学习、全面地发展。②

2. 深入学习并掌握习近平法治思想，提高自身素养

只有一流的师资队伍，才能培养出一流的人才。克里希纳摩提曾经说过，教育的重点问题并不在学生身上，而在于教师自身。因此，想要培养出优秀的法律人才，首先要求广大教师“德法兼修”，不仅能够将理论与实践进行结合，业务精湛，同时更注重自身的修养，具有优秀的师德师风，教育者须知教学育人须先正己，而后才能正人，因此，法学教师要时刻以习近平法治思想为教学工作的根本遵循。法学教师还应当具备一定的社会洞察力，能够深刻的洞察社会现象。此外，法学教师还应该具有无私的奉献精神与情怀担当，正所谓“俯首甘为孺子牛”，愿意将有限的时间与精力投入人才的培养上。近几年来，教育部大力推行“破五唯”的政策，为的是强调法学教育要以人为本，倡导法学教师要将精力和时间花在教学上，而不是跟风扎堆“写文章”。法治人才的培养事关国家的法治建设，任重道远，更需要法学教师在教学中去精耕细作，唯有细心浇灌才可能开花结果。当然，这其中也需要高校为法学教师提供教学的氛围，完善评价激励机制，为法学教师全身心投入教

① 张文显. 如何讲好《习近平法治思想概论》[J]. 中国大学教学，2021(9):4-11.

② 陈晨. 习近平法治思想下法学本科教学再思考：以刑法教学为切入点 [J]. 高教学刊，2019(12):114-116.

学工作创造良好的条件。[①]

当然，除了将课本上的知识传授给学生以外，法学教师还应当将正确的价值观传递给学生们，教会学生明辨是非、弘扬正确的价值观，时刻将习近平法治思想牢记心中，使其能够成为建设法治国家的中流砥柱。应当注意的是不能让“德法兼修”与人才培养之间存在着“空对空”的理论渗透的状态，而要大力为学生们创造条件和环境，让学生们能够亲身经历和感悟法治实践，并且在实践中加强对法学理论的掌握和理解。

（三）法科学生：重视法律职业伦理教育，全面学习和发展

1. 重视对法律职业伦理教育课程的学习

随着法学教育的不断发展，国家对于培养法学人才提出了新的要求。国家从党的会议政策、国家司法考试的考试要求以及卓越法律人才培养计划这三个维度要求设置并引导法科学生深入学习法律职业伦理课程。2021 年初召开了全国政法队伍整顿会议指出，随着我国反腐倡廉行动的深入，一些潜在的违法违纪行为被曝光，不公、不严、不廉等问题逐渐暴露了出来。这些问题所带来的社会危害是巨大的，因此，要想推动全面依法治国，我们需要进一步加强建设德才兼备的法律工作队伍，需要储备兼具专业性与道德修养的法律人才。[②] 为防范政法队伍里面出现这样的问题，早在 2017 年时，国家教指委就将“法律职业伦理”这门课程作为所有法科生的必修课程之一，并且在法律职业资格考试中，将有关法律职业伦理的题目总分值不断提高。

此外，在中央全面深化改革委员会第六次会议上习近平总书记提出，法治队伍需要革命化、正规化、专业化以及职业化，这“四化”的提出也暗示着法律职业伦理教育的重要性。作为政法队伍建设的“预备役”，将“四化”作为自己学习、工作的目标。在这样的背景下，国家将法律职业伦理教育的地位提升至一个前所未有的高度，为的是帮助学生们在踏入社会之前树立好正确的职业道德观、培养好自律的意识。[③]

2. 提高全面学习、自主创新的意识

法治国家、法治政府和法治社会的建设有赖于具有良好法学素养的专业人才，并且，当这些法学人才进入到相关岗位更会从各个方面向所有人展示出我国的法治

---

① 梁平. 新时代“德法兼修”法治人才培养：基于习近平法治思想的时代意蕴 [J]. 湖北社会科学，2021(2):27-32.

② 柴荣. 高素质政法队伍的职业伦理培育探析：以传统法文化为视角 [J]. 人民论坛，2021(22):100-102.

③ 郭剑平. 我国法学教育的目标定位及其教学改革要点探析：以统一法律职业资格制度为分析视角 [J]. 高教论坛，2020(11):10-14.

水平，成为对外展示的“窗口”，正是因为这个原因，对法学人才的培养更加成为建设法治道路的重要一环。社会日新月异，为了适应社会发展的要求，法律法规也在不断地更新，法学学子在不断更新知识的同时，更应当注重对于自身的法治思维和法治意识以及对于精神世界的塑造。平日里除了学习课本中的知识外，也应当注重深入学习和掌握习近平法治思想的精神内核，牢牢把握并领悟全面依法治国的重要性，努力参与到法治国家、法治政府、法治社会的建设中去，为建成具有中国特色社会主义的法治道路奉献出自己的力量。

此外，习近平总书记也多次强调，中国的法律人应该做中国的学术创造者、理论创新者、贡献者，而不只是西方理论的“搬运工”。西方理论或许有值得学习和借鉴的地方，但绝不是将其照搬照抄变成自己的理论，更不能将其生搬硬套地用在自己身上。我们需要在国际上拥有自己的话语权，这就更需要我们自主研究、创新具有中国特色社会主义的法学理论。要做到这些，就需要培养学生们自主创新的能力，从一开始就要帮助学生们树立起自主创新的意识，提高法学学者理论研究的自主性。习近平法治思想中关于学术创新、理论自主研究的阐述也对学术创新、理论自主研究提供了行动指南，指明了正确的方向。

基于全球一体化的环境背景，法科学生们也要拓宽学习的范围。由于新冠肺炎疫情的持续传播，世界正处于百年未有之大变局中，国际间的交流愈加频繁。根据司法部的统计，自 2018 年起至 2020 年，我国所受理的涉外仲裁案件数呈现出增长的趋势，且案件当事人来自 100 个国家及地区，这就要求我们国家需要配备有足够多的精通国际法律规则、能够维护国家利益的高素质涉外法律人才。[①] 但是，就目前所统计出的数据来看，我国的涉外法律人才远远不能满足社会的需要，特别是能够作为仲裁员参与国际商事仲裁的法律人才以及能够代理涉外法律事务的人才。[②] 除此之外，很多高校也并未重视对涉外法律人才的培养，甚至于很多法学生在大学快毕业时还在想方设法通过英语四级考试。涉外法律人才除了要掌握法学相关知识外，更重要的是，要能够熟练运用外语，但是，目前很多法科学生并未重视外语科目的学习，就更不用说去了解、学习他国风土人情这些更为细碎的知识了。在这种情况下，全面学习就无从谈起。除了涉外人才需要全面学习各种技能、知识外，许多新兴行业也需要既懂法律知识，也懂其他交叉学科理论的法律人才。大量的法律人才空缺需要年轻一代的法律人、法科学子去填补，因此，作为一名法科学生，要时刻坚持国际和国内相关联的科学方法和法理思维，深刻把握习近平法治思想作为

① 姜丽丽. 加快中国特色涉外仲裁人才培养步伐 [EB/OL].（2021-09-08）[2022-01-30]. http://www.xyac.org.cn/index. php/index/msgcon/id/796. html.

② 李佳穗. 以习近平法治思想为引领构建新时代中国特色法学教育体系 [J]. 中共四川省委党校学报，2021(6):14-21.

推动文明发展和全球治理体系变革等一系列概念的重要性，时刻将习近平法治思想牢记心中，坚守职业伦理，坚决拥护党的领导，大力弘扬我国优秀传统文化，坚持全面学习、全面发展。[①]

四、结语

世界正在经历百年未有之大变局，在动荡的时局中，中国如何把握好时机，推动国家社会、经济、文化等方面有序发展，推进全面依法治国，有赖于法律人深度学习贯彻并落实习近平法治思想。希望通过探寻习近平法治思想的形成始源到成熟确立的过程，我们能够更好地把握习近平法治思想对当下法学教育的指导与影响，并从学校、教师、学生这三个角度提出培养优秀法学人才的具体方案，在着眼于“十一个坚持”的同时，补足我国法学人才培养方案中的缺失，并力求能够为建设具有中国特色的社会主义法治国家、法治政府、法治社会添砖加瓦。

① 王琦，张晓凤. 习近平法治思想中的法学教育理论 [J]. 海南大学学报(人文社会科学版)，2021,39(5): 39-46.

三 会议综述

习近平法治思想引领新时代法治人才培养

——首届（2022）福建法学教育论坛会议综述

刘巧兴*

2022年7月31日，由福建省法学会主办、闽江学院法学院承办的福建省法学会法学教育研究会成立大会暨首届福建法学教育论坛在闽江学院成功举行。来自中国法学会法学教育研究会、华东政法大学、厦门大学、福州大学、福建师范大学、福建农林大学、华侨大学、集美大学、闽南师范大学、福建工程学院、江夏学院、福建警察学院、厦门大学嘉庚学院、仰恩大学、阳光学院、福州市中级人民法院、北京京师（福州）律师事务所和闽江学院等单位的学者和法律实务界人士共百余人参加了论坛。中国法学会党组成员、学术委员会主任、中国法学会法学教育研究会会长张文显，福建省委政法委分管日常工作的副书记、福建省法学会党组书记、常务副会长李杰鹏，华东政法大学党委书记郭为禄，闽江学院校长王宗华，高等教育出版社党委委员、副社长王卫权分别在成立大会上致辞。成立大会由闽江学院副校长李新贤主持。福建省法学会研究部主任吴长乐宣读福建省法学会《关于依托闽江学院法学院成立福建省法学会法学教育研究会的批复》。闽江学院法学院名誉院长柳经纬担任福建省法学会法学教育研究会会长，中国政法大学校长马怀德和教育部政策法规司原一级巡视员王家勤担任研究会顾问。

成立大会之后，论坛举行了以“习近平法治思想与新时代法治人才培养”为主题的学术研讨，与会专家学者就习近平法治思想与新时代卓越法治人才培养、新时代实践性法治人才培养、习近平法治思想与法学教育等方面展开了热烈讨论。

一、习近平法治思想与新时代卓越法治人才培养

习近平法治思想是顺应实现中华民族伟大复兴时代要求而形成的重大理论创新成果，是马克思主义法治理论中国化最新成果，是习近平新时代中国特色社会主义思想的重要组成部分，是全面依法治国的根本遵循和行动指南。作为法学教育工作者，必须认真学习领会习近平法治思想，吃透其基本精神、把握其核心要义、明确

* 刘巧兴，法学博士，闽江学院法学院法律系主任。

工作要求，切实把习近平法治思想贯彻落实到新时代卓越法治人才的培养全过程。

厦门大学近几年将习近平法治思想融入法治人才培养的全过程，厦门大学法学院副院长朱晓勤教授认为可以分四步走：第一步学文件寻目标，找好工作出发点；第二步定方案推举措，抓稳工作切入点；第三步组团队开课程，筑牢工作支撑点；第四步抓求专业特色，发掘工作闪光点。朱晓勤教授指出首先要重视“学文件”，厦大法学院组织教师认真学习教育部下发的包括《关于推进习近平法治思想纳入高校法治理论教学体系的通知》等在内的重要文件，制订《厦门大学法学院关于推进习近平与法治思想纳入高校法治理论教学体系的方案》、《厦门大学法学院课程思政实施方案》等等具体的管理文件。接着，厦大法学院从课程建设、教材建设、师资队伍建设和科研方面入手推进习近平法治思想融入法治人才培养全过程。在课程建设方面，学院组建了专班的师资人才，学院以法理学教研室师资为主吸纳了比如说国际法的教研室的师资，组成了“习近平法治思想概论”专班教学团队；学院组织“习近平法治思想概论”的集体备课会，发挥基层教学组织——课程组的作用，确定教学目标，精心设计教学内容，要求上课的教师读好、言重、深研、细悟习近平总书记的相关讲话精神，严格按照指定教材的内容来编排制定教学大纲。在开设“习近平法治思想概论”这门核心课程的基础上，学院也鼓励相关的教研室的老师，比如说宪法、行政法、法律史、国际法等学科的老师更新教学内容，完善知识体系，提高教学水平，在专业课程上发挥有教育人的能力。另外，学院结合习近平法治思想积极推进课程思政计划，学院成立了课程思政工作领导小组，从思路攻坚、师资攻坚、教材攻坚、教法攻坚、机制攻坚等方面入手进行课程思政建设。在科研方面，学院非常鼓励教师积极申报习近平法治思想的相关课题，发表相关的论文，以此来提升教师的学术内涵，来推动教学内容的更新，课程设计的完善，方法手段的创新以及达到更好的教学效果。最近几年来，学院教师已经取得了一系列相关的重要科研成果，主持完成诸如“习近平同志在厦门、宁德的法治实践与理论”等重大课题。2018 年 11 月由中共福建省委办公厅和厦门大学合作共建的厦门大学党内法规研究中心成立，2019 年至今中心招收党内法规方向的法律硕士研究生、博士研究生，并且和福建省委办公厅法规局合作探索建立党内法规人才实践培养的模式。法学院还组织举办了至上法学大讲堂，邀请国内知名法学家开展关于习近平法治思想的理论构思等重大学术讲座。

在全面推进依法治国的宏大图景中，新时代法治人才培养是全面依法治国的重要组成部分。福建师范大学法学院院长杨垠红教授介绍福建师大法学院的做法。法学院以教育部卓越法治人才培育 2.0 版为基础，培养以跨学科交叉融合为模式的复合型法治人才的培养作为在新文科背景下卓越法治人才的有效路径。跨学科交叉融合的人才培养模式，是以培养德才兼备的高素质社会主义法治人才为目标，注重培养法科学生的思想道德素养，在课程体系设置、专业内涵发展、虚实相济培养、理论实践结合、国内涉外并举等措施中促进法学教育“文文”“文理”“文工”的跨学科、跨理论、跨实践的交叉相融和创新实践，进行相应的资源整合和要素的重组，打破学科专业藩篱、弥合理论或实践隔膜、集聚校内外的平台、实现国内涉外的协同，纵深服务学生的个性化发展和全面成长，提高法学学科人才培养质量，铸造一批复合型法治人才。杨垠红教授认为传统的法学教育中人才培养还存在不少需要解决的问题，首先需要加强政治引领作用，以习近平法治思想为指导，深化思想政治课程改革，坚决巩固思想政治对专业课程的统领作用。其次，要深化跨学科专业内涵，以问题的导向推进学科融通，培养交叉复合型的高素质人才，紧紧围绕新时代新领域的重大问题，紧扣全球和中国法治前沿主题，启动制度化、常态化的法学知识更新工程。在传统课程当中，融入新的因素，如大数据、互联网金融、人工智能等，以跨学科跨学院跨界的创新团队和工作坊为依托，开展数字经济、前沿科技与法律的交叉研究与讲授，来回应我们时代新的需要。再次，应该丰富虚实相济的培养方法，以国家级虚拟仿真课程为抓手，借助现代信息技术，加强法学专业的现代化建设。师大法学院以国家级虚拟仿真课程建设为先行，推动虚拟仿真系列课程和省级虚拟仿真的中心的建设，让学生能够身临其境地参与案件，同时联合央地共建的法学综合实训平台和实务部门的数字化的法治实务资源，构建智慧教学模式，让学生在校园当中就能够接触到真实的案件材料、与实务专家进行交流，为疫情常态化之下的法学教学提供全时空的便利性。最后，应当加强国内涉外的并举模式和涉台人才培养，作为特色的国际合作育人，加快国际化人才培养与产出；对接“一带一路”、中央法务区等国家战略，增设比较法、外国法前沿、小语种课程以及“一带一路”沿线国家一些法律文化知识的课程与讲座，提升法学专业的国际化水平。

江夏学院法学院院长林贵文教授在发言中指出在习近平法治思想的指导下，新时代法治人才培养有新的需求，有新的现象：全面法治建设要求培养卓越法治人才，新时期的大国崛起要求培养涉外法治人才，新科技革命的技术发展要求培养卓越的数字法治人才、交叉学科人才。林贵文教授认为传统的法治教育比较重视司法人才培养而忽略其他相关领域，重视国内法学人才培养而忽略涉外法治人才培养，重视学科本身培养而忽略对相关学科的交叉融合。因此，对全面培养卓越法治人才第一要重视立法人才特别是地方立法人才的培养，因为未来国家治理能力的培养，立法能力是核心。第二要重视公共管理人才培养，从中央到地方，从 2018 年卓越法治人才培养的建议到现在一直强调关于公共行政管理领域人才特别是行政处罚等相关领域法治人才的培养。第三要重视基层社会治理法治人才的培养，让法学教育人才触及国家基层，助力新农村建设。第四，要重视培养卓越的涉外法治人才，中国作为国际负责任的大国，我们法学领域也应该在建构国际规则、参与国际事务处置方面有所贡献。第五，要回应新时代科学技术，培养卓越数字化法治人才。要重视新时代下对新技术和法治人才的交叉融合培养，把新文科和卓越法治人才培养合二为一。卓越法治人才应该有三个面向，面向学生在依法治国领域的综合性的基本素养，面向学生的法学基础核心素养，面向学生实践的基本素养。江夏学院法学院通过整合 9 个省级学科和科研平台，将学科平台与教学相结合，重点从学生实践入手夯实法学基础。实践法治人才培养，校外实践的地点就不能局限于法院、检察院、律师事务所，应当增加行政部门、社会组织等各种机构。校内实习实践按照实践教学、按照模块教学进行模拟训练，鼓励教师和科研平台聘请学生助理，作为重要的实践教学环节。江夏学院法学院还要求全体老师开展读书会、举办各种专题讲座，提升法学院的整体素养。

闽江学院法学院副院长林安民教授从法律人才与法治人才培养的转变着手，分析了习近平法治思想融入法学教育的思维转向问题。林安民教授梳理了 2012 年以来教育部对我国法律人才培养的指导性文件，提出需要厘清习近平法治思想与法治教育的逻辑关系。我国要建设社会主义法治国家，要有我国自己的基本模型，要通过培养法治人才，建设高素质的法律队伍，我们才能够完成建设具有中国特色的社会主义法治国家的最终目标。因此，以习近平法治思想为指导的高校法律教育是法治人才培养的重要途径。我们目前法治教育还存在一些问题：一是忽视思想政治教育，二是学科比较片面单一,三是缺乏时代性。因此，要把习近平法治思想纳入法学教育的课堂是培养高素质法治人才的根本指南。只有以习近平法治思想为指导的课程思政才能培养出高素质的法律人才。作为普通新办的本科院校，闽江学院法学院应该按照习近平总书记提出的“不求最大，但求最优，但求适应社会需要”的办学理念，培养创新型的法治人才。高校法治人才的培养，不仅要重视理论传授，更要适应社会需求重视实践性能力培养。从法律人才到法治人才，习近平法治思想蕴含着丰富的法治思维，各大高校根据自己的特色去培养符合社会需求的有一定专业技能的有灵魂的法治人才。

福建警察学院法律系主任何炜玮教授作了题为“习近平法治思想引领公安法学教育的理论与实践”的发言，分别从公安法治教育现状、习近平法治思想对公安法治教育的引领性作用、公安法治教育实践中贯彻落实进行习近平法治思想等方面展开论述。何炜玮教授首先介绍了公安院校的本专科办学模式、招生模式和毕业生参与公安联考的情况。公安院校严格按照习近平总书记提出来的，推进法治专门队伍的革命化、正规化、专业化、职业化的要求，有针对性地编制人才培养方案，明确人才培养目标建设。因此，公安院校的司法类和普通类学生的录取分数和就业率都比较高。其次，何炜玮教授认为从培养目标维度出发，由于公安院校培养的法学人才大多进入公检法体系，因此必须重视习近平法治思想在公安法学教育中的引领性作用，不仅讲好“习近平法治思想概论”这门课，还必须将习近平法治思想贯穿到法学教学的每一门课程中，有针对性地进行集中研讨、集中备课。贯彻落实习近平法治思想还体现在对公安院校学生的日常管理和个体品质的培养上。在校外见习实习任务中，在承担各种大型活动的安保任务中，公安院校非常重视对学生政治素养和思想品质的训练，保证在习近平法治思想的指导下高质量地完成各项训练和任务。

就如何讲好习近平法治思想课程，厦门大学嘉庚学院法学院院长侯莎副教授做了题为“新时代法治人才培养目标下习近平法治思想‘1 + 2 + 3’教学模式”的发言。嘉庚学院法学院采取教学指导委员会共同指导，“全员参与，分装教学”的方式，要求全体法学专业教师积极开展教研活动，认真进行教学设计，初步探究出符合法学院自身学情和教情的“1 + 2 + 3”教学模式。首先，“1”是以学生为中心培养法治人才。2003 年嘉庚学院从建校伊始就坚持以学生为中心的理念，从教学层面就是教学活动要紧紧围绕着人才培养这一核心目标。在教学设计时，要把教学的着眼点从“我教什么”转变成为“学生学到了什么”。不同于传统法学专业课程是以知识教学为主的教学模式，“习近平法治思想概论”这门课程的教学应该加强的是意义教学和理念教学，让学生真正在心里产生对习近平法治思想的一种认同，从而从“被动学”当中解放出来，形成“主动学”的自觉。其次，“2”是“2端”，良性互动下的教师端与学生端。学院要求授课老师认真学习研究习近平法治思想，随时做好与学生深入探讨专业的论题和衍生论题。法学院层面也做充分的准备，比如说通过法学院教工党支部专题学习会、学院学术交流平台、学者茶座和各级教学竞赛活动等，赋能每一位授课教师，帮助其搭建自己“因教促学，以学促研，学研助教”的学术“飞轮”，并促成法学院全体教师“共教共研”的良好氛围。在学生端而言，互动教学最主要就是调动学生主动学习的意识。以“习近平法治思想概论”为例，在课程设计时结合 16 周教学周的安排，前 2 次课绪论重点阐述习近平法治思想的时代背景、鲜明特色、理论体系以及重大意义。学院要求在授课过程中每一个章节都要有教学引入环节，让学生能够置身于自己的论题场景中主动思考并与老师互动探究。在 16 次课的最后 2 次课，设置 4 个课时的习近平法治思想经典研读与社会调研，要求学生提前准备，完成相关经典著作研读或者社会调研任务。也就是说，在学生端是以学生为主体，让学生将这门课程的内容进行深化从而实现真正的有效教学。再者，“3”是“三阶梯”，从构建“习近平法治思想概论”

课这门课程到具体的法学专业课程再到法学实践教学课程的三阶梯模式。"习近平法治思想概论"课程是居于法学核心专业课体系中的核心地位，让同学们在进入大学伊始就学习有利于树立科学的全局的中国特色社会主义法治观念，为后续的具体的法学专业课程学习过程奠定基础。接着将第一阶段所学到的内容去具体地学习法学专业课程并开展法治实践可以进一步深化对习近平法治思想的认识，增强学生对习近平法治思想的政治认同、思想认同、理论认同和情感认同。第二个阶梯，学院强调通过融入式的教学提升教师和学生自觉利用习近平法治思想指导具体的法学专业课程学习的能力和意识，这个阶段强调的是"融"，避免"两张皮"式的教育。第三个阶梯是到法治实践的教学，法学院非常注重通过具体的法律实践转化理论教学，力求让学生在学到的基础上会用。除专任教师之外，学院长期聘请一批在业界广受好评且执业年限超过 20 年以上的具备法官、检察官、律师等职业背景的资深实务专家为同学们开设的专业讨论必修课。接下来如何利用现有的实践教学资源把习近平法治思想有机地融入法治实践教学当中，是将来教学工作的重点。

二、新时代实践性法治人才培养

新时代法学人才不仅需要扎实的法律基础，还必须兼具国际视野和实践能力。福州大学法学院副院长李智教授结合国际法和体育法的交叉学科，作了题为"新时代我国体育法治人才培养问题探讨"的报告。李智教授指出，大学教师的本职工作是培养专业务实的能够满足社会需求的人才。从我国体育法治人才培养的角度出发，随着我国社会主义事业的高速发展，体育法学科有了一定的独立性，需要处理兴奋剂、公平竞争纠纷等诸多事宜；在新的体育法出台后，体育仲裁机构进入筹备阶段。另外，体育法治人才的实践性特征明显，还必须具备涉外性。因此，在制定培养方案过程中，有必要拓宽体育法治人才的适应面。在新时代，体育组织、体育数据、体育赛事转播、体育形象代言、体育赞助、涉外赛事组织与承办等方面都需要专业的法务团队参与。体育法治人才培养方案不仅要重视传统民商事领域、非诉仲裁领域，还必须重视行政法和国际法的素养，特别是国际体育组织规则、重要国际法律法案的实操能力。对在什么阶段培养和培养目标的确定方面，李智教授认为应该在硕士阶段有针对性地招收体育法治人才，且目标面向律师和公司法务群体。截止到 2018 年，美国大概有 200 多个学校开展体育法教学科研工作。我国应该重视打造高校体育法学教育联盟，资源共享，完善体育教学实践场景，这样才能快速推进我国体育法治人才的培养。

对于普通新办本科，院校合作能够迅速提高本学院培养法学人才的质量。仰恩大学法学院副院长王晓丽老师认为只有构建在习近平法治思想指导下的校院合作下的法学专业实践教学体系才能最大限度达到法治人才培养的目的。王晓丽老师援引习近平总书记关于法学学科的表述作为建设法学实践教学的方向，认为要处理好法学知识教学和实践教学的关系，要打破高校和社会的界限，将实践教学资源引进高校。职业教学是法治人才培养的重要环节，为全面依法治国培养高素质法治人才是我们当前法学院校的首要任务。作为高素质法治人才要掌握扎实的知识和熟练的管理技能，在理论教学和实践教学中形成配合有机统一的人才培养体制。要正确处理理论教学与实践教学的关系，两者应当并重，同等对待，给予同等的重视。高校院所合作是实践法治人才在培养的重要途径。习近平法治人才培养思想明确提出，要建立有关部门联合培养新机制。法治人才在培养过程中要充分发挥法院、检察院、律所等实务部门的积极作用，可以从四个方面推进协调育人，打造新时代法学实践教学体系。一是校、院、所协同构建双主体的课程思政平台，一方面要求老师在实践教育过程当中要开展课程思政，组织学生到实务部门去实习实践，了解法律的实际情况，树立法律意识，保有公平正义的理念。另一方面聘请实务专家参与实践课程的教学，融入法律职业人品教育。二是以校、院所为平台打造专兼并用的“双师型”教学团队。三是教育者共同建设课程资源。四是以校、院、所为例构建四个模块三层次学习的实践课程教学体系。仰恩大学法学院将实践教育体系内容分成四个模块，对三个层次的能力的培养，贯穿于大学四年，然后根据不同能力设置组成的课程实践环节，导入模拟法庭辩论、假期调研、专业见习实习等内容，形成对学生实践能力的综合培养。

对于如何在大学本科四年的教育过程中培养高质量的法学专业人才，各位专家学者各抒己见。闽南师范大学法学院何东平教授重点从培育政、产、学、研平台的角度谈对卓越法治人才的培养。何东平教授将闽南师范大学法学院学科建设经验和人才培养模式归纳为政、产、学、研联合培养平台。第一个环节是联合各主体打造政、产、学、研平台，“政”主要指政法委、检察院、法院等；“产”主要指行业组织，像漳州律师协会、一些企业联合会，“学”和“研”主要指高校和科研机构，比如闽南师范大学的法治漳州研究中心。开展工作主要指四个方面：引进来，走出去，下基层，接地气。对于引进来，法学院设计了法官论坛、检察官论坛、律师论坛，坚持了十几年。对于走出去就是学院的教授经常去普法，去宣传闽南大学法学院。法学院不仅通过法律援助工作站让拥有律师执业资格证书的教师带领学生下沉到基层从事法律援助服务，而且以法治漳州研究中心为平台开展接地气的法学实践人才培养。闽南师大法学院这些年以新文科背景下的学科融合、法学教育智能化和普法情景剧等项目为依托，申请了省级一流课程，达到卓越法治人才培养、法学院素养提升双赢。

福建师范大学法学院的林少东副教授向论坛汇报了“三全育人诊所法律教育创新与实践”的研究。林少东副教授认为诊所式法律教育是一种融合多种资源多种路径的法律人培养方式。法律诊所教育是门艺术，不仅需要传授专业法律知识，又是实践意义很强的教学过程。目前法律诊所发展存在三个方面的问题，第一个问题是高校和实务部门之间存在体制壁垒，校内外诊所教育资源缺乏有效整合，“双师型”师资不足，精力投入得不到保障。校外优质实案资源未能得到充分引进，诊所教学中多以虚拟的简单案件为演练对象，部分司法实践中的真实案例经过改编之后搬进校园诊所往往降低了法律关系分析的复杂性和待解决问题的综合度。第二个问题是传统的诊所教学，呈现模块的碎片化，实践体系的整体功能定位不清晰，理论与实务缺乏有效互动内化。第三个方面的问题是传统法律诊所的思想引领教育弱化，在一定程度上忽略了“三全育人”的思政原则，忽视了显性教育和隐性教育相统一。在新时代我们要强调立德树人，以德为先，德法兼备。在实践中，诊所法律教育必须有整体性的训练，才能够达到高素质法律人才的创业创新要求。总体而言，要加强顶端设计，组织强化效果，校内的法律诊所，要效果融合；建立专项的绩效机制，保障师资；做到整合行业体系，突出知行合一，形成一个以思想品德为主线的实践目标，然后分模块分区，再把四点一线体系整合，让学生接受综合的训练。最后引入第三方考核评价机制，对“三全育人”诊所法律教育的师生进行精准评价。

三、习近平法治思想与法学教育

华侨大学法学院的何家华博士通过对习近平法治思想中全民普法理念的研究，深入剖析了习近平法治思想对法学教育和法治教育的意义。何家华博士结合一线讲授“习近平法治思想概论”的经历和各地法治教育实践，将散落在各处的文献资料进行整合，全面地研究了习近平法治思想中的全民普法理念。首先是全民普法理念的形成，第一个阶段是突出重点，开拓创新。全民普法理念初步形成是十八大到十八届四中全会，以宪法宣传为例，习近平总书记关于宪法公布实施30周年的讲话中全面地阐述了普法与其他领域的关系，法制教育、道德教育、法治文化建设等等。十八届三中全会，把全民普法纳入到全面深化改革里。统筹布置阶段是在十九大，从内涵角度揭示了普法的主体，普法的机制，普法的方式，还有普法的内容，普法的对象，普法的目标等等。这个阶段的创新点有两个，一是坚持人民主体的普法的理念，二是形成大普法格局。在静态意义上，党委领导、人大监督、政府实施部门负责、全民共同投入的普法的教育体制；在动态意义上，把普法和依法治理相结合，突出重点对象和基层。重点对象是领导干部和青少年，基层就是行业社会层面，重点内容是加强宪法宣传制度和规则的业务，提升以法治理念为指导。习近平法治思想蕴含了一些重大的理论和实践命题：第一，全民普法性质。全民普法的性质决定着全民普法的方向、定位、实践基础和理论体系。第二，全民普法话语体系。普法话语体系决定着全民普法的价值引领力和舆论导向力。第三，全社会普法机制。全社会普法机制是我国普法制度的顶层战略设计，决定着全民普法的有效运行。第四，普法队伍建设。高质量普法队伍是全民普法的重要保障。第五，普法实效性。普法实效性决定着普法质量。

闽江学院法学院的刘巧兴博士就习近平法治思想在法律教育中的重要地位，从习近平法治思想的理论地位、根本指导地位、蕴含的宪法精神和具体实践路径四个方面做了研究报告。第一，刘巧兴博士从法制史的角度回顾了我国法学百年发展历程，认为习近平法治思想的提出是具有特殊的历史意义的产物。当中国面对百年未有之大变局，在实现中华民族伟大复兴的历史征途上，需要有属于中国的法律思想引领中国法学的走向。作为社会主义法学的学习者、传播者，高校教师应当有高度的关于马克思主义法治理论中国化的主体性和主动性的内在要求。第二，在 2020 年疫情之后，包括中美对峙的当下，我们深刻地感受到了百年未有之大变局中，我们必须回答我们的学生提出来的关于宪政理论、关于全球的走势的问题。习近平法治思想给我们指明了中国法治道路，按照中国的特点去大胆的实践和应用马克思主义法治理论。我们认为不仅要充分地吸收和汲取优秀的传统文化资源，包括改革开放以来的我们所在的当下使得习近平法治思想更具有中国特色，更具有中国的风格和中国气派。第三，习近平法治思想中蕴含着深刻的宪法精神，对于推进依宪治国、推进全面依法治国意义深远。理解习近平法治思想中蕴含的宪法精神，有助于理解中国特色社会主义宪法，进一步将我国的宪法理论与实践发展到新的高度。第四，在法治教育中践行习近平法治思想可以通过宏观道路建构与微观案例体验来实现。

习近平法治思想不仅是法学教育人才培养的根本指南，也是法律人在实务实践中的根本遵循。北京市京师（福州）律师事务所主任黄重取律师以我国律师行业践行习近平法治思想为主题，介绍了我国律师行业的发展概况。律师行业坚持政治统领、党建引领，积极履行职责使命，努力服务经济社会发展、保障人民群众合法权益、维护社会公平正义、促进社会和谐稳定，取得了丰硕成果，也得到了党和人民的充分肯定。律师队伍已成为中国特色社会主义法治工作队伍的重要组成部分，成为依法治国的一支重要力量。律师应当是一个比以往任何时候都令人骄傲的职业，在律师执业过程中践行习近平法治思想，可以从三个方面入手：第一，服务法治政府，为实现国家治理体系和治理能力现代化，形成涵盖各层面、贯穿各阶段的法治建设目标体系贡献法治智慧；第二，参与人民调解，通过与各类调解组织、调解员建立紧密联系，动员律师积极参与各类商会、协会的案件调解，积极回应人民群众对法律服务的需求，发挥自身专业优势，积极依法化解矛盾纠纷，有效维护人民群众合法权益，促进社会和谐稳定；第三，投入法律公益服务，认真办理法律援助案件，使接受公益服务的人民群众能共享全面依法治国的获得感、幸福感、安全感，是律师坚持执业为民、落实以人民为中心的发展思想的具体实践。在习近平法治思想的指导下，在加快建设社会主义法治国家新征程上，中国律师使命光荣、责任重大，大有可为、大有作为。

习近平总书记指出，高校是法治人才培养的第一阵地。“培养什么样的法律人、怎么培养法律人”是摆在所有高校面前的重要课题。新建本科高校存在应用型定位不清晰、地方性特征不突出等问题，导致其法学教育存在教育目标模糊、以法律职业资格考试为指挥棒、地方特色不突显等误区。江夏学院法学院涂富秀副教授认为新建本科高校应当在保持高等教育基本品质的基础上，重视法律职业资格考试对法学教育的正向作用。国家层面应当分类设立法学专业建设标准，明确新建本科高校法学教育与法律职业资格考试之间的关联性；地方政府应当调整资源配置，创新协同育人的长效机制；新建本科高校作为转型发展的主体，应当重点通过充分发挥地方性优势、创新课程结构、强化职业技能训练等方式完成转型发展。法学教育在法律职业共同体建设中处于举足轻重的地位，不仅是国家高等教育的重要组成部分，也是建设法治国家的核心环节。法律职业资格考试制度确立了法学教育在构建法律职业共同体中的基础性地位，这对新建本科高校而言既是机遇也是挑战。在推进全面依法治国的新时代，法学教育面临着许多新任务、新要求、新挑战，新建本科高校应当抓住发展契机，科学定位和创新法治人才培养目标和路径，实现法学本科教育的应有价值，推进我国地方法治人才队伍的建设，为地方经济社会的发展输送德法兼修的高质量法治人才资源。

参与论坛的学者专家还围绕人工智能、知识产权、涉外法治人才培养和实践教学模块设计与应用等方面展开研讨。福建工程学院法学院院长梁开斌教授、阳光学院院长邹雄教授、福建农林大学法学系副主任林龙副教授和集美大学法律系主任罗施福教授作为与会点评人，对参会论文进行点评。闽江学院法学院副院长阮晓莺教授做论坛的总结发言。阮晓莺教授认为论坛的举办非常成功，大家达成了三个方面的共识：第一是法学教育应该坚持以习近平法治思想为引领，第二是我们迫切需要加强法学学科教育，第三是法学教育研究会应该建立一个定期学习交流和沟通的平台。本届论坛共收到论文 30 篇，论文质量较高，选择的主题重要，角度多维，体现了习近平法治思想对法学教育特别是法治人才培养的重要指导意义。论坛发言专家 20 名，学界前辈和年轻学者齐聚一堂，体现了论坛的凝聚力；论文汇报者准备充分，评议针对性强，现场交流热烈，论坛的学术含量较高。最后，闽江学院法学院名誉院长柳经纬教授代表主办方致谢，感谢各方对福建法学教育事业的关心支持，以及感谢大家积极参与福建省法学会法学教育研究会的学术论坛。

附录：

福建省法学会法学教育研究会组成人员名单

顾问：

马怀德　中国政法大学校长、教授、博士生导师

王家勤　教育部政策法规司原一级巡视员

会长：

柳经纬　闽江学院法学院名誉院长、“闽都学者”卓越教授

副会长（按姓氏笔画排序）：

朱晓勤　厦门大学法学院副院长、教授

刘　超　华侨大学法学院院长、教授

阮晓莺　闽江学院法学院副院长（主持工作）、教授

杨垠红　福建师范大学法学院院长、教授

何东平　闽南师范大学法学院院长、教授

林贵文　福建江夏学院法学院院长、教授

罗施福　集美大学海洋文化与法律学院法律系主任、教授

钟明曦　福建警察学院法律系副主任、教授

黄　辉　福州大学法学院院长、教授

梁开斌　福建工程学院法学院院长、教授

秘书长：

林安民　闽江学院法学院副院长、教授

常务理事（按姓氏笔画排序）：

叶道明　福建瀛榕律师事务所主任、律师

李　智　福州大学法学院副院长、教授

李延军　福建警察学院法律系副主任、副教授

邹　雄　阳光学院法律系主任、教授

张　弘　福建工程学院法学院副院长、副教授

陈　亮　福建省人民检察院研究室主任、三级高级检察官

陈明祥　集美大学诚毅学院教授

陈斌彬　华侨大学法学院副院长、教授

林安民　闽江学院法学院副院长、教授

郑丽珍　福建师范大学法学院副教授

郑金雄　厦门大学法学院教授

赵玉梅　福建省高级人民法院法官培训处处长

胡玉浪　福建农林大学公共管理学院教授

侯　莎　厦门大学嘉庚学院法学院副院长、教授

黄重取　北京京师（福州）律师事务所管委会主任、律师

蒋洪斌　福建省投资开发集团有限责任公司总法律顾问

曾丽凌　福建江夏学院法学院副院长、副教授

魏宏斌　福建技术师范学院法律系教授、教务处处长

理事（按姓氏笔画排序）：

王　曦　省人民检察院第九检察部主任、三级高级检察官

江悦庭　福建技术师范学院法律系副教授

李万林　天凯律师事务所首席合伙人、律师

杨春治　福建中医药大学马克思主义学院副教授

吴玉姣　福建江夏学院法学院讲师、法律实务研究中心负责人

吴旭阳　厦门大学法学院副教授

吴国章　福建壶兰律师事务所主任、律师

何仲新　北京博恕知识产权服务有限公司法务总监、厦门分公司副总经理

张传江　福建建达（泉州）律师事务所主任、律师

陈　捷　福建省高级人民法院刑三庭副庭长、三级高级法官

陈　颖　福建警察学院法律系副主任、副教授

陈大勇　福建旭丰律师事务所高级合伙人、律师

陈小云　闽江学院法学院法律系主任、教授

陈立新　福建谨而信律师事务所主任、律师

林华生　中建海峡建设发展有限公司法律事务部副总经理

郑雄英　北京大成（福州）律师事务所合伙人、律师
赵　凌　闽南师范大学法学院法律系主任
施　奕　闽江学院法学院讲师
贾丽萍　福州大学法学院副院长、教授
董学智　福建师范大学法学院副教授
游凯杰　华侨大学法学院讲师
蔡莉妍　集美大学海洋文化与法律学院法律系副主任、教授
熊建军　福建工程学院法学院教授
穆秀鳌　福建省百盛建设发展有限公司董事长